2022年版全国一级建造师执业资格考试考点精粹掌中宝

公路工程管理与实务
考点精粹掌中宝

全国一级建造师执业资格考试考点精粹掌中宝编写委员会　编写

中国建筑工业出版社

图书在版编目（CIP）数据

公路工程管理与实务考点精粹掌中宝 / 全国一级建造师执业资格考试考点精粹掌中宝编写委员会编写. —北京：中国建筑工业出版社，2022.6

2022年版全国一级建造师执业资格考试考点精粹掌中宝

ISBN 978-7-112-27425-3

Ⅰ. ①公… Ⅱ. ①全… Ⅲ. ①道路工程-施工管理-资格考试-自学参考资料 Ⅳ. ①U415.1

中国版本图书馆 CIP 数据核字（2022）第 088834 号

责任编辑：田立平
责任校对：党　蕾

2022年版全国一级建造师执业资格考试考点精粹掌中宝
公路工程管理与实务
考点精粹掌中宝
全国一级建造师执业资格考试考点精粹掌中宝编写委员会　编写

*

中国建筑工业出版社出版、发行(北京海淀三里河路9号)
各地新华书店、建筑书店经销
北京鸿文瀚海文化传媒有限公司制版
天津翔远印刷有限公司印刷

*

开本：850毫米×1168毫米　1/32　印张：7¾　字数：222千字
2022年6月第一版　2022年6月第一次印刷
定价：**20.00元**
ISBN 978-7-112-27425-3
(39159)

版权所有　翻印必究
如有印装质量问题，可寄本社图书出版中心退换
(邮政编码　100037)

前　言

全国一级建造师执业资格考试考点精粹掌中宝系列图书由教学名师编写，是在多年教学和培训的基础上开发出的新体系。书中根据对历年考题命题点的分析，创新采用 A、B、C 分级考点的概念，将考点分为"必会、应知、熟悉"三个层次，将最为精华、最为重要、最有可能考到的高频考点，通过简单明了的编排方式呈现出来，能有效帮助考生快速掌握重要考试内容，特别适宜于学习时间紧张的在职考生。

全书根据近年考题出现的频次和分值，将各科知识点划分为 A、B、C 三级知识点，A 级知识点涉及的是每年必考知识，即为考生必会的知识点；B 级知识点是考试经常涉及的，是考生应知的知识点；C 级知识点是考试偶尔涉及的，属于考生应该熟悉的知识点。上述 A、B、C 分级表明了考点的重要性，考生可以根据时间和精力，有选择地进行复习，以达到用较少的时间取得较好的考试成绩的目的。相比传统意义上的辅导图书，本系列图书省却了考生进行总结的过程，更加符合考生的学习规律和学习心理，能帮助考生从纷繁复杂的学习资料中脱离出来，达到事半功倍的复习效果。

本书既适合考生在平时的复习中对重要考点进行巩固记忆，又适合有了一定基础的考生在串讲阶段和考前冲刺阶段强化记忆。在复习备考的有限时间内，充分利用本书，即可以以最少的时间达到最大的效果，从而获得更好的成绩，可谓一本图书适用备考全程。

本系列图书的作者都是一线教学和科研人员，有着丰富的教育教学经验，同时与实务界保持着密切的联系，熟知考生的知识背景和基础水平，编排的辅导教材在日常培训中取得了较好的效果。

本系列图书采用小开本印刷，方便考生随身携带，可充分利用等人、候车、餐前、饭后等碎片化的时间，高效率地完成备考工作。

本系列图书在编写过程中,参考了大量的资料,尤其是考试用书和历年真题,限于篇幅恕不一一列示致谢。在编写的过程中,立意较高颇具创新,但由于时间仓促、水平有限,虽经仔细推敲和多次校核,书中难免出现纰漏和瑕疵,敬请广大考生、读者批评和指正。

目 录

A级知识点（必会考点） ··· 1
A1 路基施工技术准备 ··· 2
A2 填方路基施工 ··· 3
A3 路面无机结合料稳定基层（底基层）施工 ················ 10
A4 沥青路面面层施工 ··· 27
A5 预应力混凝土工程施工 ······································· 29
A6 公路隧道开挖 ··· 40
A7 公路工程进度计划的编制特点 ······························ 43
A8 公路工程质量控制方法及措施 ······························ 44
A9 公路工程质量检查与检验 ····································· 46
A10 公路工程项目职业健康安全管理体系 ···················· 50
A11 公路项目施工索赔管理 ······································ 55
A12 公路建设市场管理相关规定 ································ 56
A13 公路工程项目施工安全风险评估 ·························· 62
B级知识点（应知考点） ·· 66
B1 挖方路基施工 ··· 67
B2 路基爆破施工 ··· 70
B3 路基季节性施工 ·· 73
B4 特殊路基施工技术 ··· 76
B5 防护工程类型和适用条件 ····································· 91
B6 支挡工程的类型和功能 ······································· 93
B7 公路工程施工测量方法 ······································· 99
B8 路面基层（底基层）用料要求 ······························ 101
B9 路面沥青稳定基层（底基层）施工 ························ 104
B10 沥青路面结构及类型 ·· 106
B11 水泥混凝土路面的施工 ····································· 108

B12	路肩施工	112
B13	常用模板、支架和拱架的施工	113
B14	混凝土工程施工	118
B15	桩基础施工	125
B16	桥梁上部结构装配式施工	135
B17	桥梁上部结构缆索吊装施工	144
B18	悬索桥施工	145
B19	隧道围岩分级	152
B20	隧道地质超前预报	152
B21	公路隧道洞口、明洞施工	154
B22	公路隧道支护与衬砌	156
B23	隧道衬砌病害的防治	162
B24	公路工程项目施工部署	163
B25	公路工程项目试验管理	164
B26	公路工程项目安全管理措施	168
B27	公路工程工程量清单计价的应用	182
B28	公路工程计量管理	183
B29	项目部驻地建设	185
B30	公路工程施工招标投标管理相关规定	187

C级知识点（熟悉考点） 194

C1	路基地面水排水设置与施工要求	195
C2	沥青路面透层、粘层、封层施工	197
C3	桥梁基础分类和受力特点	201
C4	隧道通风防尘及水电作业	205
C5	交通安全设施的主要构成与功能	207
C6	交通安全设施的施工技术要求	209
C7	公路工程进度控制管理	212
C8	公路工程项目应急管理体系	214
C9	公路工程分包合同管理	218
C10	公路项目施工成本管理的内容	219
C11	公路项目标后预算编制	221

C12 公路工程施工进度款的结算 ………………………… 225
C13 预制场布设 ……………………………………………… 229
C14 公路工程主要机械设备的配置与组合 ……………… 232
C15 公路工程施工安全生产条件 ………………………… 238
C16 公路工程承包人安全责任 …………………………… 238

A 级 知 识 点
(必会考点)

A1　路基施工技术准备

★高频考点：路基施工准备

序号	项目	内容
1	一般规定	（1）路基施工前,应熟悉设计文件、领会设计意图。 （2）应进行施工调查及现场核对,根据设计要求、合同条件及现场情况等编制施工组织设计。 （3）路基开工前应建立健全质量、环境、职业健康安全管理体系,并对各类施工人员进行岗位培训和技术、安全交底。 （4）临时工程应满足正常施工需要,保证路基施工影响范围内原有道路、结构物的使用功能,保护农田水利设施等。临时工程宜与永久工程相结合。 （5）对拟采用的新技术、新工艺、新材料、新设备的工程项目,应提前做好试验研究和论证工作
2	试验	（1）路基施工前,应建立具备相应试验检测能力的工地试验室。 （2）路基填前碾压前,应对路基基底原状土进行取样试验。每公里应至少取2个点,并应根据土质变化增加取样点数。 （3）应及时对拟作为路堤填料的材料进行取样试验。土的试验项目应包括天然含水率、液限、塑限、颗粒分析、击实、CBR等,必要时还应做相对密度、有机质含量、易溶盐含量、冻胀和膨胀量等试验。对特殊土(如黄土、软土、盐渍土、红黏土、高液限黏土和膨胀土等),还要进行相关试验以确定其性质及处置方案。 （4）使用特殊材料作为填料时,应按相关标准进行相应试验检验,经批准后方可使用
3	试验路段选择	试验路段应选择地质条件、路基断面形式等具有代表性的地段,长度宜不小于200m
4	必须进行试验的路段	（1）二级及二级以上公路路堤。 （2）填石路堤、土石路堤。 （3）特殊填料路堤。 （4）特殊路基。 （5）拟采用新技术、新工艺、新材料、新设备的路基

序号	项目	内容
5	路堤试验路段施工总结宜包括的内容	(1)填料试验、检测报告等。 (2)压实工艺主要参数：机械组合；压实机械规格、松铺厚度、碾压遍数、碾压速度、最佳含水率及碾压时含水率范围等。 (3)过程工艺控制方法。 (4)质量控制标准。 (5)施工组织方案及工艺的优化。 (6)原始记录、过程记录。 (7)对施工图的修改建议等。 (8)安全保障措施。 (9)环保措施

A2 填方路基施工

★高频考点：路床施工技术

序号	项目	内容
1	零填、挖方路段的路床施工技术	(1)路床范围原状土符合要求的，可直接进行成形施工。 (2)路床范围为过湿土时应进行换填处理，设计有规定时按设计厚度换填，设计未规定时按以下要求换填：高速公路、一级公路换填厚度宜为 0.8～1.2m，若过湿土的总厚度小于 1.5m，则宜全部换填；二级公路的换填厚度宜为 0.5～0.8m。 (3)高速公路、一级公路路床范围为崩解性岩石或强风化软岩时应进行换填处理，设计有规定时按设计厚度换填，设计未规定时换填厚度宜为 0.3～0.5m。 (4)路床填筑，每层最大压实厚度宜不大于 300mm，顶面最后一层压实厚度应不小于 100mm
2	路床填料规定	高速公路、一级公路路床填料宜采用砂砾、碎石等水稳性好的粗粒料，也可采用级配好的碎石土、砾石土等；粗粒料缺乏时，可采用无机结合料改良细粒土

★高频考点：填土路堤施工技术

序号	项目	子项目	内容
1	填土路堤施工工序		填土路堤施工工序主要包括施工放样、清除表土、填前处理、分层填筑、整平、碾压、整修等
2	填土路堤的填筑技术	（1）填筑方法	土质路堤填筑常用推土机、铲运机、平地机、压路机、挖掘机、装载机等机械按以下几种方式作业： ①水平分层填筑：填筑时按照横断面全宽分成水平层次，逐层向上填筑，是路基填筑的常用方式。 ②纵向分层填筑：依路线纵坡方向分层，逐层向上填筑。常用于地面纵坡大于12%，用推土机从路堑取料、填筑距离较短的路堤。缺点是不易碾压密实。 ③横向填筑：从路基一端或两端按横断面全高逐步推进填筑。由于填土过厚，不易压实，仅用于无法自下而上填筑的深谷、陡坡、断岩、泥沼等机械无法进场的路堤。 ④联合填筑：路堤下层用横向填筑而上层用水平分层填筑。适用于因地形限制或填筑堤身较高，不宜采用水平分层填筑或横向填筑法进行填筑的情况。单机或多机作业均可，一般沿线路分段进行，每段距离以20～40m为宜，多在地势平坦，或两侧有可利用的山地土场的场合采用
		（2）机械填筑路堤作业方式	①推土机填筑路堤作业方式 推土机作业方式通常是由切土、推土、堆卸、空返四个环节组成。作业方式一般有坑槽推土、波浪式推土、并列推土、下坡推土和接力推土。 ②挖掘机填筑路堤作业方式 利用挖掘机填筑路堤施工，一般有两种方式：一种为从路基一侧挖土，直接卸向另一侧填筑路堤。这种方式，用反铲挖掘机施工比较方便。另一种方式则配合运土车辆，挖掘机挖土装车后，运至路堤施工现场卸土填筑，这是挖土机填筑路堤施工的主要方式，正、反铲挖掘机都能适用，而且一般在取土场比较集中且运距较长的情况下，最宜采用。两种方式都宜与推土机配合施工

序号	项目	子项目	内容
3		土质路堤压实施工技术要点	（1）压实机械对土进行碾压时，一般以慢速效果最好，除羊足碾或凸块式碾外，压实速度以2～4km/h最为适宜。羊足碾的速度可以快些，在碾压黏土时最高可达12～16km/h，还不至影响碾压质量。各种压实机械的作业速度，应在填方前作试验段碾压，找出最佳效果的碾压速度，正式施工时参照执行。 （2）碾压一段终了时，宜采取纵向退行方式继续第二遍碾压，不宜采用掉头方式，以免因机械调头时搓挤土，使压实的土被翻松。故压路机始终要以纵向进退方式进行压实作业。 （3）在整个全宽的填土上压实，宜纵向分行进行，直线段由两边向中间，曲线段宜由曲线的内侧向外侧（当曲线半径超过200m时，可以按直线段方式进行）。两行之间的接头一般应重叠1/4～1/3轮迹；对于三轮压路机则应重叠后轮的1/2。 （4）纵向分段压好以后，进行第二段压实时，其在纵向接头处的碾压范围，宜重叠1～2m，以确保接头处平顺过渡。 （5）土质路堤压实度应符合规定
4		土质路堤施工规定	（1）性质不同的填料，应水平分层、分段填筑，分层压实。同一层路基应采用同一种填料，不得混合填筑。每种填料的填筑层压实后的连续厚度宜不小于500mm。路基上部宜采用水稳性好或冻胀敏感性小的填料。有地下水的路段或浸水路堤，应填筑水稳性好的填料。 （2）在透水性差的压实层上填筑透水性好的填料前，应在其表面设2%～4%的双向横坡，并采取相应的防水措施。不得在透水性好的填料所填筑的路堤边坡上覆盖透水性差的填料。 （3）每种填料的松铺厚度应通过试验确定。 （4）每一填筑层压实后的宽度不得小于设计宽度。 （5）路堤填筑时，应从最低处起分层填筑，逐层压实。

序号	项目	子项目	内容
4	土质路堤施工规定		（6）填方分几个作业段施工时，接头部位如不能交替填筑，先填路段应按1：1～1：2坡度分层留台阶；如能交替填筑，应分层相互交替搭接，搭接长度应不小于2m。 （7）填土路堤施工过程质量控制：施工过程中，每一压实层均应进行压实度检测，检测频率为每1000m^{2}不少于2点。压实度检测可采用灌砂法、环刀法等方法，检测应符合现行《公路路基路面现场测试规程》JTG 3450—2019的有关规定。施工过程中，每填筑2m宜检测路线中线和宽度

★高频考点：填石路堤施工技术

序号	项目	子项目	内容
1	填筑方法	（1）竖向填筑法（倾填法）	以路基一端按横断面的部分或全部高度自上往下倾卸石料，逐步推进填筑。主要用于二级及二级以下且铺设低级路面的公路，也可用在陡峻山坡施工特别困难或大量以爆破方式挖开填筑的路段；以及无法自下而上分层填筑的陡坡、断岩、泥沼地区和水中作业的填石路堤。该方法施工路基压实、稳定问题较多
		（2）分层压实法（碾压法）	①自下而上水平分层，逐层填筑，逐层压实，是普遍采用并能保证填石路堤质量的方法。高速公路、一级公路和铺设高级路面的其他等级公路的填石路堤采用此方法。 ②填石路堤将填方路段划分为四级施工台阶、四个作业区段，按施工工艺流程进行分层施工。四级施工台阶是：在路基面以下0.5m为第一级台阶，0.5～1.5m为第二级台阶，1.5～3.0m为第三级台阶，超过3.0m为第四级台阶。 ③施工中填方和挖方作业面形成台阶状，台阶间距视具体情况和适应机械化作业而定，一般长为100m左右。填石作业自最低处开始，逐层水平填筑，每一分层先是机械摊铺主骨料，平整作业铺撒嵌缝料，将填石空隙以小石或石屑填满铺平，采用重型振动压路机碾压，压至填筑层顶面石块稳定

序号	项目	子项目	内容
1	填筑方法	（3）冲击压实法	利用冲击压实机的冲击碾周期性、大振幅、低频率地对路基填料进行冲击,压密填方。它具有分层法连续性的优点,又具有强力夯实法压实厚度深的优点。缺点是在周围有建筑物时,使用受到限制
		（4）强力夯实法	用起重机吊起夯锤从高处自由落下,利用强大的动力冲击,迫使岩土颗粒位移,提高填筑层的密实度和地基强度。该方法机械设备简单,击实效果显著,施工中不需铺撒细粒料,施工速度快,有效解决了大块石填筑地基厚层施工的夯实难题。对强夯施工后的表层松动层,采用振动碾压法进行压实
2	填石路堤施工要求		（1）填石路堤应分层填筑压实。在陡峻山坡地段施工特别困难时,三级及三级以下砂石路面公路的下路堤可采用倾填的方式填筑。 （2）岩性相差较大的填料应分层或分段填筑,软质石料与硬质石料不得混合使用。 （3）填石路堤顶面与细粒土填土层之间应填筑过渡层或铺设无纺土工布隔离层。 （4）压实机械宜选用自重不小于18t的振动压路机。 （5）填石路堤采用强夯、冲击压路机进行补压时,应避免对附近构造物造成影响。 （6）中硬、硬质石料填筑路堤时,应进行边坡码砌。码砌防护的石料强度、尺寸应满足设计要求。边坡码砌与路基填筑应基本同步进行。 （7）采用易风化岩石或软质岩石石料填筑时,应按设计要求采取边坡封闭和底部设置排水垫层、顶部设置防渗层等措施。 （8）填石路堤施工过程质量控制:施工过程中每一压实层,应采用试验路段确定的工艺流程、工艺参数控制,压实质量可采用沉降差指标进行检测。施工过程中,每填高3m宜检测路基中线和宽度。 （9）不同强度的石料,应分别采用不同的填筑层厚和压实控制标准。填石路堤的压实质量标准采用孔隙率作为控制指标,并符合规定要求。孔隙率的检测应采用水袋法进行

序号	项目	子项目	内容
3		填石路堤填料要求	(1)硬质岩石、中硬岩石可用于路堤和路床填筑；软质岩石可用于路堤填筑，不得用于路床填筑；膨胀岩石、易溶性岩石和盐化岩石不得用于路基填筑。 (2)路基的浸水部位，应采用稳定性好、不易膨胀崩解的石料填筑。 (3)路堤填料粒径应不大于500mm，并宜不超过层厚的2/3。路床底面以下400mm范围内，填料最大粒径不得大于150mm，其中小于5mm的细料含量应不小于30%

★高频考点：土石路堤施工技术

序号	项目	内容
1	填筑方法	土石路堤不得采用倾填方法，只能采用分层填筑，分层压实。宜用推土机铺填，松铺厚度控制在40cm以内，接近路堤设计标高时，需改用土方填筑
2	土石路堤施工要求	(1)压实机械宜选用自重不小于18t的振动压路机。 (2)应分层填筑压实，不得倾填。 (3)应使大粒径石料均匀分散在填料中，石料间孔隙应填充小粒径石料和土。 (4)土石混合料来自不同料场，其岩性或土石比例相差大时，宜分层或分段填筑。 (5)填料由土石混合材料变化为其他填料时，土石混合材料最后一层的压实厚度应小于300mm，该层填料最大粒径宜小于150mm，压实后表面应无孔洞。 (6)中硬、硬质石料填筑土石路堤时，宜进行边坡码砌，码砌与路堤填筑宜同步进行，软质石料土石路堤的边坡按土质路堤边坡处理。 (7)采用强夯、冲击压路机进行补压时，应避免对附近构造物造成影响。 (8)土石路堤施工过程质量控制：中硬及硬质岩石的土石路堤填筑施工过程中每一压实层，应采用试验路段确定的工艺流程、工艺参数，压实质量可采用沉降差指标进行检测。软质石料的土石路堤填筑质量标准应符合规定。施工过程中，每填筑3m高宜检测路线中线和宽度

序号	项目	内容
3	土石路堤填料要求	(1)膨胀岩石、易溶性岩石等不宜直接用于路基填筑，崩解性岩石和盐化岩石等不得用于路基填筑。 (2)天然土石混合真料中,中硬、硬质石料的最大粒径不得大于压实层厚度的2/3;石料为强风化石料或软质石料时,其CBR值应符合规定,石料最大粒径不得大于压实层厚

★高频考点：高路堤施工技术

序号	项目	内容
1	适用范围	路基填土边坡高度大于20m的路堤称为高路堤。高路堤填料宜优先采用强度高、水稳性好的材料,或采用轻质材料。受水淹、水浸的部分,应采用水稳性和透水性均好的材料
2	高路堤施工要求	(1)高路堤段应优先安排施工,宜预留1个雨季或6个月以上的沉降期。 (2)高路堤施工中应按设计要求预留高度与宽度,并进行动态监控。 (3)高路堤宜每填筑2m冲击补压一次,或每填筑4～6m强夯补压一次。 (4)高路堤填筑过程中应进行沉降和稳定性观测。 (5)在不良地质段的高路堤填筑,应控制填筑速率,并进行地表水平位移监测,必要时应进行地下土体分层水平位移监测

★高频考点：粉煤灰路堤施工技术

序号	项目	内容
1	适用范围	粉煤灰可用于各级公路路堤填筑,不得用于高速公路、一级公路的路床和二级公路的上路床。由于是轻质材料,粉煤灰的使用可减轻土体结构自重,减少软土路堤沉降,提高土体抗剪强度。凡是电厂排放的硅铝型低铝粉煤灰都可作为路堤填料。用于路基填筑的粉煤灰的烧失量应不大于20%,SO_3含量宜不大于3%,粉煤灰中不得含团块、腐殖质及其他杂质

序号	项目	内容
2	粉煤灰路堤构成	粉煤灰路堤一般由路堤主体部分、护坡和封顶层以及隔离层、排水系统等组成，其施工步骤与土质路堤施工方法相类似，仅增加了包边土和设置边坡盲沟等工序
3	粉煤灰路堤施工要求	（1）大风或气温低于0℃时不宜施工。 （2）有显著差别的灰源应分别堆放，分段填筑。 （3）路堤高度超过4m时，可在路堤中部设置土质夹层。 （4）粉煤灰路堤应进行包边防护，包边土应与粉煤灰同步施工，宽度宜不小于2m。 （5）施工过程中，作业面应及时洒水润湿，并应合理设置行车便道。 （6）施工间歇期，作业面应洒水润湿，并应封闭交通；间隙期长时，应在粉煤灰压实层顶面覆盖封闭土层。 （7）粉煤灰路堤压实度标准应通过试验路段确定，并应符合规定。包边土和顶面封层土的压实度应符合规定。粉煤灰路堤压实度可采用填上层检下层的方式进行检测

A3 路面无机结合料稳定基层（底基层）施工

★高频考点：无机结合料稳定类（也称半刚性类型）基层分类及适用范围

序号	项目	内容
1	分类	半刚性基层、底基层应具有足够的强度和稳定性、较小的收缩（温缩及干缩）变形和较强的抗冲刷能力，在中冰冻、重冰冻区应检验半刚性基层、底基层的抗冰冻性。 （1）水泥稳定土：包括水泥稳定级配碎石、未筛分碎石、砂砾、碎石土、砂砾土、煤矸石、各种粒状矿渣等。 （2）石灰稳定土：包括石灰稳定级配碎石、未筛分碎石、砂砾、碎石土、砂砾土、煤矸石、各种粒状矿渣等。 （3）石灰工业废渣稳定土：可分为石灰粉煤灰类与石灰其他废渣类两大类。除粉煤灰外，可利用的工业废渣包括煤渣、高炉矿渣、钢渣(已经过崩解达到稳定)及其他冶金矿渣、煤矸石等

序号	项目	内容
2	适用范围	（1）水泥稳定集料类、石灰粉煤灰稳定集料类材料适用于各级公路的基层、底基层。冰冻地区、多雨潮湿地区，石灰粉煤灰稳定集料类材料宜用于高速公路、一级公路的下基层或底基层。石灰稳定类材料宜用于各级公路底基层以及三、四级公路的基层。 （2）高速公路、一级公路的基层或上基层宜选用骨架密实型混合料。二级及二级以下公路的基层和各级公路底基层可采用悬浮密实型骨架混合料。均匀密实型混合料适用于高速公路、一级公路的底基层，二级及二级以下公路的基层。骨架空隙型混合料具有较高的空隙率，适用于需要考虑路面内部排水要求的基层

★高频考点：混合料生产、摊铺及碾压

序号	项目	内容
1	一般规定	（1）根据公路等级的不同，选择基层、底基层材料施工工艺措施。对于边角部位施工，混合料拌合方式应与主线相同，可采用推土机摊铺、平地机整平的人工方式摊铺，并与主线同步碾压成型。 （2）稳定材料层宽11～12m时，每一流水作业段长度以500m为宜；稳定材料层宽大于12m时，作业段宜相应缩短。宜综合考虑下列因素，合理确定每日施工作业段长度： ①施工机械和运输车辆的生产效率和数量。 ②施工人员数量及操作熟练程度。 ③施工季节和气候条件。 ④水泥的初凝时间和延迟时间。 ⑤减少施工接缝的数量。 （3）对水泥稳定材料或水泥粉煤灰稳定材料，宜在2h之内完成碾压成型，应取混合料的初凝时间与容许延迟时间较短的时间作为施工控制时间（容许延迟时间是指在满足强度标准的前提下，水泥稳定材料拌合后至碾压成型之前所容许的最大时间间隔）。 （4）石灰稳定材料或石灰粉煤灰稳定材料层宜在当天碾压完成，最长不应超过4d。 （5）无机结合料稳定材料在过分潮湿路段上施工时应采取措施，降低潮湿程度、消除积水。过分潮湿路段指路段湿度水平超过所用无机结合料稳定材料所适应的湿度水平的上限。

序号	项目	内容
1	一般规定	（6）无机结合料稳定材料结构层施工应选择适宜的气候环境，针对当地气候变化制订相应的处置预案，并应符合下列规定： ①宜在气温较高的季节组织施工。无机结合料稳定材料施工期的日最低气温应在5℃以上，在有冰冻的地区，应在第一次重冰冻到来的15～30d之前完成施工。 ②宜避免在雨期施工，且不应在雨天施工。 （7）应将室内重型击实试验法确定的干密度作为压实度评价的标准密度。 （8）无机结合料稳定材料的基层压实标准应符合规定。 （9）无机结合料稳定材料的底基层压实标准应符合规定。 （10）对级配碎石材料，基层压实度应不小于99%，底基层压实度应不小于97%。 （11）高速公路和一级公路在极重、特重交通荷载等级下，基层和底基层的压实标准可提高1～2个百分点
2	混合料集中厂拌与运输	（1）混合料的拌合能力与混合料摊铺能力应相匹配。 （2）拌合厂应安置在地势相对较高的位置，并做好排水设施。 （3）拌合厂场地应平整并具有足够的承载能力。高速公路和一级公路的拌合厂，场地应采用混凝土硬化，混凝土强度等级应不低于C15，厚度应不小于200mm。 （4）工程所需的原材料严禁混杂，应分档隔仓堆放，并有明显的标志。 （5）细集料、水泥、石灰、粉煤灰等原材料应有覆盖。对高速公路和一级公路，上述材料严禁露天堆放，应放置于专门搭建的防雨棚内或库房内。 （6）对高速公路和一级公路，应采用专用稳定材料拌合设备拌制混合料。稳定细粒材料集中拌合时，土块应粉碎，最大尺寸应不大于15mm。 （7）无机结合料稳定中、粗粒材料的拌合生产设备应满足下列要求： ①对高速公路和一级公路，混合料拌合设备的产量宜大于500t/h。 ②拌合设备的料仓数目应与规定的备料档数相匹配，宜较规定的备料档数增加1个。 ③各个料仓之间的挡板高度应不小于1m。

序号	项目	内容
2	混合料集中厂拌与运输	④高速公路的基层施工时,每个料斗与料仓下面应安装称量精度达到±0.5%的电子秤。 (8)装水泥的料仓应密闭、干燥,同时内部应装有破拱装置。对高速公路,水泥料仓应配备计重装置,不宜通过电机转速计量水泥的添加量。 (9)气温高于30℃时,水泥进入拌缸温度宜不高于50℃;高于50℃时应采取降温措施。气温低于15℃时,水泥进入拌缸温度应不低于10℃。 (10)加水量的计量应采用流量计的方式。对高速公路和一级公路,水的流量数值应在中央控制室的控制面板上显示。 (11)在正式拌制混合料之前,应先调试所用的设备,使混合料的级配组成和含水率都达到配合比设计的规定要求。原材料的颗粒组成发生变化时,应重新调试设备。 (12)在稳定中、粗粒材料生产过程中,应按配合比设计确定的材料规格及数量拌合。 (13)高速公路基层的混合料拌合时,宜采用两次拌合的生产工艺,也可采用间歇式拌合生产工艺,拌合时间应不少于15s。 (14)在拌合过程中,应实时监测各个料仓的生产计量,对高速公路和一级公路,应每10min打印各档料仓的使用量。某档材料的实际掺加量与设计要求值相差超过10%时,应立即停机检查原因,正常后方可继续生产。料仓包括结合料的料仓和加水仓。 (15)天气炎热或运距较远时,无机结合料稳定材料拌合时宜适当增加含水率。对稳定中、粗粒材料,混合料的含水率可高于最佳含水率0.5~1个百分点;对稳定细粒材料,含水率可高于最佳含水率1~2个百分点。 (16)对高速公路和一级公路,应从拌合厂取料,每隔2h测定一次含水率,每隔4h测定一次结合料的剂量,并做好记录。 (17)应根据工程量的大小和运距的长短,配备足够数量的混合料运输车。 (18)混合料运输车装料前应清理干净车厢,不得存有杂物。 (19)混合料运输车装好料后,应用篷布将厢体覆盖严密,直到摊铺机前准备卸料时方可打开。

序号	项目	内容
2	混合料集中厂拌与运输	(20)对高速公路和一级公路,水泥稳定材料从装车到运输至现场,时间宜不超过 1h,超过 2h 时应作为废料处置。 (21)对无机结合料稳定中、粗粒材料,在装料过程中应采取措施减小混合料的离析
3	混合料人工拌合	(1)混合料人工拌合工艺应包括现场准备、布料拌合等流程。 (2)下承层表面应平整、坚实,具有规定的路拱,下承层的平整度和压实度应符合规范相关规定。 (3)下承层为路基时,宜用 12～15t 三轮压路机或等效的碾压机械碾压 3～4 遍,并应符合下列规定: ①在碾压过程中,发现表层松散时,宜适当洒水。 ②发现"弹簧"现象时,宜采用挖开晾晒、换土、掺石灰或水泥等措施处理。 (4)下承层为粒料底基层时,应检测弯沉值。不符合设计要求时,应根据具体情况,采取措施,使之达到规范规定的标准。 (5)下承层为原路面时,应检查其材料是否符合底基层材料的技术要求;不符合要求时,应翻松原路面并采取必要的处理措施。 (6)底基层或原路面上存在低洼和坑洞时,应填补及压实;对搓板和辙槽应刮除;对松散应耙松洒水并重新碾压,达到平整密实。 (7)新完成的底基层或路基,应按相关标准的规定验收,验收合格后方可铺筑上层稳定材料层。 (8)在槽式断面的路段,宜在两侧路肩上每隔 5～10m 交错开挖泄水沟。 (9)应在底基层或原路面或路基上恢复中线,直线段应每 15～20m 设一桩,平曲线段应每 10～15m 设一桩,并应在两侧路肩边缘外设指示桩。 (10)在两侧指示桩上应用明显标记标出稳定材料层边缘的设计高程。 (11)使用原路面或路基上部材料备料时,应符合下列规定: ①清除原路面上或路基表面的石块等杂物。 ②每隔 10～20m 挖一小洞,使洞底高程与预定的无机结合料稳定材料层的底面高程相同,并在洞底做一标记,控制翻松及粉碎的深度。

序号	项目	内容
3	混合料人工拌合	③用犁、松土机或装有强固齿的平地机或推土机将原路面或路基的上部翻松到预定的深度,土块应粉碎到符合要求。 ④用犁将土向路中心翻松,使预定处治层的边部呈一个垂直面。用专用机械粉碎黏性土。无专用机械时,也可用旋转耕作机、圆盘耙等设备粉碎塑性指数不大的土。 (12)使用料场的材料备料时,应符合下列规定: ①采集材料前,应将树木、草皮和杂土清除干净。 ②应筛除材料中的超尺寸颗粒。 ③应在预定的深度范围内采集材料,不宜分层采集,不应将不合格的材料与合格的材料一起采集。 ④对塑性指数大于12的黏性土,可视土质和机械性能确定是否需要过筛。 (13)应按下列方法计算现场拌合时的工程数量: ①根据各路段无机结合料稳定材料层的宽度、厚度及预定的干密度,计算各路段需要的干燥材料的数量。 ②根据料场材料的含水率和所用运料车辆的吨位,计算每车料的堆放距离。 ③根据无机结合料稳定材料层的厚度和预定的干密度及水泥剂量,计算每平方米无机结合料的用量,并确定摆放的纵横间距。 (14)堆料前应用两轮压路机碾压1~2遍,整平表面,并在预定堆料的路段上洒水,使其表面湿润,但不宜过分潮湿。 (15)材料装车时,应控制每车料的质量基本相等。 (16)在同一料场供料的路段内,宜由远到近将料按第(13)条的规定计算距离卸置于下承层表面的中间或两侧。应严格掌握卸料距离。 (17)材料在下承层上的堆置时间不宜过长。材料运送宜比摊铺工序提前1~2d。 (18)路肩用料与稳定材料层用料不同时,应先将两侧路肩培好。路肩料层的压实厚度应与稳定材料层的压实厚度相同。在两侧路肩上,宜每隔5~10m交错开挖临时泄水沟。 (19)石灰稳定材料除应满足第(11)条~第(18)条的规定外,尚应符合下列规定: ①分层采集材料时,应将不同层位材料混合装车运送到现场。

序号	项目	内容
3	混合料人工拌合	②对塑性指数小于 15 的黏性土,可视土质和机械性能确定是否需要过筛。 ③石灰应选择临近水源、地势较高且宽敞的场地集中覆盖封存堆放。 ④生石灰块应在使用前 7～10d 充分消解,消解后的石灰应保持一定的湿度,不得产生扬尘,也不可过湿成团。 ⑤消石灰宜过 9.5mm 筛,并尽快使用。 ⑥材料组成设计与现场实际施工的时间间隔长时,应重新做材料组成设计。 ⑦被稳定材料宜先摊平并用两轮压路机碾压 1～2 遍,再人工摊铺石灰。 ⑧按计算的每车石灰的纵横间距,在被稳定材料层上做标记,并画出边线。 ⑨用刮板将石灰均匀摊开,表面应没有空白位置。 ⑩应量测石灰的松铺厚度,校核石灰用量。 (20)石灰粉煤灰稳定材料除应满足第(19)条的规定外,尚应符合下列规定: ①粉煤灰在场地集中堆放时,应覆盖,避免雨淋。在堆放过程中粉煤灰凝结成块时,使用前应打碎。 ②运到现场的粉煤灰应含有足够的水分,在干燥和多风季节,应采取措施保持表面湿润。 ③采用石灰粉煤灰时,应先将粉煤灰运到现场。 ④每种材料摊铺均匀后,宜先用两轮压路机碾 1～2 遍,再运送并摊铺下一种材料。 (21)水泥稳定材料应符合下列规定: ①被稳定材料应在摊铺水泥的前一天摊铺,雨期施工期间,预计第 2 天有雨时,不宜提前摊铺材料。 ②摊铺长度应按日进度的需要量控制。 ③摊铺材料过程中,应将土块、超尺寸颗粒及其他杂物拣除。土中有较多土块时,应粉碎。 ④按计算的每袋水泥摆放的纵横间距,在被稳定材料层上做标记,并将当日施工用水泥卸在做标记的地点,并检查有无遗漏和多余。用刮板将水泥均匀摊开,路段表面应没有空白位置,也没有水泥过分集中的区域,每袋水泥的摊铺面积应相等。 (22)混合料松铺系数可采用推荐值,也可通过试验确定。

序号	项目	内容
3	混合料人工拌合	(23)应检验松铺土层的厚度,其厚度应满足预定的要求。 (24)人工摊铺的土层整平后,应采用两轮压路机碾压1~2遍,使其表面平整,并有一定的压实度。 (25)已整平材料含水率过小时,应在土层上洒水闷料,且应符合下列规定: ①洒水应均匀。 ②严禁洒水车在洒水段内停留和掉头。 ③采用高效率的路拌机械时,闷料时宜一次将水洒够。 ④采用普通路拌机械时,闷料时所洒水量宜较最佳含水率低2~3个百分点。 ⑤细粒材料应经一夜闷料,中粒和粗粒材料可视其中细粒材料的含量,缩短闷料时间。 ⑥对综合稳定材料,应先将石灰和土拌合后一起闷料。 ⑦对水泥稳定材料,应在摊铺水泥前闷料。 (26)级配碎石或砾石施工应符合下列规定: ①用平地机或其他合适的机具将材料均匀地摊铺在预定的宽度上,表面应平整,并具有规定的路拱。 ②采用不同粒级的碎石和石屑时,宜将大粒径碎石铺在下层,中粒径碎石铺在中层,小粒径碎石铺在上层,洒水使碎石湿润后,再摊铺石屑。 ③对未筛分碎石,摊铺平整后,应在其较潮湿的情况下,将石屑卸置其上,用平地机并辅以人工将石屑均匀摊铺在碎石层上。 ④检查材料层的松铺厚度,必要时,应进行减料或补料工作。 ⑤同时摊铺路肩用料。 (27)严禁在拌合层底部留有素土夹层,并应符合下列规定: ①采用专用稳定材料拌合设备拌合时,设专人随时检查拌合深度,并配合拌合设备操作员调整拌合深度。 ②拌合深度应达稳定层底并宜侵入下承层不小于5~10mm。 (28)二级以下公路在没有专用拌合设备时,可用农用旋转耕作机与多铧犁或平地机相配合拌合,拌合时间不可过长。 (29)对石灰稳定材料,在拌合时应符合下列规定:

序号	项目	内容
3	混合料人工拌合	①对石灰稳定碎石或砾石,先将石灰和需添加的黏性土拌合均匀,然后均匀地摊铺在碎石或砾石层上,再一起拌合。 ②对石灰稳定塑性指数大的黏土。宜先加70%~100%预定剂量的石灰拌合,闷放1~2d,再补足需用的石灰,进行第二次拌合。 (30)对石灰粉煤灰稳定中、粗粒材料,应先将石灰和粉煤灰拌合均匀,然后均匀地摊铺在材料层上,再一起拌合。 (31)拌合过程结束时,应及时检测含水率,含水率宜略大于最佳值。含水率不足时,宜用喷管式洒水车补充洒水。洒水车不应在正拌合以及当天计划拌合的路段上掉头和停留。 (32)洒水后,应及时再次拌合。 (33)混合料拌合均匀后应色泽一致,没有灰条、灰团和花面,以及无明显粗细集料离析现象。 (34)对二级以下公路的级配碎石,可采用平地机或多铧犁与缺口圆盘耙相配合拌合,应符合下列规定: ①用稳定材料拌合设备时,应拌合两遍以上,拌合深度应直到级配碎石层底。 ②用平地机拌合时,宜翻拌5~6遍,使石屑均匀分布于碎石料中。平地机拌合的作业长度,每段宜为300~500m。 ③用缺口圆盘耙与多铧犁相配合拌合级配碎石时,多铧犁在前面翻拌,圆盘耙紧跟在后面拌合,共翻拌4~6遍,应随时检查调整翻耙的深度。 ④拌合结束时,混合料的含水率和均匀性应符合第(33)条的要求。 (35)使用在料场已拌合均匀的级配碎石或砾石混合料,摊铺后有粗细颗粒离析现象时,应用平地机补充拌合
4	摊铺机摊铺与碾压	(1)混合料摊铺应保证足够的厚度,碾压成型后每层的摊铺厚度宜不小于160mm,最大厚度宜不大于200mm。 (2)具有足够的摊铺能力和压实功率时,可增加碾压厚度,具体的摊铺厚度应根据试验结果确定。大厚度的摊铺施工时,应增加相应的拌合能力。 (3)应在下承层施工质量检测合格后,开始摊铺上面结构层。采用两层连续摊铺时,下层质量出现问题时,上层应同时处理。

序号	项目	内容
4	摊铺机摊铺与碾压	(4)下承层是稳定细粒材料时,宜先将下承层顶面拉毛或采用凸块式压路机碾压,再摊铺上层混合料;下承层是稳定中、粗粒材料时,应先将下承层清理干净,并洒铺水泥净浆,再摊铺上层混合料。 (5)应采用摊铺功率不低于120kW的沥青混凝土摊铺机或稳定材料摊铺机摊铺混合料。 (6)采用两台摊铺机并排摊铺时,两台摊铺机的型号及磨损程度宜相同。在施工期间,两台摊铺机的前后间距宜不大于10m,且两个施工段面纵向应有300~400mm的重叠。 (7)对无法使用机械摊铺的超宽路段,应采用人工同步摊铺、修整,并同时碾压成型。 (8)摊铺机前宜增设橡胶挡板,橡胶挡板底部距下承层距离宜不大于100mm。 (9)在摊铺机后面应设专人消除粗细集料离析现象,及时铲除局部粗集料堆积或离析的部位,并用新拌混合料填补。 (10)对高速公路和一级公路,在摊铺过程中宜设立纵向模板。 (11)二级以下公路没有摊铺机时,可采用摊铺箱摊铺混合料。 (12)水泥稳定材料结构层施工时,应在混合料处于或略大于最佳含水率的状态下碾压。气候炎热干燥时,碾压时的含水率可比最佳含水率增加0.5~1.5个百分点。 (13)石灰稳定材料和石灰粉煤灰稳定材料碾压时应处于最佳含水率或略大于最佳含水率状态,含水率宜增加1~2个百分点。 (14)应根据施工情况配备足够的碾压设备,并应符合下列规定: ①双向四车道高速公路或一级公路的半幅摊铺时,应配备不少于4台重型压路机。 ②双向六车道的半幅摊铺时,应配备不少于5台重型压路机。 (15)应安排专人负责指挥碾压,严禁漏压和产生轮迹。 (16)采用钢轮压路机初压时,宜采用双钢轮压路机稳压2~3遍,再用激振力大于35t的重型振动压路机、18~21t三轮压路机或25t以上的轮胎压路机继续碾压密实,最后采用双钢轮压路机碾压,消除轮迹。

序号	项目	内容
4	摊铺机摊铺与碾压	(17)采用胶轮压路机初压时,应采用25t以上的重胶轮压路机稳压1~2遍,错轮不超过1/3的轮迹带宽度,再采用重型振动压路机碾压密实,最后采用双钢轮压路机碾压,消除轮迹。 (18)对稳定细粒材料,在采用上述碾压工艺时,最后的碾压收面可采用凸块式压路机碾压。 (19)在碾压过程中出现软弹现象时,应及时将该路段混合料挖出,重新换填新料碾压。 (20)碾压成型后的表面应平整、无轮迹。 (21)碾压过程中,压路机严禁随意停放,应停放在已碾压完成的路段。 (22)混合料摊铺时,应保持连续。对水泥稳定材料,因故中断时间大于2h时,应设置横向接缝,并应符合下列规定: ①人工将末端含水率合适的混合料整齐,紧靠混合料末端放两根方木,方木的高度应与混合料的压实厚度相同,整平紧靠方木的混合料。 ②方木的另一侧用砾石或碎石回填约3m长,其高度应高出方木2~3cm,并碾压密实。 ③在重新开始摊铺混合料之前,应将砾石或碎石和方木除去,并将下承层顶面清扫干净。 ④摊铺机应返回到已压实层的末端,重新开始摊铺混合料。 ⑤摊铺中断大于2h且未按上述方法处理横向接缝时,应将摊铺机附近及其下面未经压实的混合料铲除,并将已碾压密实且高程和平整度符合要求的末端挖成与路中心线垂直并垂直向下的断面,再摊铺新的混合料。 (23)摊铺时宜避免纵向接缝,分两幅摊铺时,纵向接缝处应加强碾压。存在纵向接缝时,纵缝应垂直相接,严禁斜接,并应符合下列规定: ①在前一幅摊铺时,宜在靠中央的一侧用方木或钢模板做支撑,方木或钢模板的高度应与稳定材料层的压实厚度相同。 ②应在摊铺另一幅之前拆除支撑。 (24)碾压贫混凝土等强度较高的基层材料成型后可采用预切缝措施,应符合下列规定: ①预切缝的间距宜为8~15m。 ②宜在养护的3~5d内切缝。

序号	项目	内容
4	摊铺机摊铺与碾压	③切缝深度宜为基层厚度的1/3~1/2,切缝宽度约5mm。 ④切缝后应及时清理缝隙,并用热沥青填满
5	人工摊铺与碾压	(1)混合料拌合均匀后,应及时用平地机初步整形。 (2)在初平的路段上,应用拖拉机、平地机或轮胎压路机快速碾压一遍。 (3)整形前,对局部低洼处应用齿耙将其表层50mm以上的材料耙松,并用新拌的混合料找平,再碾压一遍。 (4)应用平地机再整形一次,应将高处料直接刮出路外,严禁形成薄层贴补现象。 (5)反复整形,直至满足技术要求,每次整形都应达到规定的坡度和路拱。 (6)人工整形时,应用锹和耙先将混合料摊平,用路拱板整形。用拖拉机初压1~2遍后,应根据实测松铺系数,确定纵横断面高程,并设置标记和挂线。 (7)在整形过程中,严禁任何车辆通行,并应保持无明显的粗细集料离析现象。 (8)应根据路宽、压路机的轮宽和轮距的不同,制订碾压方案,使各部分碾压到的次数尽量相同,路面的两侧宜多压2~3遍。 (9)整形后,混合料的含水率满足要求时,应立即对结构层进行全宽碾压。在直线段和不设超高的平曲线段,宜从两侧路肩向路中心碾压,且轮迹应重叠1/2轮宽,后轮应超过两段的接缝处。碾压次数宜为6~8遍。 (10)压路机前两遍的碾压速度宜为1.5~1.7km/h,以后宜为2.0~2.5km/h。 (11)采用人工摊铺和整形的稳定材料层,宜先用拖拉机或6~8t两轮压路机或轮胎压路机碾压1~2遍,再用重型压路机碾压。 (12)严禁压路机在已完成的或正在碾压的路段上掉头或紧急制动。 (13)碾压过程中,无机结合料稳定材料的表面应始终保持湿润,水分蒸发过快时,宜及时补洒少量的水,严禁大量洒水。 (14)碾压过程中,有"弹簧"、松散、起皮等现象时,应及时翻开重新拌合或用其他方法处理。

序号	项目	内容
5	人工摊铺与碾压	(15)在碾压结束前,应用平地机终平一次,纵坡、路拱和超高应符合设计要求。终平时,应将局部高出部分刮除并扫出路外;对局部低洼之处,不再找补。 (16)碾压应达到要求的压实度,并没有明显的轮迹。 (17)级配碎石施工,应符合下列规定: ①用平地机按规定的路拱整平和整形。在整形过程中,应消除粗细集料离析。 ②用拖拉机、平地机或轮胎压路机在已初平的路段上快速碾压一遍,再用平地机整平和整形。 (18)同日施工的两工作段的衔接处理应符合下列规定: ①前一段拌合整形后,留5～8m不碾压。 ②后一段施工时,在前一段的未压部分再加部分水泥重新拌合,并与后一段一起碾压。 (19)应做好每天最后一段的施工缝,并应符合下列规定: ①在已碾压完成的无机结合料稳定材料层末端,挖一条横贯铺筑层全宽的宽约300mm的槽,直至下承层顶面。形成与路的中心线垂直并垂直向下的断面,并放两根与压实厚度等厚、长为全宽一半的方木紧贴垂直面。 ②用原挖出的材料回填槽内其余部分。 ③第二天邻接作业段拌合后除去方木,用混合料回填。 ④靠近方木未能拌合的一小段,应人工补充拌合。 ⑤整平时,接缝处的稳定材料应较已完成断面高出约50mm。 ⑥新混合料碾压过程中,应将接缝修整平顺。 (20)施工机械掉头处应符合下列规定: ①在准备用于掉头的8～10m长的稳定材料层上,覆盖一张厚塑料布或油毡纸,再铺上约100mm厚的土、砂或砾石。 ②整平时,宜用平地机将塑料布或油毡纸上大部分材料除去,再人工除去余下的材料,并收起塑料布或油毡纸。 (21)水泥稳定材料层的施工应避免纵向接缝。分两幅施工时,纵缝应垂直相接,并应符合下列规定: ①前一幅施工时,在靠中央一侧应用与稳定材料层的压实厚度相同的方木或钢模板作支撑。

序号	项目	内容
5	人工摊铺与碾压	②混合料拌合结束后，靠近支撑的部分，应人工补充拌合，再整形和碾压。 ③应在铺筑后一幅之前拆除支撑。 ④后一幅混合料拌合结束后，靠近前一幅的部分，宜人工补充拌合，再整形和碾压。 (22)级配碎石施工的接缝处理应符合下列规定： ①两作业段的衔接处应搭接拌合、整平和碾压。 ②宜避免纵向接缝。在分两幅铺筑时，纵缝应搭接拌合、整平和碾压，搭接宽度宜不小于300mm

★高频考点：无机结合料基层（底基层）交通管制、层间处理及其他

序号	项目	内容
1	一般规定	(1)无机结合料稳定材料层碾压完成并经压实度检查合格后，应及时养护。 (2)无机结合料稳定材料的养护期宜不少于7d，养护期宜延长至上层结构开始施工的前2d。 (3)养护可采取洒水养护、薄膜覆盖养护、土工布覆盖养护、铺设湿砂养护、草帘覆盖养护、洒铺乳化沥青养护等方式，宜结合工程实际情况选择适宜的方式。 (4)养护期间应封闭交通，除洒水车和小型通勤车辆外严禁其他车辆通行。 (5)无机结合稳定材料层过冬时应采取必要的保护措施。 (6)根据结构层位的不同和施工工序的要求，应择机进行层间处理
2	交通管制	(1)正式施工前宜建好施工便道。对高速公路和一级公路，无施工便道，不应施工。 (2)无机结合料稳定材料养护期间，小型车辆和洒水车的行驶速度应小于40km/h。 (3)无机结合料稳定材料养护7d后，施工需要通行重型货车时，应有专人指挥，按规定的车道行驶，且车速应不大于30km/h。 (4)级配碎石、级配砾石基层未做透层沥青或铺设封层前，严禁开放交通。 (5)无法安排施工便道而需要车辆通行时，应符合下列规定：

序号	项目	内容
2	交通管制	①合理安排施工工序,保障7~15d的养护期。 ②宜在硬路肩或临时停车带的位置划出专门车道,专人指挥车辆通行。 ③无机结合料稳定材料应适当提高早期强度。 ④限定载重车辆的轴载,应不大于13t
3	无机结合料稳定材料层之间的处理	(1)在上层结构施工前,应将下层养护用材料彻底清理干净。 (2)应采用人工、小型清扫车以及洒水冲刷的方式将下层表面的浮浆清理干净。下承层局部存在松散现象时,也应彻底清理干净。 (3)下承层清理后应封闭交通。在上层施工前1~2h,宜撒布水泥或洒铺水泥净浆。 (4)可采用上下结构层连续摊铺施工的方式,每层施工应配备独立的摊铺和碾压设备,不得采用一套设备在上下结构层来回施工。 (5)稳定细粒材料结构层施工时,根据土质情况,最后一道碾压工艺可采用凸块式压路机碾压
4	无机结合料稳定材料基层与沥青面层之间的处理	(1)在沥青面层施工前1~2d内,应清理基层顶面。 (2)应彻底清除基层顶面养护期间的覆盖物。 (3)应采用人工清扫、小型清扫车、空压机以及洒水冲刷等方式将基层表面的浮浆清理干净,并应符合下列规定: ①基层表面达到无浮尘、无松动状态。 ②清理出小坑槽时,不得用原有基层材料找补。 ③清理出较大范围松散时,应重新评定基层质量,必要时宜返工处理。 (4)在基层表面干燥的状态下,可洒铺透层油。透层油宜采用稀释沥青、煤沥青或乳化沥青,沥青洒铺量宜为0.3~0.6kg/m^2。 (5)透层油施工后严禁一切车辆通行,直至上层施工。 (6)下封层或粘层应在透层油挥发、破乳完成后施工,并封闭交通。 (7)对极重、特重交通荷载等级或较薄的沥青面层,基层顶面应采用热洒沥青的方式加强层间结合,并应符合下列规定: ①根据工程情况,热洒沥青可采用普通沥青、改性沥青或橡胶沥青。对高速公路和一级公路的极重、特重交通荷载等级,或沥青面层厚度小于150mm时,宜选择SBS改性沥青或橡胶沥青。

序号	项目	内容
4	无机结合料稳定材料基层与沥青面层之间的处理	②普通沥青的洒铺量宜为 $1.8 \sim 2.2 \mathrm{kg/m^2}$，SBS改性沥青宜为 $2.0 \sim 2.4 \mathrm{kg/m^2}$，橡胶沥青宜为 $2.2 \sim 2.6 \mathrm{kg/m^2}$。 ③沥青洒铺时应均匀，避免漏洒，纵向接缝应重叠2/3单一喷口的洒铺范围，横向接缝应齐整，不应重叠。 ④撒布的碎石宜选择洁净、干燥、单一粒径的石灰岩石料，超粒径含量应不大于10%，粒径范围宜为 $13.2 \sim 19\mathrm{mm}$。 ⑤碎石撒布前应通过拌合设备加热、除尘、筛分，碎石撒布到路面前的温度应不低于80℃。 ⑥碎石撒布量宜为满铺面积的60%～70%，不得重叠。 ⑦高速公路和一级公路，不宜采用同步碎石施工设备，应采用分离式的施工设备。 ⑧沥青洒铺车的容量宜不少于10t，1台沥青洒铺车应配备2台碎石撒布车
5	基层收缩裂缝的处理	(1)在裂缝位置灌缝。 (2)在裂缝位置铺设玻璃纤维格栅。 (3)洒铺热改性沥青

★高频考点：无机结合料基层（底基层）养护方式

序号	项目	内容
1	洒水养护	洒水养护宜作为水泥稳定材料的基本养护方式，并应符合下列规定： (1)每天洒水次数应视气候而定。高温期施工，宜上、下午各洒水2次。 (2)养护期间，稳定材料层表面应始终保持湿润。 (3)对于石灰稳定或石灰粉煤灰稳定材料层应注意表层情况，必要时，可用两轮压路机补充压实
2	薄膜覆盖养护	(1)混合料摊铺碾压成型后，可覆盖薄膜，薄膜厚度宜不小于1mm。 (2)薄膜之间应搭接完整，避免漏缝，薄膜覆盖后应用砂土等材料呈网格状堆填，局部薄膜破损时，应及时更换。

序号	项目	内容
2	薄膜覆盖养护	(3)养护至上层结构层施工前1～2d,方可将薄膜掀开。 (4)对蒸发量较大的地区或养护时间大于15d的工程,在养护过程中应适当补水
3	土工布养护	(1)宜采用透水式土工布全断面覆盖,也可铺设防水土工布。 (2)铺设过程中应注意缝之间的搭接,不应留有间隙。 (3)铺设土工布后,应注意洒水,每天洒水次数应视气候而定。高温期施工,上、下午宜洒水一次。 (4)养护至上层结构层施工前1～2d,方可将土工布掀开。 (5)在养护过程中应采取有效措施防止土工布破损
4	铺设湿砂养护	(1)砂层厚宜为70～100mm。 (2)砂铺匀后,宜立即洒水,并在整个养护期间保持砂的潮湿状态,不得用湿黏性土覆盖。 (3)养护结束后,应将覆盖物清除干净
5	草帘覆盖养护	(1)全断面铺设草帘。 (2)草帘铺设后应注意洒水,每天洒水的次数应视气候而定。高温期施工,上、下午宜各洒水一次,每次洒水应将草帘浸湿。 (3)必要时可采用土工布与草帘双层覆盖养护
6	洒铺乳化沥青方式养护	对沥青面层厚度大于20cm的结构或二级及二级以下公路的无机结合料稳定材料的基层可采用洒铺乳化沥青方式养护,并应符合下列规定: (1)表面干燥时,宜先喷洒少量水,再喷洒沥青乳液。 (2)采用稀释沥青时,宜待表面略干时再喷洒沥青。 (3)在用乳液养护前,应将基层清扫干净。 (4)沥青乳液的沥青用量宜采用0.8～1.0kg/m²,分两次喷洒。 (5)第一次喷洒时,宜采用沥青含量约35%的慢裂沥青乳液,第二次宜喷洒浓度较大的沥青乳液。 (6)不能避免施工车辆通行时,应在乳液破乳后撒布粒径4.75～9.5mm的小碎石,做成下封层

A4 沥青路面面层施工

★高频考点：沥青路面面层施工

序号	项目	内容
1	施工准备	(1)选购经调查试验合格的材料进行备料，矿料应分类堆放，矿粉必须是石灰岩磨细而成且不得受潮，必要时做好矿料堆放场地的硬化处理和场地四周排水及搭设矿粉库房或储存罐。 (2)做好配合比设计报送监理工程师审批，对各种原材料进行符合性检验。 (3)在验收合格的基层上恢复中线(底面层施工时)在边线外侧 0.3～0.5m 处每隔 5～10m 钉边桩进行水平测量，拉好基准线，画好边线。 (4)对下承层进行清扫，底面层施工前两天在基层上洒透层油。在中底面层上喷洒粘层油。 (5)试验段开工前 28d 安装好试验仪器和设备，配备好的试验人员报请监理工程师审核。各层开工前 14d 在监理工程师批准的现场备齐全部机械设备进行试验段铺筑，以确定松铺系数、施工工艺、机械配备、人员组织、压实遍数，并检查压实度，沥青含量，矿料级配，沥青混合料马歇尔各项技术指标等
2	沥青混合料的拌合	(1)各种集料分类堆放，每个料源均进行试验，按要求的配合比进行配料。 (2)设置间歇式具有密封性能及除尘设备，并有检测拌合温度装置的沥青混凝土拌合站。 (3)拌合站设试验室，对沥青混凝土的原材料和沥青混合料及时进行检测。 (4)沥青的加热温度控制在规范规定的范围之内，即 150～170℃。集料的加热温度控制在 160～180℃；混合料的出厂温度控制在 140～165℃。当混合料出厂温度过高时应废弃。混合料运至施工现场的温度控制在 120～150℃。 (5)出厂的混合料须均匀一致，无白花料，无粗细料离析和结块现象，不符要求时应废弃
3	混合料的运输	(1)根据拌合站的产量、运距合理安排运输车辆。 (2)运输车的车厢内保持干净，涂防粘薄膜剂。运输车配备覆盖棚布以防雨和热量损失。

序号	项目	内容
3	混合料的运输	(3)已离析、硬化在运输车厢内的混合料,低于规定铺筑温度或被雨淋的混合料应予以废弃
4	混合料的摊铺	(1)根据路面宽度选用1~2台具有自动调节摊铺厚度及找平装置、可加热的振动熨平板,并且运行良好的高密度沥青混凝土摊铺机进行摊铺。 (2)底、中、面层采用走线法施工,表面层采用平衡梁法施工。 (3)摊铺机均匀行驶,行走速度和拌合站产量相匹配,以确保所摊铺路面的均匀不间断摊铺。在摊铺过程中不准随意变换速度,尽量避免中途停顿。 (4)沥青混凝土的摊铺温度根据气温变化进行调节。一般正常施工控制在不低于110~130℃,不超过165℃,在摊铺过程中随时检查并做好记录。 (5)开铺前将摊铺机的熨平板进行加热至不低于100℃。 (6)采用双机或三机递进式施工时,相邻两机的间距控制在10~20m。两幅应有5~10cm宽度的重叠。 (7)在摊铺过程中,随时检查摊铺质量,出现离析、边角缺料等现象时人工及时补撒料、换补料。 (8)在摊铺过程中随时检查高程及摊铺厚度,并及时通知操作手。 (9)摊铺机无法作业的地方,在监理工程师同意后采取人工摊铺施工
5	混合料的压实	(1)压路机采用2~3台双轮双振压路机及2~3台重量不小于16t胶轮压路机组成。 (2)初压:采用双轮双振压路机静压1~2遍,正常施工情况下,温度应不低于110℃并紧跟摊铺机进行;复压:采用胶轮压路机和双轮双振压路机振压等综合碾压4~6遍,碾压温度多控制在80~100℃;终压:采用双轮双振压路机静压1~2遍,碾压温度应不低于65℃。边角部分压路机碾压不到的位置,使用小型振动压路机碾压。 (3)碾压顺纵向由低边向高边按规定要求的碾压速度均匀进行。相邻碾压重叠宽度大于30cm。 (4)采用雾状喷水法,以保证沥青混合料碾压过程中不粘轮。

序号	项目	内容
5	混合料的压实	(5)不在新铺筑的路面上进行停机、加水、加油活动,以防各种油料、杂质污染路面。压路机不准停留在已完成但温度尚未冷却至自然气温以下的路面上。 (6)碾压进行中压路机不得中途停留、转向或制动,压路机每次由两端折回的位置呈阶梯形随摊铺机向前推进,使折回处不在同一横断面上,振动压路机在已成型的路面上行驶时应关闭振动
6	检查试验	(1)按施工技术规范要求的频率认真做好各种原材料、施工温度、矿料级配、马歇尔试验、压实度等试验工作。 (2)在施工过程中随时检查铺筑厚度、平整度、宽度、横坡度、高程。 (3)所有检验结果资料报监理工程师审批和申报计量支付

A5　预应力混凝土工程施工

★高频考点：预应力材料及预应力管道

序号	项目	内容
1	预应力材料要求	(1)预应力材料必须保持清洁,在存放和搬运过程中应避免机械损伤和有害的锈蚀。如进场后需长时间存放时,必须安排定期的外观检查。 (2)预应力钢筋和金属管道在仓库内保管时,仓库应干燥、防潮、通风良好、无腐蚀气体和介质;在室外存放时,时间宜不超过6个月,不得直接堆放在地面上,必须采取垫以枕木并用苫布覆盖等有效措施,防止雨露和各种腐蚀性气体、介质的影响
2	锚具、夹具和连接器等要求	(1)锚具、夹具和连接器均应设专人保管。存放、搬运时均应妥善保护,避免锈蚀、沾污、遭受机械损伤或散失。临时性的防护措施应不影响安装操作的效果和永久性防锈措施的实施。 (2)预应力筋锚具、夹具和连接器应具有可靠的锚固性能、足够的承载能力和良好的使用性,能保证充分发挥预应力筋的强度,安全地实现预应力张拉作业,并应符合现行国家标准《预应力筋锚具、夹具和连接器》GB/T 14370—2015 的要求。

序号	项目	内容
2	锚具、夹具和连接器等要求	（3）预应力筋锚具应按设计要求采用。锚具应满足分级张拉、补张拉以及放松预应力的要求。 （4）夹具应具有良好的自锚性能、松锚性能和安全的重复使用性能，主要锚固零件应具有良好的防锈性能，可重复使用的次数应不少于300次。需敲击才能松开的夹具，必须保证其对预应力筋的锚固没有影响，且对操作人员的安全不造成危险。 （5）混凝土结构或构件中的永久性预应力筋连接器，应符合锚具的性能要求；用于先张法施工且在张拉后还需进行放张和拆卸的连接器，应符合夹具的性能要求。 （6）锚垫板应具有足够的强度和刚度，且宜设置锚具对中止口以及压浆孔或排气孔，压浆孔的内径宜不小于20mm。与后张预应力筋用锚具或连接器配套的锚垫板和局部加强钢筋，在规定的局部承压试件尺寸及混凝土强度下，应满足传力性能要求。 （7）锚具、夹具和连接器在存放、搬运及使用期间均应妥善防护，避免锈蚀、沾污、遭受机械损伤、混淆和散失，但临时性的防护措施应不影响其安装和永久性防腐的实施。 （8）预应力筋用锚具产品应配套使用，同一结构或构件中应采用同一生产厂的产品，工作锚不得作为工具锚使用。夹片式锚具的限位板和工具锚宜采用与工作锚同一生产厂的配套产品
3	锚具、夹具和连接器进场验收	锚具、夹具和连接器进场时，除应按出厂合格证和质量证明书核查锚固性能类别、型号、规格及数量外，还应按下列规定进行验收： （1）外观检查：应从每批产品中抽取2%且不少于10套样品，检查其外形尺寸、表面裂纹及锈蚀情况。外形尺寸应符合产品质保书所示的尺寸范围，且表面不得有裂纹及锈蚀。 （2）尺寸检验：应从每批产品中抽取2%且不少于10套样品，检验其外形尺寸。外形尺寸应符合产品质保书所示的尺寸范围。当有1个零件不符合规定时，应另取双倍数量的零件重新检验；如仍有1个零件不符合要求，则本批全部产品应逐件检验，符合要求者判定该零件尺寸合格。

序号	项目	内容
3	锚具、夹具和连接器进场验收	(3)硬度检验:应从每批产品中抽取3%且不少于5套样品(对多孔夹片式锚具的夹片,每套抽取6片),对其中有硬度要求的零件进行硬度检验,每个零件测试3点,其硬度应符合产品质保书的规定。当有1个零件不合格时,则应另取双倍数量的零件重做检验;如仍有1个零件不合格,应对本批产品逐个检验,合格者方可使用或进入后续检验。 (4)静载锚固性能试验:应在外观检查和硬度检验均合格的同批产品中抽取样品,与相应规格和强度等级的预应力筋组成3个预应力筋—锚具组装件,进行静载锚固性能试验。如有1个试件不符合要求时,则应另取双倍数量的样品重做试验;仍有1个试件不符合要求,则该批锚具为不合格。 (5)对特大桥、大桥和重要桥梁工程中使用的锚具产品,应进行上述4项检查和检验;对锚具用量较小的一般中、小桥梁工程,如生产厂能提供有效的静载锚固性能试验合格的证明文件,则仅需进行外观检查和硬度检验。 (6)进场检验时,同种材料、同一生产工艺条件下、同批进场的产品可视为同一验收批。锚具的每个验收批宜不超过2000套;夹具、连接器的每个验收批宜不超过500套;获得第三方独立认证的产品其验收批可扩大1倍。检验合格的产品,在现场的存放期超过1年时,再用时应进行外观检查
4	管道要求	(1)在后张有黏结预应力混凝土结构或构件中,预应力筋的孔道宜由浇筑在混凝土中的刚性或半刚性管道构成,或采取钢管抽芯、胶管抽芯及金属伸缩套管抽芯等方法进行预留。设置于混凝土中的刚性或半刚性管道不应有漏浆现象,且应具有足够的强度和刚度,应能在浇筑混凝土重力的作用下保持原有的形状,并能按要求传递黏结应力。 (2)刚性管道应是壁厚不小于2mm的平滑钢管,且应具有光滑的内壁并可被弯曲成适当的形状而不出现卷曲或被压扁;半刚性管道应是波纹状的金属管或高密度聚乙烯塑料管,且金属波纹管宜采用镀锌钢带制作,壁厚宜不小于0.3mm。 (3)管道的进场检验应符合下列规定:

序号	项目	内容
4	管道要求	①进场时除应按合同检查出厂合格证和质量保证书，核对其类别、型号、规格及数量外，尚应对其外观、尺寸、集中荷载下的径向刚度、荷载作用后的抗渗漏及抗弯曲渗漏等进行检验。 ②管道应按批进行检验。金属波纹管每批应由同一钢带生产厂生产的同一批钢带所制造的产品组成。 ③检验时应先进行外观质量的检验，合格后再进行其他指标的检验。当其他指标中有不合格项时，应取双倍数量的试件对该不合格项进行复验；复验仍不合格时，则该批产品为不合格。 (4)波纹管在搬运时应采用非金属绳捆扎，或采用专用框架装载，不得抛摔或在地面上拖拉。波纹管在存放时应远离热源及可能遭受各种腐蚀性气体、介质影响的地方，存放时间宜不超过6个月，在室外存放时不得直接堆于地面，应支垫并遮盖

★高频考点：施加预应力

序号	项目	内容
1	机具及设备要求	(1)预应力筋的张拉宜采用穿心式双作用千斤顶，整体张拉或放张宜采用具有自锚功能的千斤顶；张拉千斤顶的额定张拉力宜为所需张拉力的1.5倍，且不得小于1.2倍。与千斤顶配套使用的压力表应选用防振型产品，其最大读数应为张拉力的1.5~2.0倍，标定精度应不低于1.0级。张拉机具设备应与锚具产品配套使用，并应在使用前进行校正、检验和标定。 (2)张拉用的千斤顶与压力表应配套标定、配套使用，标定应在经国家授权的法定计量技术机构定期进行，标定时千斤顶活塞的运行方向应与实际张拉工作状态一致。当处于下列情况之一时，应重新进行标定： ①使用时间超过6个月。 ②张拉次数超过300次。 ③使用过程中千斤顶或压力表出现异常情况。 ④千斤顶检修或更换配件后。 (3)采用测力传感器测量张拉力时，测力传感器应按相关国家标准的规定每年送检一次

序号	项目	内容
2	张拉应力控制	(1)预应力筋的张拉控制应力应符合设计要求。当施工中预应力筋需要超张拉或计入锚圈口预应力损失时,可比设计要求提高5%,但在任何情况下不得超过设计规定的最大张拉控制应力。 (2)预应力筋采用应力控制方法张拉时,应以伸长值进行校核,实际伸长值与理论伸长值的差值应符合设计要求,设计无规定时,实际伸长值与理论伸长值的差值应控制在±6%以内,否则应暂停张拉,待查明原因并采取措施予以调整后,方可继续张拉。 (3)预应力筋张拉时,应先调整到初应力,该初应力宜为张拉控制应力σ_{con}的10%~25%,伸长值应从初应力时开始量测。预应力筋的实际伸长值除量测的伸长值外,尚应加上初应力以下的推算伸长值。 (4)预应力筋张拉控制应力的精度宜为±1.5%,预应力筋的锚固,应在张拉控制应力处于稳定状态下进行。锚固阶段张拉端锚具变形、预应力筋的回缩量和接缝压缩值,应不大于设计规定或不大于规定容许值。 (5)张拉锚固后,建立在锚下的实际有效预应力与设计张拉控制应力的相对偏差应不超过±5%,且同一断面中预应力束的有效预应力的不均匀度应不超过±2%。 (6)在预应力筋张拉、锚固过程中及锚固完成后,均不得大力敲击或振动锚具。预应力筋锚固后需要放松时,对夹片式锚具宜采用专门的放松装置松开;对支撑式锚具可采用张拉设备缓慢地松开。 (7)预应力筋在实施张拉或放张作业时,应采取有效的安全防护措施,预应力筋两端的正面严禁站人和穿越。 (8)预应力筋张拉、锚固及放松时,均应填写施工记录。 (9)施加预应力时宜采用信息化数据处理系统对各项张拉参数进行采集

★高频考点:先张法

序号	项目	内容
1	墩式台座结构规定	(1)承力台座应进行专门设计,并应具有足够的强度、刚度和稳定性,其抗倾覆安全系数应不小于1.5,抗滑移系数应不小于1.3。 (2)锚固横梁应有足够的刚度,受力后挠度应不大于2mm

序号	项目	内容
2	预应力筋的安装	预应力筋的安装宜自下而上进行，并应采取措施防止其被台座上涂刷的隔离剂污染。预应力筋与锚固横梁间的连接，宜采用张拉螺杆
3	先张法预应力筋的张拉规定	（1）张拉前，应对台座、锚固横梁及各项张拉设备进行详细检查，符合要求后方可进行操作。 （2）同时张拉多根预应力筋时，应预先调整其初应力，使相互之间的应力一致，再整体张拉；张拉过程中，应使活动横梁与固定横梁始终保持平行，并应抽查预应力筋的预应力值，其偏差的绝对值不得超过按一个构件全部预应力筋预应力总值的5%。 （3）预应力筋的张拉应符合设计要求，设计无规定时，其张拉程序可按下表的规定进行。 （4）张拉时，同一构件内预应力钢丝、钢绞线的断丝数量不得超过总数1%，同时对于螺纹钢筋不容许断筋。 （5）预应力筋张拉完毕后，其位置与设计位置的偏差应不大于5mm，同时应不大于构件最短边长的4%，且宜在4h内浇筑混凝土
4	先张法预应力筋的放张规定	（1）预应力筋放张时构件混凝土的强度和弹性模量（或龄期）应符合设计规定；设计未规定时，混凝土的强度应不低于设计强度等级值的80%，弹性模量应不低于混凝土28d弹性模量的80%。当采用混凝土龄期代替弹性模量控制时应不少于5d。 （2）在预应力筋放张之前，应将限制位移的侧模、翼缘模板或内模拆除。 （3）预应力筋的放张顺序应符合设计规定；设计未规定时，应分阶段、均匀、对称、相互交错地放张。 （4）多根整批预应力筋的放张，当采用砂箱放张时，放砂速度应均匀一致；采用千斤顶放张时，放张宜分数次完成；单根钢筋采用拧松螺母的方法放张时，宜先两侧后中间，并不得一次将一根预应力筋松完。放张后，预应力筋在构件端部的内缩值宜不大于1.0mm。 （5）预应力筋放张后，对钢丝和钢绞线，应采用机械切割的方式进行切断；对螺纹钢筋，可采用乙炔—氧气切割，但应采取必要措施防止高温对其产生不利影响。 （6）长线台座上预应力筋的切断顺序，应由放张端开始，依次向另一端切断

序号	项目	内容
5	先张法预制梁板施工工艺流程	张拉台座准备→穿预应力筋、调整初应力→张拉预应力筋→钢筋骨架制作→立模→浇筑混凝土→混凝土养护→拆模→放松预应力筋→成品存放、运输

★高频考点：后张法

序号	项目	内容
1	采用金属或塑料管道构成后张预应力混凝土结构或构件的孔道时的规定	(1)管道的规格、尺寸应符合设计规定，且其内横截面积应不小于预应力筋净截面积的2倍；对长度大于60m的管道，宜通过试验确定其面积比是否可以进行正常的压浆作业。 (2)管道应按设计规定的坐标位置进行安装，并应采用定位钢筋固定，使其能牢固地置于模板内的设计位置，且在混凝土浇筑期间不产生位移。管道与普通钢筋重叠时，应移动普通钢筋，不得改变管道的设计坐标位置。固定各种成孔管道用的定位钢筋的间距，对钢管宜不大于1.0m；波纹管宜不大于0.8m；位于曲线上的管道和扁平波纹管道应当加密。定位后的管道应平顺，其端部的中心线应与锚垫板相垂直。 (3)管道接头处的连接管宜采用大一级直径的同类管道，其长度宜为被连接管道内径的5～7倍。连接时不应使接头处产生角度变化及在混凝土浇筑期间发生管道的转动或移位，并应缠裹紧密防止水泥浆的渗入。塑料波纹管应采用专用焊接机进行热熔焊接或采用具有密封性能的塑料结构连接器连接。当采用真空辅助压浆工艺进行孔道压浆时，管道的所有接头应具有可靠的密封性能，并应满足真空度的要求。 (4)所有管道均应在每个顶点设排气孔及需要时在每个低点设排水孔，在每个顶点和两端设检查孔。压浆管、排气管和排水管应是最小内径为20mm的标准管或适宜的塑性管，与管道之间的连接应采用金属或塑料结构扣件，长度应足以从管道引出结构物以外。 (5)管道安装完毕后，其端口应采取可靠措施临时封堵，防止水或其他杂物进入。 (6)后张预应力管道安装的允许偏差应符合规定

序号	项目	内容
2	抽芯法制孔要求	(1)采用胶管抽芯法制孔时,胶管内应插入芯棒或充以压力水增加刚度。 (2)采用钢管抽芯法制孔时,钢管表面应光滑,焊接头应平顺。 (3)抽芯时间应通过试验确定,以混凝土抗压强度达到 $0.4 \sim 0.8$ MPa 时为宜,抽拔时不得损伤结构混凝土。 (4)抽芯后,应采用通孔器或压气、压水等方法对孔道进行检查,如发现孔道堵塞或有残留物或与邻孔有串通,应及时处理
3	预应力筋的安装规定	(1)预应力筋可在浇筑混凝土之前或之后穿入孔道,穿束前应检查锚垫板和孔道,锚垫板的位置应准确;孔道内应畅通,无水和其他杂物。 (2)宜将一根钢束中的全部预应力筋编束后整体穿入孔道中,整体穿束时,束的前端宜设置穿束网套或特制的牵引头,应保持预应力筋顺直,且仅应前后拖动,不得扭转。对钢绞线,可采用穿束机逐根将其穿入孔道内,但应保证其在孔道内不发生相互缠绕。 (3)对在混凝土浇筑及养护之前安装在孔道中但在设计文件或技术规范规定时限内未压浆的预应力筋,应采取防止锈蚀或其他防腐蚀的措施,直至压浆。 (4)预应力筋安装在管道中后,应将管道端部开口密封防止湿气进入。采用蒸汽养护混凝土时,在养护完成之前不应安装预应力筋。 (5)在任何情况下,当在安装有预应力筋的结构或构件附近进行电焊时,均应对全部预力筋、管道和附属构件进行保护,防止溅上焊渣或造成其他损坏。 (6)对在混凝土浇筑之前穿束的管道,预应力筋安装完成后,应进行全面检查,查出可能被损坏的管道。在混凝土浇筑之前,应将管道上所有非有意留的孔、开口或损坏之处修复,并应在浇筑混凝土过程中随时检查预应力筋能否在管道内自由移动
4	锚具、夹具和连接器安装规定	(1)锚具和连接器的安装位置应准确,且应与孔道对中。锚垫板上设置有对中止口时,应防止锚具偏出止口。安装夹片时,应使夹片的外露长度基本一致。 (2)采用螺母锚固的支撑式锚具,安装时应逐个检查螺纹的配合情况,应保证在张拉和锚固过程中能顺利旋合拧紧

序号	项目	内容
5	后张法预应力筋的张拉和锚固规定	(1)预应力张拉之前,宜对不同类型的孔道进行至少一个孔道的摩阻测试,通过测试所确定的 μ 值和 k 值宜用于对设计张拉控制应力的修正,对长度大于 60m 的孔道宜适当增加摩阻测试的数量。 (2)张拉时,结构或构件混凝土的强度、弹性模量(或龄期)应符合设计规定;设计未规定时,混凝土的强度应不低于设计强度等级值的 80%,弹性模量应不低于混凝土 28d 弹性模量的 80%,当采用混凝土龄期代替弹性模量控制时应不少于 5d。 (3)预应力筋的张拉顺序应符合设计规定;设计未规定时,可采取分批、分阶段的方式对称张拉。 (4)预应力筋应整束张拉锚固。对扁平管道中平行排放的预应力钢绞线束,在保证各根钢绞线不会叠压时,可采用小型千斤顶逐根张拉,但应考虑逐根张拉时预应力损失对控制应力的影响。 (5)预应力筋张拉端的设置应符合设计要求;当设计未要求时,应符合下列规定: ①对钢束长度小于 20m 的直线预应力筋可在一端张拉;对曲线预应力筋或钢束长度大于或等于 20m 的直线预应力筋,应采用两端张拉。 ②当同一截面中有多束一端张拉的预应力筋时,张拉端宜分别交错设置在结构或构件的两端。 ③预应力筋采用两端张拉时,宜两端同时张拉;或先在一端张拉锚固后,再在另一端补足预应力值进行锚固。 (6)两端张拉时,各千斤顶之间同步张拉力的允许误差宜为±2%。 (7)张拉程序按设计文件或技术规范的要求进行。 (8)后张预应力筋断丝及滑丝不得超过"后张预应力筋断丝、滑移限制"表规定的控制数。 (9)预应力筋在张拉控制应力达到稳定后方可锚固。对夹片式锚具,锚固后夹片顶面应平齐,其相互间的错位宜不大于 2mm,且露出锚具外的高度应不大于 4mm。锚固完毕并经检验确认合格后方可切割端头多余的预应力筋,切割时应采用砂轮锯,严禁采用电弧进行切割,同时不得损伤锚具。 (10)切割后预应力筋的外露长度应不小于 30mm,且应不小于 1.5 倍预应力筋直径。锚具应采用封端混凝土保护,当需长期外露时,应采取防止锈蚀的措施

序号	项目	内容
6	后张法预应力孔道压浆及封锚	(1)预应力筋张拉锚固后,孔道应尽早压浆,且应在48h内完成,否则应采取避免预应力筋锈蚀的措施。压浆用水泥浆的强度应符合设计规定。 (2)后张预应力孔道应采用专用压浆料或专用压浆剂配制的浆液进行压浆。所用原材料应符合下列规定: ①水泥应采用性能稳定、强度等级不低于42.5的低碱硅酸盐或低碱普通硅酸盐水泥,外加剂应与水泥具有良好的相容性,且不得含有氯盐、亚硝酸盐或其他对预应力筋有腐蚀作用的成分。减水剂应采用高效减水剂或高性能减水剂,且应满足现行国家标准《混凝土外加剂》GB 8076—2008中高效减水剂一等品的要求,其减水率应不小于20%。 ②矿物掺合料的品种宜为Ⅰ级粉煤灰、粒化高炉矿渣粉或硅灰。膨胀剂宜采用钙矾石系或复合型膨胀剂,不得采用以铝粉为膨胀源的膨胀剂或总碱量0.75%以上的高碱膨胀剂。 ③水不应含有对预应力筋或水泥有害的成分,每升水中不得含有350mg以上的氯化物离子或任何一种其他有机物,宜采用符合国家卫生标准的清洁饮用水。 ④压浆材料中的氯离子含量应不超过胶凝材料总量的0.06%,比表面积应大于$350m^2/kg$,三氧化硫含量应不超过6.0%。 (3)压浆前应在工地试验室对压浆材料加水进行试配,各种材料的称量(均以质量计)应精确到±1%。经试配的浆液其各项性能指标均应满足设计要求或《公路桥涵施工技术规范》JTG/T 3650—2020的有关规定后方可用于正式压浆。 (4)压浆前应对孔道进行清洁处理;应对压浆设备进行清洗,清洗后的设备内不应有残渣和积水。 (5)压浆时,对曲线孔道和竖向孔道应从最低点的压浆孔压入;对水平直线孔道可从任意一端的压浆孔压入;对结构或构件中以上下分层设置的孔道,应按先下层后上层的顺序进行压浆。同一孔道的压浆应连续进行,一次完成。压浆应缓慢、均匀地进行,不得中断,并应将所有最高点的排气孔依次打开和关闭,使孔道内排气通畅。

序号	项目	内容
6	后张法预应力孔道压浆及封锚	(6)浆液自拌制完成至压入孔道的延续时间宜不超过40min,且在使用前和压注过程中应连续搅拌,对因延迟使用所致流动度降低的水泥浆,不得通过额外加水增加其流动度。 (7)对水平或曲线孔道,压浆的压力宜为0.5～0.7MPa;对超长孔道,最大压力宜不超过1.0MPa;对竖向孔道,压浆的压力宜为0.3～0.4MPa。压浆的充盈度应达到孔道另一端饱满且排气孔排出与规定流动度相同的水泥浆为止,关闭出浆口后,宜保持一个不小于0.5MPa的稳压期,该稳压期的保持时间宜为3～5min。 (8)采用真空辅助压浆工艺时,在压浆前应对孔道进行抽真空,真空度宜稳定在-0.06～-0.10MPa范围内。真空度稳定后,应立即开启孔道压浆端的阀门,同时启动压浆泵进行连续压浆。 (9)压浆时,每一工作班应制作留取不少于3组尺寸为40mm×40mm×160mm的试件,标准养护28d,进行抗压强度和抗折强度试验,作为质量评定的依据。 (10)压浆过程中及压浆后48h内,结构或构件混凝土的温度及环境温度不得低于5℃,否则应采取保温措施,并应按冬期施工的要求处理,浆液中可适量掺用引气剂,但不得掺用防冻剂。当环境温度高于35℃时,压浆宜在夜间进行。 (11)压浆完成后,应及时对锚固端按设计要求进行封闭保护或防腐处理,需要封锚的锚具,应在压浆完成后对梁端混凝土凿毛并将其周围冲洗干净,设置钢筋网浇筑封锚混凝土;封锚应采用与结构或构件同强度的混凝土并应严格控制封锚后的梁体长度。长期外露的锚具,应采取防锈措施。 (12)对后张预制构件,在孔道压浆前不得安装就位;压浆后,应在浆液强度达到规定的强度后方可移运和吊装。 (13)孔道压浆宜采用信息化数据处理系统对相关参数进行采集,并填写施工记录。记录项目应包括:压浆材料、配合比、压浆日期、搅拌时间、出机初始流动度、浆液温度、环境温度、压浆量、稳压压力及时间,采用真空辅助压浆工艺时尚应包括真空度

A6　公路隧道开挖

★高频考点：公路隧道主要开挖方式及适用范围

序号	开挖方式	含义	适用范围
1	全断面法	按设计断面一次基本开挖成形的施工方法	适用于Ⅰ～Ⅲ级围岩的中小跨度隧道，Ⅳ级围岩中跨度隧道和Ⅲ级围岩大跨度隧道在采用了有效的预加固措施后，也可采用全断面法开挖
2	台阶法	先开挖上半断面，待开挖至一定距离后再同时开挖下半断面，上下半断面同时并进的施工方法。台阶法分为二台阶法、三台阶法	适用于Ⅲ～Ⅳ级围岩的中小跨度隧道，Ⅴ级围岩的中小跨度隧道在采用了有效的预加固措施后亦可采用台阶法开挖。单车道隧道及围岩地质条件较好的双车道隧道可采用二台阶法施工。隧道断面较高、单层台阶断面尺寸较大时可采用三台阶法。台阶长度宜为隧道开挖跨度的1～1.5倍
3	环形开挖预留核心土法	先开挖上台阶成环形，并进行支护，再分部开挖中部核心土、两侧边墙的施工方法	适用于Ⅳ～Ⅴ级围岩或一般土质围岩的中小跨度隧道。每循环开挖长度宜为0.5～1.0m，核心土面积不应小于整个断面的50%
4	中隔壁法（CD法）	在软弱围岩大跨隧道中，先开挖隧道的一侧，并施作中隔壁墙，然后再分部开挖隧道的另一侧的施工方法	适用于围岩较差、跨度大、浅埋、地表沉降需要控制的场合
5	交叉中隔壁法（CRD法）	是一种在中隔壁法的基础上增加临时仰拱，更快地封闭初支的施工方法	
6	双侧壁导坑法	先开挖隧道两侧的导坑，并进行初期支护，再分部开挖剩余部分的施工方法	适用于浅埋大跨度隧道及地表下沉量要求严格而围岩条件很差的情况

序号	开挖方式	含义	适用范围
7	中导洞法	在连拱隧道或单线隧道的喇叭口地段,先开挖两洞之间立柱(或中墙)部分,并完成立柱(或中墙)混凝土浇筑后,再进行左右两洞开挖的施工方法	适用于连拱隧道

★高频考点:公路隧道开挖与超欠挖控制要求

序号	项目	内容
1	公路隧道开挖的要求	(1)按设计要求开挖出断面(包括形状、尺寸、表面平整、超挖、欠挖等要求)。 (2)石渣块度(石渣大小)便于装渣作业。 (3)掘进速度快,少占作业循环时间。 (4)爆破在充分发挥其能力的前提下,减少对围岩的震动破坏,减少对施工用具设备及支护结构的破坏,并尽量节省爆破器材消耗。 (5)采用全断面法、台阶法、环形开挖预留核心土法、中隔壁法或交叉中隔壁法、双侧壁导坑法施工及仰拱开挖应符合相关规定的,应严格控制欠挖,尽量减少超挖
2	公路隧道超欠挖控制	(1)当岩层完整、岩石抗压强度大于30MPa,并确认不影响衬砌结构稳定和强度时,允许岩石个别突出部分(每$1m^2$内不宜大于$0.1m^2$)欠挖,但其隆起量不得大于50mm。拱脚、墙脚以上1m范围内及净空图折角对应位置严禁欠挖。 (2)应采取光面爆破、提高钻眼精度、控制药量等措施,并提高作业人员的技术水平。 (3)开挖后宜采用断面仪或激光投影仪直接测定开挖面面积,并绘制断面图。 (4)当采用钢架支撑时,如围岩变形较大,支撑可能沉落或局部支撑难以拆除时,应适当加大开挖断面,预留支撑沉落量,保证衬砌设计厚度。预留支撑沉落量应根据围岩性质和围岩压力,并在施工过程中根据量测结果进行调整。 (5)超挖应回填密实,超挖回填应符合设计规定,设计没有规定时应符合下列规定:

序号	项目	内容
2	公路隧道超欠挖控制	①拱部坍塌形成的超挖处理应编制方案,并经审批后的按方案处理。 ②沿设计轮廓线的均匀超挖,有钢架时,可采用喷射混凝土回填,或增大钢架支护断面尺寸,使钢架贴近开挖轮廓,在施工二次衬砌时,以二次衬砌混凝土回填;无钢架时,可在施工二次衬砌时,以二次衬砌混凝土回填。 ③局部超挖,超挖量不超过 200mm 时,宜采用喷射混凝土回填密实。 ④边墙部位超挖,可采用混凝土或片石混凝土回填

★高频考点：公路小净距及连拱隧道施工

序号	项目	内容
1	小净距隧道施工	（1）小净距隧道是指隧道间的中间岩墙厚度小于分离式独立双洞的最小净距的特殊隧道布置形式。常用于洞口地形狭窄或有特殊要求的中、短隧道以及长或特长隧道洞口局部地段。 （2）小净距隧道施工应重点控制爆破震动对中岩墙的危害,施工时应注意以下几点： ①先行洞和后行洞的开挖方法。 ②先行洞和后行洞爆破设计及爆破震动控制。 ③先行洞和后行洞开挖错开距离。 ④先行洞衬砌和后行洞开挖错开距离。 ⑤中岩墙保护方法
2	连拱隧道施工	（1）连拱隧道主要适用于洞口地形狭窄,或对两洞间距有特殊要求的中、短隧道。连拱隧道按中墙形式不同分为整体式中墙和复合式中墙两种形式。 （2）连拱隧道开挖要求 ①连拱隧道开挖时应考虑其埋深浅、跨度大、地质条件复杂、受雨季地表水影响大的特点。 ②连拱隧道开挖宜先贯通中导洞、浇筑中隔墙,然后依次开挖主洞。中隔墙顶与中导洞初期支护间应用混凝土回填密实。 ③主洞开挖时,左右两洞开挖掌子面错开距离宜大于 30m。 ④中隔墙混凝土模板宜使用对拉拉杆。 ⑤中隔墙混凝土施工时应加强对预埋排水和止水设施的保护。

序号	项目	内容
2	连拱隧道施工	⑥采用导洞施工时,应对导洞围岩情况认真观察记录,并及时反馈信息,根据围岩变化情况和监控量测资料及时调整设计与施工方案,导洞宽度宜大于4m

A7 公路工程进度计划的编制特点

★高频考点：公路工程进度计划的编制特点

序号	项目	内容
1	公路工程进度计划的主要形式	(1)横道图。 (2)"S"形曲线。 (3)垂直图(也称斜条图、时间里程图)。 (4)斜率图。 (5)网络图
2	公路施工过程组织方法和特点	(1)顺序作业法(也称为依次作业法)的主要特点 ①没有充分利用工作面进行施工,(总)工期较长。 ②每天投入施工的劳动力、材料和机具的数量比较少,有利于资源供应的组织工作。 ③施工现场的组织、管理比较简单。 ④不强调分工协作,若由一个作业队完成全部施工任务,不能实现专业化生产,不利于提高劳动生产率;若按工艺专业化原则成立专业作业队(班组),各专业队是间歇作业,不能连续作业,材料供应也是间歇供应,劳动力和材料的使用可能不均衡。 (2)平行作业法的主要特点 ①充分利用工作面进行施工,(总)工期较短。 ②每天同时投入施工的劳动力、材料和机具数量较大,材料供应特别集中,所需作业班组很多,影响资源供应的组织工作。 ③如果各工作面之间需共用某种资源时,施工现场的组织管理比较复杂、协调工作量大。 ④不强调分工协作,各作业单位都是间歇作业,此点与顺序作业法相同。 注：这种方法的实质是用增加资源的方法来达到缩短(总)工期的目的,一般适用于需要突击性施工时施工作业的组织。

序号	项目	内容
2	公路施工过程组织方法和特点	(3)流水作业法的主要特点 ①必须按工艺专业化原则成立专业作业队(班组),实现专业化生产,有利于提高劳动生产率,保证工程质量。 ②专业化作业队能够连续作业,相邻作业队的施工时间能最大限度地搭接。 ③尽可能地利用工作面进行施工,工期比较短。 ④每天投入的资源量较为均衡,有利于资源供应的组织工作。 ⑤需要较强的组织管理能力。 注:这种方法可以科学地利用工作面,实现不同专业作业队之间的平行施工
3	公路工程常用的流水施工组织	(1)公路工程常用的流水参数 ①工艺参数:施工过程数 n(工序个数)、流水强度 V。 ②空间参数:工作面 A、施工段 m、施工层。 ③时间参数:流水节拍 t、流水步距 K、技术间歇 Z、组织间歇、搭接时间。 (2)公路工程流水施工分类 ①按节拍的流水施工分类 A. 有节拍(有节奏)流水:等节拍(等节奏)流水,所有的流水节拍相同且流水步距=流水节拍,是理想的流水施工;异节拍(异节奏)流水,可进一步分为成倍流水(等步距异节拍)和分别流水(异步距异节拍)。 B. 无节拍(无节奏)流水:流水节拍一般不相同,用累加数列错位相减取大差的方法求流水步距。 ②按施工段在空间分布形式的流水施工分类:流水段法流水施工;流水线法流水施工

A8 公路工程质量控制方法及措施

★高频考点:现场质量检查控制与工程质量控制关键点

序号	项目	内容
1	现场质量检查控制	(1)开工前检查:目的是检查是否具备开工条件,施工工艺与施工组织设计对照是否正确无误,开工后能否连续正常施工,能否保证工程质量。

序号	项目	内容
1	现场质量检查控制	(2)工序交接检查与工序检查：工序交接检查应建立制度化控制，坚持实施。对于关键工序或对工程质量有重大影响的工序，在自检、互检的基础上，还要组织专职人员进行工序交接检查，以确保工序合格，使下道工序能顺利展开。 (3)隐蔽工程检查：凡是隐蔽工程均应经检查认证后方可覆盖。 (4)停工后复工前的检查：因处理质量问题或某种原因停工后再复工时，均应检查认可后方可复工。 (5)分项、分部工程完工后的检查：应按规定的程序和要求，经检查认可并签署验收记录后，才允许进行下一工程项目施工。 (6)成品、材料、机械设备等的检查：主要检查成品、材料等有无可靠的保护措施及其落实而且有效，以控制不发生损坏、变质等问题；检查机械设备的技术状态，以确保其处于完好的可控制状态。 (7)巡视检查：对施工操作质量应进行巡视检查，必要时还应进行跟踪检查
2	质量控制关键点的设置	(1)应根据不同管理层次和职能，按以下原则分级设置： ①施工过程中的重要项目、薄弱环节和关键部位。 ②影响工期、质量、成本、安全、材料消耗等重要因素的环节。 ③新材料、新技术、新工艺的施工环节。 ④质量信息反馈中缺陷频数较多的项目。 (2)关键点应随着施工进度和影响因素的变化而调整

★**高频考点**：公路工程质量缺陷处理方法

序号	项目	内容
1	质量缺陷性质的确定	(1)观察现场情况和查阅记录资料。 (2)检验与试验。 (3)专题调研
2	质量缺陷处理方法	(1)整修与返工 ①缺陷的整修，主要是针对局部性的、轻微的且不会给整体工程质量带来严重影响的缺陷。如水泥混凝土结构的局部蜂窝、麻面，道路结构层的局部压实度不足等。这类缺陷一般可以比较简单地通过修整得到处理，不会影响工程总体的关键性技术指标。

序号	项目	内容
2	质量缺陷处理方法	②返工的决定应建立在认真调查研究的基础上。是否返工,应视缺陷经过补救后能否达到规范标准而定,对于补救后不能满足标准的工程必须返工。 (2)综合处理办法 主要是针对较大的质量事故而言。具体做法可组织联合调查组、召开专家论证会等方式

A9　公路工程质量检查与检验

★高频考点:路基工程质量检验

序号	项目	实测项目
1	土方路基	压实度(△)、弯沉(△)、纵断高程、中线偏位、宽度、平整度、横坡、边坡
2	填石路基	压实(△)、弯沉(△)、纵断高程、中线偏位、宽度、平整度、横坡、边坡坡度和平顺度
3	砌体、片石混凝土挡土墙	(1)浆砌挡土墙实测项目:砂浆强度(△)、平面位置、墙面坡度、断面尺寸(△)、顶面高程、表面平整度。 (2)干砌挡土墙实测项目:平面位置、墙面坡度、断面尺寸(△)、顶面高程、表面平整度。 (3)片石混凝土挡土墙实测项目:混凝土强度(△)、平面位置、墙面坡度、断面尺寸(△)、顶面高程、表面平整度

★高频考点:路面工程质量检验

序号	项目	实测项目
1	稳定土、粒料基层和底基层	(1)稳定土基层和底基层实测项目有:压实度(△)、平整度、纵断高程、宽度、厚度(△)、横坡、强度(△)。 (2)级配碎(砾)石基层和底基层实测项目有:压实度(△)、弯沉值、平整度、纵断高程、宽度、厚度(△)、横坡
2	水泥混凝土面层	弯拉强度(△)、板厚度(△)、平整度、抗滑构造深度、横向力系数SFC、相邻板高差、纵横缝顺直度、中线平面偏位、路面宽度、纵断高程、横坡、断板率

序号	项目	实测项目
3	沥青混凝土面层和沥青碎(砾)石面层	矿料级配(△)、沥青含量(△)、马歇尔稳定度、压实度(△)、平整度、弯沉值、渗水系数、摩擦系数、构造深度、厚度(△)、中线平面偏位、纵断高程、宽度及横坡

★高频考点：桥梁工程质量检验

序号	项目	实测项目
1	桥梁总体	桥面中线偏位、桥面宽(含车行道和人行道)、桥长、桥面高程
2	钻孔灌注桩	混凝土强度(△)、桩位、孔深(△)、孔径、钻孔倾斜度、沉淀厚度、桩身完整性(△)
3	混凝土扩大基础	混凝土强度(△)、平面尺寸、基础底面高程、基础顶面高程、轴线偏位
4	钢筋加工及安装	受力钢筋间距(△)，箍筋、构造钢筋、螺旋筋间距，钢筋骨架尺寸,弯起钢筋位置、保护层厚度(△)
5	预应力筋加工和张拉	(1)钢丝、钢绞线先张法实测项目:镦头钢丝同束长度相对差、张拉应力值(△)、张拉伸长率(△)、同一构件内断丝根数不超过钢丝总数的百分数、预应力筋张拉后在横断面上的坐标、无粘结段长度。 (2)后张法实测项目:管道坐标、管道间距(包含同排和上下层)、张拉应力值(△)、张拉伸长率(△)、断丝滑丝数
6	承台等大体积混凝土结构	混凝土强度(△)、平面尺寸、结构高度、顶面高程、轴线偏位和平整度
7	混凝土墩、台	(1)现浇墩、台身实测项目:混凝土强度(△)、断面尺寸、全高竖直度、顶面高程、轴线偏位(△)、节段间错台、平整度、预埋件位置。 (2)现浇墩、台帽或盖梁实测项目:混凝土强度(△)、断面尺寸、轴线偏位、顶面高程、支座垫石预留位置、平整度
8	就地浇筑梁、板	混凝土强度(△)、轴线偏位、梁(板)顶面高程、断面尺寸(△)、长度、与相邻梁段间错台、横坡、平整度

序号	项目	实测项目
9	预制和安装梁、板	(1)梁、板或梁段预制实测项目:混凝土强度(△)、梁长度、断面尺寸(△)、平整度、横系梁及预埋件位置、横坡、斜拉索锚面。 (2)梁、板安装实测项目:支座中心偏位、梁、板顶面高程、相邻梁、板顶面高差
10	悬臂施工梁	(1)悬臂浇筑梁的实测项目:混凝土强度(△)、轴线偏位、顶面高程、断面尺寸(△)、合龙后同跨对称点高程差、顶面横坡、平整度、相邻梁段间错台。 (2)悬臂拼装梁的实测项目:合龙段混凝土强度(△)、轴线偏位、顶面高程、合龙后同跨对称点高程差、相邻梁段间错台
11	混凝土桥面铺装	(1)水泥混凝土桥面铺装实测项目:混凝土强度(△)、厚度、平整度、横坡、抗滑构造深度。 (2)沥青混凝土桥面铺装实测项目:压实度(△)、厚度、平整度、渗水系数、横坡、抗滑构造深度

★高频考点:隧道工程质量检验

序号	项目	实测项目
1	隧道总体质量检验	车行道宽度、内轮廓宽度、内轮廓高度(△)、隧道偏位、边坡或仰坡坡度
2	喷射混凝土	喷射混凝土强度(△)、喷层厚度、喷层与围岩接触状况(△)

★高频考点:交通安全设施质量检验

序号	项目	实测项目
1	交通标志	标志面反光膜逆反射系数(△)、标志板下缘至路面净空高度、柱式标志板、悬臂式和门架式标志立柱的内边缘距土路肩边缘线距离、立柱竖直度、基础顶面平整度、标志基础尺寸
2	交通标线	标线线段长度、标线宽度、标线厚度(△)、标线横向偏位、标线纵向间距、逆反射亮度系数(△)、抗滑值
3	波形梁钢护栏	波形梁板基底金属厚度(△)、立柱基底金属壁厚(△)、横梁中心高度(△)、立柱中距、立柱竖直度、立柱外边缘距土路肩边线距离、立柱埋置深度、螺栓终拧扭矩

序号	项目	实测项目
4	混凝土护栏	护栏断面尺寸、钢筋骨架尺寸、横向偏位、基础厚度、护栏混凝土强度(△)、混凝土护栏块件之间的错位
5	隔离栅和防落物网	高度、刺钢丝的中心垂度、立柱中距、立柱竖直度、立柱埋置深度
6	轮廓标	安装角度、反射器中心高度、柱式轮廓标竖直度
7	防眩设施	安装高度(△)、防眩板设置间距、竖直度、防眩网网孔尺寸

★高频考点：质量检验评定

序号	项目	内容
1	单位工程、分部工程和分项工程的划分	(1)单位工程 单位工程是指合同段中，具有独立施工条件和结构功能的工程。 (2)分部工程 分部工程指在单位工程中，按路段长度、结构部位及施工特点等划分的工程。 (3)分项工程 分项工程指在分部工程中，根据工序、工艺或材料等划分的工程
2	工程质量评定	(1)工程质量等级应分为合格与不合格。 (2)分项工程、分部工程、单位工程质量评定应有符合《公路工程质量检验评定标准 第一册 土建工程》JTG F80/1—2017附录K工程质量检验评定用表规定的资料。 (3)分项工程质量评定合格应符合下列规定：①检验记录应完整；②实测项目应合格；③外观质量应满足要求。 (4)分部工程质量评定合格应符合下列规定：①评定资料应完整；②所含分项工程及实测项目应合格；③外观质量应满足要求。 (5)单位工程质量评定合格应符合下列规定：①评定资料应完整；②所含分部工程应合格；③外观质量应满足要求。 (6)评定为不合格的分项工程、分部工程，经返工、加固、补强或调测，满足设计要求后，可重新进行检验评定。 (7)所含单位工程合格，该合同段评定为合格；所含合同段合格，该建设项目评定为合格

A10　公路工程项目职业健康安全管理体系

★高频考点：风险源辨识、评估与管控

序号	项目	内容
1	风险辨识、评估	（1）风险等级按照可能导致安全生产事故的后果和概率，由高到低依次分为重大、较大、一般和较小四个等级： ①重大风险是指一定条件下易导致特别重大安全生产事故的风险。 ②较大风险是指一定条件下易导致重大安全生产事故的风险。 ③一般风险是指一定条件下易导致较大安全生产事故的风险。 ④较小风险是指一定条件下易导致一般安全生产事故的风险。 注：以上同时满足两个以上条件的，按最高等级确定风险等级。 （2）生产经营单位风险辨识应针对影响发生安全生产事故及其损失程度的致险因素进行，致险因素一般包含以下方面： ①从业人员安全意识、安全与应急技能、安全行为或状态。 ②生产经营基础设施、运输工具、工作场所等设施设备的安全可靠性。 ③影响安全生产外部要素的可知性和应对措施。 ④安全生产的管理机构、工作机制及安全生产管理制度合规和完备性。 （3）生产经营单位安全生产风险辨识分为全面辨识和专项辨识。全面辨识应每年不少于1次，专项辨识应在生产经营环节或其要素发生重大变化或管理部门有特殊要求时及时开展。安全生产风险辨识结束后应形成风险清单。 注：生产经营单位重大风险等级评定、等级变更和销号，可委托第三方服务机构进行评估或成立评估组进行评估，出具评估结论。生产经营单位成立的评估组成员应包括生产经营单位负责人或安全管理部门负责人和相关业务部门负责人，2名以上相关专业领域具有一定从业经历的专业技术人员

序号	项目	内容
2	风险管控	(1)生产经营单位应依据风险的等级、性质等因素,科学制定管控措施,保障必要的投入,将风险控制在可接受范围内。生产经营单位应针对本单位风险可能导致的安全生产事故,制定或完善应急措施。 (2)重大风险应单独建立清单和专项档案。 (3)生产经营单位应按下列要求加强重大风险管控: ①对重大风险制定动态监测计划,定期更新监测数据或状态,每月不少于1次,并单独建档。 ②重大风险应单独编制专项应急措施。 ③重大风险确定后按年度组织专业技术人员对风险管控措施进行评估改进,年度评估报告应在次年1个月内通过交通运输安全生产风险管理系统向属地负有安全生产监督管理职责的交通运输管理部门报送。 (4)重大风险登记分为初次、定期和动态三种方式。 (5)在确定控制措施或考虑改变现行控制措施时,可考虑按如下顺序选择风险控制方法: ①消除。 ②替代。 ③工程控制措施。 ④标志、警告或管理控制。 ⑤个人防护设备

★高频考点:专项方案与技术交底

序号	项目	内容
1	专项方案编制	(1)施工单位应当依据风险评估结论,对风险等级较高的分部分项工程编制专项施工方案,并附安全验算结果。 (2)项目实施前,施工单位应当按照规定,识别项目危险性较大的分部分项工程(简称"危大工程")和超过一定规模的危大工程,并组织工程技术人员编制专项施工方案。 (3)专项施工方案应当由施工单位技术负责人审核签字、加盖单位公章,并由总监理工程师审查签字、加盖执业印章后方可实施。 (4)危大工程实行分包并由分包单位编制专项施工方案的,专项施工方案应当由总承包单位技术负责人及分包单位技术负责人共同审核签字并加盖单位公章。

序号	项目	内容
1	专项方案编制	(5)对于超过一定规模的危大工程,施工单位应当组织召开专家论证会对专项施工方案进行论证。实行施工总承包的,由施工总承包单位组织召开专家论证会。专家论证前专项施工方案应当通过施工单位审核和总监理工程师审查
2	专项方案技术交底	(1)专项施工方案实施前,编制人员或者项目技术负责人应当向施工现场管理人员进行方案交底。 (2)施工现场管理人员应当向作业人员进行安全技术交底,并由双方和项目专职安全生产管理人员共同签字确认
3	专项施工方案内容	(1)工程概况:工程基本情况、施工平面布置、施工要求和技术保证条件。 (2)编制依据:相关法律、法规、规范性文件、标准、规范及图纸(国标图集)、施工组织设计等。 (3)施工计划:包括施工进度计划、材料与设备计划。 (4)施工工艺技术:技术参数、工艺流程、施工方法、检查验收等。 (5)施工安全保证措施:组织保障、技术措施、应急预案、监测监控等。 (6)劳动力计划:专职安全管理人员、特种作业人员等。 (7)计算书及图纸

★高频考点：危险性较大分部分项的工程

序号	类别	需编制专项施工方案	需专家论证、审查
1	基坑开挖、支护、降水工程	(1)开挖深度不小于3m的基坑(槽)开挖、支护、降水工程。 (2)深度小于3m但地质条件和周边环境复杂的基坑(槽)开挖、支护、降水工程	(1)深度不小于5m的基坑(槽)的土(石)方开挖、支护、降水。 (2)开挖深度虽小于5m,但地质条件、周围环境和地下管线复杂,或影响毗邻建(构)筑物安全,或存在有毒有害气体分布的基坑(槽)开挖、支护、降水工程

序号	类别	需编制专项施工方案	需专家论证、审查
2	滑坡处理和填、挖方路基工程	(1)滑坡处理。 (2)边坡高度大于20m的路堤或地面斜坡坡率陡于1:2.5的路堤,或不良地质地段、特殊岩土地段的路堤。 (3)土质挖方边坡高度大于20m、岩质挖方边坡高度大于30m或不良地质、特殊岩土地段的挖方边坡	(1)中型及以上滑坡体处理。 (2)边坡高度大于20m的路堤或地面斜坡坡率陡于1:2.5的路堤,且处于不良地质、特殊治土地段、特殊岩土地段的路堤。 (3)土质挖方边坡高度大于20m、岩质挖方边坡高度大于30m且处于不良地质、特殊岩土地段的挖方边段的挖方边坡
3	基础工程	(1)桩基础。 (2)挡土墙基础。 (3)沉井等深水基础	(1)深度不小于15m的人工挖孔桩或开挖深度不超过15m,但地质条件复杂或存在有毒有害气体分布的人工挖孔桩工程。 (2)平均高度不小于6m且面积不小于1200m^2的砌体挡土墙的基础。 (3)水深不小于20m的各类深水基础
4	大型临时工程	(1)围堰工程。 (2)各类工具式模板工程。 (3)支架高度不小于5m;跨度不小于10m,施工总荷载不小于10kN/m^2;集中线荷载不小于15kN/m。 (4)搭设高度24m及以上的落地式钢管脚手架工程;附着式整体和分片提升脚手架工程;悬挑式脚手架工程、吊篮脚手架工程;自制卸料平台、移动操作平台工程;新型及异型脚手架工程。 (5)挂篮。 (6)便桥、临时码头。 (7)水上作业平台	(1)水深不小于10m的围堰工程。 (2)高度不小于40m墩柱、高度不小于100m的索塔的滑模、爬模、翻模工程。 (3)支架高度不小于8m;跨度不小于18m,施工总荷载不小于15kN/m^2,集中线荷载不小于20kN/m。 (4)50m及以上落地式钢管脚手架工程。用于钢结构安装等满堂承重支撑体系,承受单点集中荷载7kN以上。 (5)猫道、移动模架

序号	类别	需编制专项施工方案	需专家论证、审查
5	桥涵工程	(1)桥梁工程中的梁、拱、柱等构件施工。 (2)打桩船作业。 (3)施工船作业。 (4)边通航边施工作业。 (5)水下工程中的水下焊接、混凝土浇筑等。 (6)顶进工程。 (7)上跨或下穿既有公路、铁路、管线施工	(1)长度不小于40m的预制梁的运输与安装,钢箱梁吊装。 (2)跨度不小于150m的钢管拱安装施工。 (3)高度不小于40m的墩柱、高度不小于100m的索塔等的施工。 (4)离岸无掩护条件下的桩基施工。 (5)开敞式水域大型预制构件的运输与吊装作业。 (6)在三级及以上通航等级的航道上进行的水上、水下施工。 (7)转体施工
6	隧道工程	(1)不良地质隧道。 (2)特殊地质隧道。 (3)浅埋、偏压及邻近建筑物等特殊环境条件隧道。 (4)Ⅳ级及以上软弱围岩地段的大跨度隧道。 (5)小净距隧道。 (6)瓦斯隧道	(1)隧道穿越岩溶发育区、高风险断层、沙层、采空区等工程地质或水文地质条件复杂地质环境;Ⅴ级围岩连续长度占总隧道长度10%以上且连续长度超过100m;Ⅵ级围岩的隧道工程。 (2)软岩地区的高地应力区、膨胀岩、黄土、冻土等地段。 (3)埋深小于1倍跨度的浅埋地段;可能产生坍塌或滑坡的偏压地段;隧道上部存在需要保护的建筑物地段;隧道下穿水库或河沟地段。 (4)Ⅳ及以上软弱围岩地段跨度不小于18m的特大跨度隧道。 (5)连拱隧道;中夹岩柱小于1倍隧道开挖跨度的小净距隧道;长度大于100m的偏压棚洞。 (6)高瓦斯或瓦斯突出隧道。 (7)水下隧道

序号	类别	需编制专项施工方案	需专家论证、审查
7	起重吊装工程	(1)采用非常规起重设备、方法,且单件起吊重量在10kN及以上的起吊吊装工程。 (2)采用起重机械进行安装的工程。 (3)起重机械设备自身的安装、拆卸	(1)采用非常规起重设备、方法,且单件起吊重量在100kN及以上的起重吊装工程。 (2)起吊重量在300kN及以上的起重设备安装、拆卸工程
8	拆除、爆破工程	(1)桥梁、隧道拆除工程。 (2)爆破工程	(1)大桥及以上桥梁拆除工程。 (2)一级及以上公路隧道拆除工程。 (3)C级及以上爆破工程、水下爆破工程

A11 公路项目施工索赔管理

★高频考点：共同延误的责任归属原则

序号	项目	内容
1	初始事件原则	(1)初始事件原则:在多事件交叉时段中应判断哪一种原因是最先发生的,即找出"初始延误者",他首先要对延误负责。在初始延误发生作用的期间,其他并发的延误者不承担延误责任。 (2)依据的原则 ①首先判断造成拖期的哪一种原因是最先发生的,即确定"初始延误"者,他应对工期拖期负责。 ②如果初始延误者是发包人原因,则在发包人原因造成的延误期内,承包人既可得到工期延长,又可得到费用补偿。 ③如果初始延误者是客观原因,则在客观因素发生影响的延误期内,承包人可得到工期延长,但很难得到费用补偿。 ④如果初始延误者是承包人原因,则在承包人原因造成的延误期内,承包人工期补偿和费用补偿均不能得到

序号	项目	内容
2	不利于承包商原则	(1)不利于承包商原则：在交叉时段内，只要出现了承包商的责任或风险，不管其出现次序，亦不论干扰事件的性质，该时段的责任全部由承包商承担。 (2)共同延误有以下几种组合： ①可补偿延误与不可原谅延误同时存在。承包人不能要求工期延长和经济补偿。 ②不可补偿延误与不可原谅延误同时存在，承包人无权要求工期延长。 ③不可补偿延误与可补偿延误同时存在，承包人可获得工期延长，但不能要求经济补偿。 ④两项可补偿延误同时存在。承包人只能得到一项工期延长或经济补偿
3	责任分摊原则	(1)责任分摊原则：当交叉时段内的事件由业主、承包商共同承担责任时，按各干扰事件对干扰结果的影响分摊责任，并由双方共同承担。 (2)这种折中的处理原则与前两种原则正相反，基本符合公平原则。问题的关键在于没有指明在实际工期索赔中使用该原则时，责任比例如何确定；并且该原则在理论上忽视了引起初始事件的原因在整个工程以及初始原因在延误责任划分归属问题中的重要性
4	工期从宽、费用从严原则	(1)工期从宽、费用从严原则：工期索赔业主责任优先，费用索赔承包商责任优先。 (2)具体表现即： ①在多事件交叉时段内，对于工期索赔，只要存在业主责任或风险，即给予承包商工期补偿。 ②只要在交叉时段存在承包商责任或风险，则承包商费用索赔均不成立。 ③只要在交叉时段存在承包商责任，业主索赔成立

A12 公路建设市场管理相关规定

★高频考点：《公路建设市场管理办法》的主要规定

序号	项目	内容
1	市场准入管理	(1)凡符合法律、法规规定的市场准入条件的从业单位和从业人员均可进入公路建设市场，任何单位和个人

序号	项目	内容
1	市场准入管理	不得对公路建设市场实行地方保护,不得对符合市场准入条件的从业单位和从业人员实行歧视待遇。 (2)公路建设项目依法实行项目法人负责制。项目法人可自行管理公路建设项目,也可委托具备法人资格的项目建设管理单位进行项目管理。项目法人或者其委托的项目建设管理单位的组织机构、主要负责人的技术和管理能力应当满足拟建项目的管理需要,符合国务院交通运输主管部门有关规定的要求。 (3)收费公路建设项目法人和项目建设管理单位进入公路建设市场实行备案制度
2	市场主体行为管理	(1)国家投资的公路建设项目,项目法人与施工、监理单位应当按照国务院交通运输主管部门的规定,签订廉政合同。 (2)项目施工应当具备以下条件: ①项目已列入公路建设年度计划。 ②施工图设计文件已经完成并经审批同意。 ③建设资金已经落实,并经交通运输主管部门审计。 ④征地手续已办理,拆迁基本完成。 ⑤施工、监理单位已依法确定。 ⑥已办理质量监督手续,已落实保证质量和安全的措施。 (3)公路工程实行政府监督、法人管理、社会监理、企业自检的质量保证体系。 (4)公路建设项目法人应当合理确定建设工期,严格按照合同工期组织项目建设。项目法人不得随意要求更改合同工期。如遇特殊情况,确需缩短合同工期的,经合同双方协商一致,可以缩短合同工期,但应当采取措施,确保工程质量,并按照合同规定给予经济补偿。 (5)勘察、设计单位经项目法人批准,可以将工程设计中跨专业或者有特殊要求的勘察、设计工作委托给有相应资质条件的单位,但不得转包或者二次分包。监理工作不得分包或者转包。 (6)施工单位可以将非关键性工程或者适合专业化队伍施工的工程分包给具有相应资格条件的单位,并对分包工程负连带责任。允许分包的工程范围应当在招标文件中规定。分包工程不得再次分包,严禁转包。任何单位和个人不得违反规定指定分包、指定采购或者分割工程。项目法人应当加强对施工单位工程分包的管理,所有分包合同须经监理审查,并报项目法人备案。

序号	项目	内容
2	市场主体行为管理	(7)施工单位可以直接招用农民工或者将劳务作业发包给具有劳务分包资质的劳务分包人。施工单位招用农民工的,应当依法签订劳动合同,并将劳动合同报项目监理工程师和项目法人备案

★高频考点:《公路工程设计施工总承包管理办法》的主要规定

序号	项目	内容
1	总承包单位选择及合同要求	(1)总承包单位由项目法人依法通过招标方式确定。项目法人负责组织公路工程总承包招标。公路工程总承包招标应当在初步设计文件获得批准并落实建设资金后进行。 (2)总承包单位应当具备以下要求: ①同时具备与招标工程相适应的勘察设计和施工资质,或者由具备相应资质的勘察设计和施工单位组成联合体。 ②具有与招标工程相适应的财务能力,满足招标文件中提出的关于勘察设计、施工能力、业绩等方面的条件要求。 ③以联合体投标的,应当根据项目的特点和复杂程度,合理确定牵头单位,并在联合体协议中明确联合体成员单位的责任和权利。 ④总承包单位(包括总承包联合体成员单位,下同)不得是总承包项目的初步设计单位、代建单位、监理单位或以上单位的附属单位。 (3)总承包招标文件的编制应当使用交通运输部统一制定的标准招标文件。 在总承包招标文件中,应当对招标内容、投标人的资格条件、报价组成、合同工期、分包的相关要求、勘察设计与施工技术要求、质量等级、缺陷责任期工程修复要求、保险要求、费用支付办法等作出明确规定。 (4)总承包招标应当向投标人提供初步设计文件和相应的勘察资料,以及项目有关批复文件和前期咨询意见。 (5)总承包投标文件应当结合工程地质条件和技术特点,按照招标文件要求编制。 (6)招标人应当合理确定投标文件的编制时间,自招标文件开始发售之日起至投标人提交投标文件截止时间止,不得少于60天。

序号	项目	内容
1	总承包单位选择及合同要求	（7）项目法人和总承包单位应当在招标文件或者合同中约定总承包风险的合理分担。除项目法人承担的风险外，其他风险可以约定由总承包单位承担。 （8）总承包费用或者投标报价应当包括相应工程的施工图勘察设计费、建筑安装工程费、设备购置费、缺陷责任期维修费、保险费等。总承包采用总价合同，除应当由项目法人承担的风险费用外，总承包合同总价一般不予调整。项目法人应当在初步设计批准概算范围内确定最高投标限价
2	总承包管理	（1）项目法人应当依据合同加强总承包管理，督促总承包单位履行合同义务，加强工程勘察设计管理和地质勘察验收，严格对工程质量、安全、进度、投资和环保等环节进行把关。项目法人对总承包单位在合同履行中存在过失或偏差行为，可能造成重大损失或者严重影响合同目标实现的，应当对总承包单位法人代表进行约谈，必要时可以依据合同约定，终止总承包合同。 （2）总承包单位应当按照合同规定和工程施工需要，分阶段提交详勘资料和施工图设计文件，并按照审查意见进行修改完善。施工图设计应当符合经审批的初步设计文件要求，满足工程质量、耐久和安全的强制性标准和相关规定，经项目法人同意后，按照相关规定报交通运输主管部门审批。施工图设计经批准后方可组织实施。 （3）项目法人根据建设项目的规模、技术复杂程度等要素，依据有关规定程序选择社会化的监理开展工程监理工作。监理单位应当依据有关规定和合同，对总承包施工图勘察设计、工程质量、施工安全、进度、环保、计量支付和缺陷责任期工程修复等进行监理，对总承包单位编制的勘察设计计划、采购与施工的组织实施计划、施工图设计文件、专项技术方案、项目实施进度计划、质量安全保障措施、计量支付、工程变更等进行审核。 （4）工程永久使用的大宗材料、关键设备和主要构件可由项目法人依法招标采购，也可由总承包单位按规定采购。招标人在招标文件中应当明确采购责任。由总承包单位采购的，应当采取集中采购的方式，采购方案应当经项目法人同意，并接受项目法人的监督。 （5）总承包工程应当按照招标文件明确的计量支付办法与程序进行计量支付。

序号	项目	内容
2	总承包管理	当采用工程量清单方式进行管理时,总承包单位应当依据交通运输主管部门批准的施工图设计文件,按照各分项工程合计总价与合同总价一致的原则,调整工程量清单,经项目法人审定后作为支付依据;工程实施中,按照清单及合同条款约定进行计量支付;项目完成后,总承包单位应当根据调整后最终的工程量清单编制竣工文件和工程决算。 (6)总承包工程实施过程中需要设计变更的,较大变更或者重大变更应当依据有关规定报交通运输主管部门审批。一般变更应当在实施前告知监理单位和项目法人,项目法人认为变更不合理的有权予以否定。任何设计变更不得降低初步设计批复的质量安全标准,不得降低工程质量、耐久性和安全度。设计变更引起的工程费用变化,按照风险划分原则处理。其中,属于总承包单位风险范围的设计变更(含完善设计),超出原报价部分由总承包单位自付,低于原报价部分,按第(5)条规定支付。属于项目法人风险范围的设计变更,工程量清单与合同总价均调整,按规定报批后执行。项目法人应当根据设计变更管理规定,制定鼓励总承包单位优化设计、节省造价的管理制度

★高频考点:《公路工程施工分包管理办法》的主要规定

序号	项目	内容
1	管理职责	(1)发包人应当按照本办法规定和合同约定加强对施工分包活动的管理,建立健全分包管理制度,负责对分包的合同签订与履行、质量与安全管理、计量支付等活动监督检查,并建立台账,及时制止承包人的违法分包行为。 (2)除承包人设定的项目管理机构外,分包人也应当分别设立项目管理机构,对所承包或者分包工程的施工活动实施管理。项目管理机构应当具有与承包或者分包工程的规模、技术复杂程度相适应的技术、经济管理人员,其中项目负责人和技术、财务、计量、质量、安全等主要管理人员必须是本单位人员
2	分包的条件	(1)承包人可以将适合专业化队伍施工的专项工程分包给具有相应资格的单位。不得分包的专项工程,发包人应当在招标文件中予以明确。分包人不得将承接的分包工程再进行分包。

序号	项目	内容
2	分包的条件	(2)承包人对拟分包的专项工程及规模,应当在投标文件中予以明确。未列入投标文件的专项工程,承包人不得分包。但因工程变更增加了有特殊性技术要求、特殊工艺或者涉及专利保护等的专项工程,且按规定无须再进行招标的,由承包人提出书面申请,经发包人书面同意,可以分包
3	合同管理	(1)承包人有权依据承包合同自主选择符合资格的分包人。任何单位和个人不得违规指定分包。 (2)承包人和分包人应当按照交通运输主管部门制定的统一格式依法签订分包合同,并履行合同约定的义务。分包合同必须遵循承包合同的各项原则,满足承包合同中的质量、安全、进度、环保以及其他技术、经济等要求。承包人应在工程实施前,将经监理审查同意后的分包合同报发包人备案。 (3)承包人应当建立健全相关分包管理制度和台账,对分包工程的质量、安全、进度和分包人的行为等实施全过程管理,按照本办法规定和合同约定对分包工程的实施向发包人负责,并承担赔偿责任。分包合同不免除承包合同中规定的承包人的责任或者义务。 (4)分包人应当依据分包合同的约定,组织分包工程的施工,并对分包工程的质量、安全和进度等实施有效控制。分包人对其分包的工程向承包人负责,并就所分包的工程向发包人承担连带责任
4	行为管理	(1)承包人未在施工现场设立项目管理机构和派驻相应人员对分包工程的施工活动实施有效管理,并且有下列情形之一的,属于转包: ①承包人将承包的全部工程发包给他人的。 ②承包人将承包的全部工程肢解后以分包的名义分别发包给他人的。 ③法律、法规规定的其他转包行为。 (2)有下列情形之一的,属于违法分包 ①承包人未在施工现场设立项目管理机构和派驻相应人员对分包工程的施工活动实施有效管理的。 ②承包人将工程分包给不具备相应资格的企业或者个人的。 ③分包人以他人名义承揽分包工程的。 ④承包人将合同文件中明确不得分包的专项工程进行分包的。

序号	项目	内容
4	行为管理	⑤承包人未与分包人依法签订分包合同或者分包合同未遵循承包合同的各项原则,不满足承包合同中相应要求的。 ⑥分包合同未报发包人备案的。 ⑦分包人将分包工程再进行分包的。 ⑧法律、法规规定的其他违法分包行为。 (3)按照信用评价的有关规定,承包人和分包人应当互相开展信用评价,并向发包人提交信用评价结果。发包人应当对承包人和分包人提交的信用评价结果进行核定,并且报送相关交通运输主管部门。交通运输主管部门应当将发包人报送的承包人和分包人的信用评价结果纳入信用评价体系,对其进行信用管理。 (4)发包人应当在招标文件中明确统一采购的主要材料及构、配件等的采购主体及方式。承包人授权分包人进行相关采购时,必须经发包人书面同意。 (5)为确保分包合同的履行,承包人可以要求分包人提供履约担保。分包人提供担保后,如要求承包人同时提供分包工程付款担保的,承包人也应当予以提供。 (6)分包人有权与承包人共同享有分包工程业绩。分包人业绩证明由承包人与发包人共同出具。分包人以分包业绩证明承接工程的,发包人应当予以认可。分包人以分包业绩证明申报资质的,相关交通运输主管部门应当予以认可。劳务合作不属于施工分包。劳务合作企业以分包人名义申请业绩证明的,承包人与发包人不得出具

A13 公路工程项目施工安全风险评估

★高频考点:高速公路路堑高边坡工程施工安全风险评估

序号	项目	内容
1	评估方法	高速公路路堑高边坡工程施工安全风险评估划分为总体风险评估和专项风险评估两个阶段,一般采用专家调查评估法、指标体系法
2	实施时间	(1)总体风险评估应在项目开工前实施。 (2)专项风险评估应在路堑边坡分项工程开工前完成。

序号	项目	内容
2	实施时间	(3)施工中,经论证出现新的重大风险源,或发生生产安全事故(险情)等情况,应补充开展施工过程专项评估
3	评估组织与评估报告	(1)总体风险评估工作由建设单位负责组织,专项风险评估工作由施工单位负责组织。组织单位按照"谁组织谁负责"的原则对评估工作质量负责。 (2)总体风险评估和施工前专项风险评估应分别形成评估报告,施工过程专项风险评估可简化形成评估报表。评估报告应反映风险评估过程的全部工作,报告内容应包括编制依据、工程概况、评估方法、评估步骤、评估内容、评估结论及对策建议等
4	实施要求	(1)项目总体风险评估的重大风险源应按规定报监理单位、建设单位、地方行业主管部门备案。 (2)施工单位应根据风险评估结论,完善路堑高边坡工程施工组织设计和专项施工方案,分类制定相应的专项应急预案,对项目施工过程实施预警预控。对重大风险源应建立日常巡查、监测预警、定期报告、销号等制度,并严格实施。对暂时无有效措施的Ⅳ级风险,应立即停工。 (3)施工安全风险评估工作费用在项目安全生产费用中列支

★高频考点:公路桥梁和隧道工程施工安全风险评估

序号	项目	内容
1	评估范围	(1)桥梁工程 ①多跨或跨径大于40m的石拱桥,跨径大于或等于150m的钢筋混凝土拱桥,跨径大于或等于350m的钢箱拱桥,钢桁架、钢管混凝土拱桥。 ②跨径大于或等于140m的梁式桥,跨径大于400m的斜拉桥,跨径大于1000m的悬索桥。 ③墩高或净空大于100m的桥梁工程。 ④采用新材料、新结构、新工艺、新技术的特大桥、大桥工程。 ⑤特殊桥型或特殊结构桥梁的拆除或加固工程。 ⑥施工环境复杂、施工工艺复杂的其他桥梁工程。 (2)隧道工程 ①穿越高地应力区、岩溶发育区、区域地质构造、煤系

序号	项目	内容
1	评估范围	地层、采空区等工程地质或水文地质条件复杂的隧道，黄土地区、水下或海底隧道工程。 ②浅埋、偏压、大跨度、变化断面等结构受力复杂的隧道工程。 ③长度3000m及以上的隧道工程，Ⅵ、Ⅴ级围岩连续长度超过50m或合计长度占隧道全长的30%及以上的隧道工程。 ④连拱隧道和小净距隧道工程。 ⑤采用新技术、新材料、新设备、新工艺的隧道工程。 ⑥隧道改扩建工程。 ⑦施工环境复杂、施工工艺复杂的其他隧道工程
2	评估方法	(1)施工安全风险评估分为总体风险评估和专项风险评估。 (2)评估方法应根据被评估项目的工程特点，选择相应的定性或定量的风险评估方法。一般采用风险指标体系法、作业条件危险性分析法等
3	评估步骤	风险评估工作包括：制定评估计划、选择评估方法、开展风险分析、进行风险估测、确定风险等级、提出措施建议、编制评估报告等方面。评估步骤一般为： (1)开展总体风险评估。 (2)确定专项风险评估范围。 (3)开展专项风险评估。 (4)确定风险控制措施
4	评估组织与评估报告	(1)施工安全风险评估工作原则上由项目施工单位具体负责。当被评估项目含多个合同段时，总体风险评估应由建设单位牵头组织，专项风险评估工作仍由合同施工单位具体实施。当施工单位的施工经验或能力不足时，可委托行业内安全评估机构承担相关风险评估工作。 (2)评估工作负责人应当具有5年以上的工程管理经验，并有参与类似工程施工的经历。 (3)风险评估工作应形成评估报告。评估报告应反映风险评估过程的主要工作。报告内容应包括评估依据、工程概况、评估方法、评估步骤、评估内容、评估结论及对策建议等。评估结论应当明确风险等级、可能发生事故的关键部位、区域或节点、事故可能性等级、规避或者降低风险的建议措施等内容

序号	项目	内容
5	实施要求	(1)施工单位应根据风险评估结论,完善施工组织设计和危险性较大工程专项施工方案,制定相应的专项应急预案,对项目施工过程实施预警预控。专项风险等级在Ⅲ级(高度风险)及以上的施工作业活动(施工区段)的风险控制,还应符合下列规定: ①重大风险源的监控与防治措施、应急预案经施工企业技术负责人和项目总监理工程师审批后,由建设单位组织论证或复评估。 ②施工单位应建立重大风险源的监测及验收、日常巡查、定期报告等工作制度,并组织实施。 ③施工项目经理或技术负责人在工程施工前应对施工人员进行安全技术教育与交底;施工现场应设立相应的危险告知牌。 ④适时组织对典型重大风险源的应急救援演练。 ⑤当专项风险等级为Ⅳ级(极高风险)且无法降低时,必须提高现场防护标准,落实应急处置措施,视情况开展第三方施工监测;未采取有效措施的,不得施工。 (2)公路桥梁和隧道工程施工安全风险评估应遵循动态管理的原则,当工程设计方案、施工方案、工程地质、水文地质、施工队伍等发生重大变化时,应重新进行风险评估。 (3)施工安全风险评估工作费用应在项目安全生产费用中列支

B 级 知 识 点

(应知考点)

B1 挖方路基施工

★高频考点：土质路堑施工技术

序号	项目	子项目	内容
1	作业方法	（1）横向挖掘法	土质路堑横向挖掘可采用人工作业，也可机械作业，具体方法有： ①单层横向全宽挖掘法：从开挖路堑的一端或两端按断面全宽一次性挖到设计标高，逐渐向纵深挖掘，挖出的土方一般都是向两侧运送。该方法适用于挖掘浅且短的路堑 ②多层横向全宽挖掘法：从开挖路堑的一端或两端按断面分层挖到设计标高，适用于挖掘深且短的路堑
		（2）纵向挖掘法	土质路堑纵向挖掘多采用机械作业，具体方法有： ①分层纵挖法：沿路堑全宽，以深度不大的纵向分层进行挖掘，适用于较长的路堑开挖。 ②通道纵挖法：先沿路堑纵向挖掘一通道，然后将通道向两侧拓宽以扩大工作面，并利用该通道作为运土路线及场内排水的出路。该层通道拓宽至路堑边坡后，再挖下层通道，如此向纵深开挖至路基标高，该法适用于较长、较深、两端地面纵坡较小的路堑开挖。 ③分段纵挖法：沿路堑纵向选择一个或几个适宜处，将较薄一侧堑壁横向挖穿，使路堑分成两段或数段，各段再纵向开挖。该法适用于过长，弃土运距过远，一侧堑壁较薄的傍山路堑开挖
		（3）混合式挖掘法	多层横向全宽挖掘法和通道纵挖法混合使用。先沿路线纵向挖通道，然后沿横向坡面挖掘，以增加开挖面。该法适用于路线纵向长度和挖深都很大的路堑开挖

序号	项目	子项目	内容
2	机械开挖作业方式	(1)推土机开挖土质路堑作业	推土机开挖土方作业由切土、运土、卸土、倒退(或折返)、空回等过程组成一个循环。影响作业效率的主要因素是切土和运土两个环节,因此必须以最短的时间和距离切满土,并尽可能减少土在推运过程中散失。推土机开挖土质路堑作业方法与填筑路基相同的有下坡推土法、槽形推土法、并列推土法、接力推土法和波浪式推土法。另有斜铲推土法和侧铲推土法
		(2)挖掘机开挖土质路堑作业	公路工程施工中以单斗挖掘机最为常见,而路堑土方开挖中又以正铲挖掘机使用最多。正铲挖掘机挖装作业灵活,回转速度快,工作效率高,特别适用于与运输车辆配合开挖土方路堑。正铲工作面的高度一般不应小于1.5m,否则将降低生产效率,过高则易塌方损伤机具。其作业方法有侧向开挖和正向开挖
3	土方开挖规定		(1)开挖应自上而下逐级进行,严禁掏底开挖。 (2)开挖至边坡线前,应预留一定宽度,预留的宽度应保证刷坡过程中设计边坡线外的土层不受到扰动。 (3)拟作为路基填料的土方,应分类开挖、分类使用。非适用材料作为弃方时,应按规定进行处理。 (4)开挖至零填、路堑路床部分后,应及时进行路床施工;如不能及时进行,宜在设计路床顶标高以上预留至少300mm厚的保护层。 (5)应采取临时排水措施,确保施工作业面不积水。 (6)挖方路基施工遇到地下水时,应采取排导措施,将水引入路基排水系统,不得随意堵塞泉眼。路床土含水量高或为含水层时,应采取设置渗沟、换填、改良土质等处理措施,路床填料除应符合相关规定外,还应具有良好的透水性能

★高频考点：石质路堑施工技术

序号	项目	内容
1	开挖方式	(1)钻爆开挖：是当前广泛采用的开挖施工方法。有薄层开挖、分层开挖(梯段开挖)、全断面一次开挖和特高梯段开挖等方式。 (2)直接应用机械开挖：使用带有松土器的重型推土机破碎岩石，一次破碎深度约 0.6~1.0m。该法适用于施工场地开阔、大方量的软岩石方工程。优点是没有钻爆工序作业，不需要风、水、电辅助设施，简化了场地布置，加快了施工进度，提高了生产能力。缺点是不适于破碎坚硬岩石。 (3)静态破碎法：将膨胀剂放入炮孔内，利用产生的膨胀力，缓慢地作用于孔壁，经过数小时至 24h 达到 300~500MPa 的压力，使介质裂开。该法适用于在设备附近、高压线下以及开挖与浇筑过渡段等特定条件下的开挖。优点是安全可靠，没有爆破产生的公害。缺点是破碎效率低，开裂时间长
2	石方开挖施工规定	(1)应根据岩石的类别、风化程度、岩层产状、岩体断裂构造、施工环境等因素确定开挖方案。 (2)应逐级开挖，逐级按设计要求进行防护。 (3)施工过程中，每挖深 3~5m 应进行边坡边线和坡率的复测。 (4)爆破作业应符合现行《爆破安全规程》GB 6722—2014 的有关规定。 (5)严禁采用峒室爆破，靠近边坡部位的硬质岩应采用光面爆破或预裂爆破。 (6)爆破法开挖石方，应先查明空中缆线、地下管线的位置，开挖边界线外可能受爆破影响的建筑物结构类型、居民居住情况等，对不能满足安全距离的石方宜采用化学静态爆破或机械开挖。 (7)边坡应逐级进行整修，同时清除危石及松动石块
3	石质路床清理规定	(1)欠挖部分应予凿除，超挖部分应采用强度高的砂砾、碎石进行找平处理，不得采用细粒土找平。 (2)路床底面有地下水时，可设置渗沟进行排导，渗沟应采用硬质碎石回填。 (3)路床的边沟应与路床同步施工

序号	项目	内容
4	深挖路堑施工规定	(1)应根据地形特征设置边坡观测点,施工过程中应对深挖路堑的稳定性进行监测。 (2)施工过程中,应核查地质情况,如与设计不符应及时反馈处理。 (3)每挖深 3~5m 应复测一次边坡

B2 路基爆破施工

★高频考点:综合爆破施工技术

序号	项目	内容
1	一般规定	综合爆破一般包括小炮和洞室两大类。小炮主要包括钢钎炮、深孔爆破等钻孔爆破。洞室炮主要包括药壶炮和猫洞炮,随药包性质、断面形状和微地形的变化而不同。用药量1t以上为大炮,1t以下为中小炮
2	钢钎炮	(1)通常指炮眼直径和深度分别小于 70mm 和 5m 的爆破方法。 (2)钢钎炮比较灵活,适用于地形艰险及爆破量较小地段(如打水沟、开挖便道、基坑等),在综合爆破中是一种改造地形,为其他炮型服务的不可缺少的辅助炮型。由于钢钎炮炮眼浅,用药少,每次爆破的方数不多,并全靠人工清除,所以,不利于爆破能量的利用且工效较低
3	深孔爆破	(1)指孔径大于 75mm、深度在 5m 以上,采用延长药包的一种爆破方法。 (2)深孔爆破炮孔需用大型的潜孔凿岩机或穿孔机钻孔,如用挖运机械清方可以实现石方施工全面机械化,劳动生产率高,一次爆落的方量多,施工进度快,爆破时比较安全,是大量石方(万方以上)快速施工的发展方向之一
4	药壶炮	(1)是指在深 2.5~3.0m 以上的炮眼底部用小量炸药经一次或多次烘膛,使眼底成葫芦形,将炸药集中装入药壶中进行爆破。

序号	项目	内容
4	药壶炮	(2)药壶炮主要用于露天爆破,其使用条件是:岩石应在Ⅺ级以下,不含水分,阶梯高度(H)小于10~20m,自然地面坡度在70°左右。如果自然地面坡度较缓,一般先用钢钎炮切脚,炸出台阶后再使用。经验证明,药壶炮最好用于Ⅶ~Ⅸ级岩石,中心挖深4~6m,阶梯高度在7m以下。药壶炮装药量可根据药壶体积而定,一般介于10~60kg,最多可超过100kg。每次可炸岩石数十方至数百方,是小炮中最省工、省药的一种方法
5	猫洞炮	(1)指炮洞直径为0.2~0.5m,洞穴成水平或略有倾斜(台眼),深度小于5m,用集中药包在炮洞中进行爆炸的一种方法。 (2)猫洞炮充分利用岩体本身的崩塌作用,能用较浅的炮眼爆破较高的岩体,一般爆破可炸松15~150m³。其最佳使用条件是:岩石等级一般为Ⅸ级以下,最好是Ⅴ~Ⅶ级;阶梯高度最小应大于眼深的两倍,自然地面坡度不小于50°,最好在70°左右。由于炮眼直径较大,爆能利用率甚差,故炮眼深度应大于1.5~2.0m,不能放孤炮。猫洞炮工效一般可达4~10m³,单位耗药量在0.13~0.3kg/m³之间。在有裂缝的软石坚石中,阶梯高度大于4m,药壶炮药壶不易形成时,采用猫洞炮可以获得好的爆破效果

★高频考点:路基爆破施工技术

序号	项目	内容
1	常用爆破方法	(1)光面爆破:在开挖限界的周边,适当排列一定间隔的炮孔,在有侧向临空面的情况下,用控制抵抗线和药量的方法进行爆破,使之形成一个光滑平整的边坡。 (2)预裂爆破:在开挖限界处按适当间隔排列炮孔,在没有侧向临空面和最小抵抗线的情况下,用控制药量的方法,预先炸出一条裂缝,使拟爆体与山体分开,作为隔震减震带,起保护开挖限界以外山体或建筑物和减弱地震对其破坏的作用。 (3)微差爆破:两相邻药包或前后排药包以若干毫秒的时间间隔(一般为15~75ms)依次起爆,称为微差爆破,亦称毫秒爆破。

序号	项目	内容
1	常用爆破方法	(4)定向爆破:利用爆能将大量土石方按照指定的方向,搬移到一定的位置并堆积成路堤的一种爆破施工方法,称为定向爆破
2	石质路堑爆破施工技术要点	(1)恢复路基中线,放出边线,钉牢边桩。 (2)根据地形、地质及挖深选择适宜的开挖爆破方法,制订爆破方案,编制爆破施工组织设计,报有关部门审批。 (3)用推土机整修施工便道,清理表层覆盖土及危石。 (4)在地面上准确放出炮眼(井)位置,竖立标牌,标明孔(井)号、深度、装药量。 (5)用推土机配合爆破,创造临空面,使最小抵抗线方向面向回填方向。 (6)炮眼按其不同深度,采用手风钻或潜孔钻钻孔,炮眼布置在整体爆破时采用"梅花型"或"方格型",预裂爆破时采用"一字型",洞室爆破根据设计确定药包的位置和药量。 (7)在居民区及地质不良可能引起坍塌后遗症的路段,原则上不采用大中型洞室爆破。在石方集中的深挖路堑采用洞室爆破时,应认真设计分集药包位置和装药量,精确测算爆破漏斗,防止超爆、少爆或振松边坡,留下后患。 (8)爆破施工要严格控制飞石距离,采取切实可行的措施,确保人员和建筑物的安全,如采用毫秒微差爆破技术,将一响最大药量控制为最深单孔药量。 (9)控制爆破也可以采用分段毫秒爆破方法。 (10)确保边坡爆破质量,采用预裂爆破技术、光面爆破技术和微差爆破技术,同时配合选择合理的爆破参数,减少冲击波影响,降低石料大块率,以减少二次破碎,利于装运和填方。 (11)装药前要布好警戒,选择好通行道路,认真检查炮孔、洞室,吹净残渣,排除积水,做好爆破器材的防水保护工作,雨期或有地下水时,可考虑采用乳化防水炸药。 (12)装药分单层、分层装药,预裂装药及洞室内集中装药。炮眼装药后用木杆捣实,填塞黏土;洞室装药时,将预先加好的起爆体放在药包中心位置,周围填以硝酸安全炸药,用砂黏土填塞,填塞时要注意保护起爆线路。

序号	项目	内容
2	石质路堑爆破施工技术要点	(13)认真设计,严密布设起爆网络,防止发生短路及二响重叠现象。 (14)顺利起爆,并清除边坡危石后,用推土机清出道路,用推土机、铲运机纵向出土填方,运距较远时,用挖掘机械装土,自卸汽车运输。 (15)随时注意控制开挖断面,切勿超爆,适时清理整修边坡和暴露的孤石。 (16)路基开挖至设计标高,经复测检查断面尺寸合格后,及时开挖边沟、排水沟和截水沟,经监理工程师验收合格后,按设计对边沟、边坡进行防护,边沟施工要做到尺寸准确,线型直顺,曲线圆滑,沟底平顺,排水畅通,浆砌护坡要做到平整坚实,灰浆饱满。路槽整理要掌握好,不要留孤石和超爆,做到一次标准成型验收合格

B3 路基季节性施工

★高频考点：路基雨期施工技术

序号	项目	内容
1	雨期施工地段的选择	(1)雨期路基施工地段一般应选择丘陵和山岭地区的砂类土、碎砾石和岩石地段和路堑的弃方地段。 (2)重黏土、膨胀土及盐渍土地段不宜在雨期施工;平原地区排水困难,不宜安排雨期施工
2	雨期施工前的准备工作	(1)对选择的雨期施工地段进行详细的现场调查研究,据实编制实施性的雨期施工组织计划。 (2)应修建施工便道并保持晴雨畅通。 (3)住地、库房、车辆机具停放场地、生产设施都应设在最高洪水位以上地点或高地上,并应远离泥石流沟槽冲积堆一定的安全距离。 (4)应修建临时排水设施,保证雨期作业的场地不被洪水淹没并能及时排除地面水。 (5)应储备足够的工程材料和生活物资
3	雨期填筑路堤	(1)填料应选用透水性好的碎石土、卵石土、砂砾、石方碎渣和砂类土等。利用挖方土作填料,含水率符合要求时,应随挖随填,及时压实。含水率过大难以晾晒的土不得用作雨期施工填料。

序号	项目	内容
3	雨期填筑路堤	(2)每一填筑层表面应做成2%～4%双向路拱横坡以利于排水,低洼地带或高出设计洪水位0.5m以下部位应选用透水性好、饱水强度高的填料分层填筑,并及时施作护坡、坡脚等防护工程。 (3)雨期填筑路堤需借土时,取土坑的设置应满足路基稳定的要求。 (4)路堤应分层填筑,并及时碾压
4	雨期开挖路堑	(1)挖方边坡不宜一次挖到设计坡面,应预留一定厚度的覆盖层,待雨期过后再修整到设计坡面。 (2)雨期开挖路堑,当挖至路床顶面以上300～500mm时应停止开挖,并在两侧挖好临时排水沟,待雨期过后再施工。 (3)雨期开挖岩石路基,炮眼宜水平设置

★高频考点：路基冬期施工技术

序号	项目	内容
1	冬期施工含义	在季节性冻土地区,昼夜平均温度在-3℃以下且连续10d以上,或者昼夜平均温度虽在-3℃以上但冻土没有完全融化时,均应按冬期施工办理
2	路基工程可冬期进行的项目	(1)泥沼地带河湖冻结到一定深度后,如需换土时可趁冻结期挖去原地面的软土、淤泥层换填合格的其他填料。 (2)含水率高的流动土质、流沙地段的路堑可利用冻结期开挖。 (3)河滩地段可利用冬期水位低,开挖基坑修建防护工程,但应采取加温保温措施,注意养护。 (4)岩石地段的路堑或半填半挖地段,可进行开挖作业
3	路基工程不宜冬期施工的项目	(1)高速公路、一级公路的土质路堤和地质不良地区的公路路堤不宜进行冬期施工。土质路堤路床以下1m范围内,不得进行冬期施工。半填半挖地段、填挖交界处不得在冬期施工。 (2)铲除原地面的草皮、挖掘填方地段的台阶。 (3)整修路基边坡。 (4)在河滩低洼地带将被水淹的填土路堤

序号	项目	内容
4	路基冬期施工前的准备工作	(1)对冬期施工项目按次排队,编制实施性的施工组织计划。 (2)冬期施工项目在冰冻前应进行现场放样,保护好控制桩并树立明显的标志,防止被冰雪掩埋。 (3)冰冻前应挖好坡地上填方的台阶,清除石方挖方的表面覆盖层、裸露岩体。 (4)维修保养冬期施工需用的车辆、机具设备,充分备足冬期施工期间的工程材料。 (5)准备施工队伍的生活设施、取暖照明设备、燃料和其他越冬所需的物资
5	冬期填筑路堤	(1)路堤填料应选用未冻结的砂类土、碎石、卵石土、石渣等透水性好的材料,不得用含水率大的黏质土。 (2)填筑路堤应按横断面全宽平填,每层松铺厚度应比正常施工减少 20%～30%,且松铺厚度不得超过 300mm。当天填土应当天完成碾压。 (3)中途停止填筑时,应整平填层和边坡并进行覆盖防冻,恢复施工时应将表层冰雪清除,并补充压实。 (4)当填筑高程距路床底面 1m 时,碾压密实后应停止填筑,在顶面覆盖防冻保温层,待冬期过后整理复压,再分层填至设计高程。 (5)冬期过后应对填方路是进行补充压实
6	冬期施工开挖路堑表层冻土的方法	(1)爆破冻土法:当冰冻深度达 1m 以上时可用此法炸开冻土层。炮眼深度取冻土深度的 0.75～0.9 倍,炮眼间距取冰冻深度的 1～1.3 倍并按梅花形交错布置。 (2)机械破冻法:1m 以下的冻土层可选用专用破冻机械如冻土犁、冻土锯和冻土铲等,予以破碎清除。 (3)人工破冻法:当冰冻层较薄,破冻面积不大,可用日光暴晒法、火烧法、热水开冻法、水针开冻法、蒸汽放热解冻法和电热法等方法胀开或融化冰冻层,并辅以人工撬挖
7	冬期开挖路堑	(1)挖方边坡不得一次挖到设计线,应预留一定厚度的覆盖层,待到正常施工季节后再修整到设计坡面。 (2)路基挖至路床顶面以上 1m 时,完成临时排水沟后,应停止开挖,待冬期过后再施工

B4 特殊路基施工技术

★高频考点：软土地基处理施工技术——垫层与浅层处理

序号	项目	内容
1	一般规定	（1）垫层类型按材料可分为碎石垫层、砂砾垫层、石屑垫层、矿渣垫层、粉煤灰垫层以及灰土垫层等。 （2）浅层处理可采用浅层置换、浅层改良、抛石挤淤等方法，处理深度不宜大于 3m
2	砂砾、碎石垫层施工规定	（1）砂砾、碎石垫层宜采用级配好的中、粗砂、砂砾或碎石，含泥量应不大于 5%，最大粒径宜小于 50mm。 （2）垫层宜分层铺筑、压实。垫层应水平铺筑。当地形有起伏时，应开挖台阶，台阶宽度宜为 0.5~1m。 （3）垫层宽度应宽出路基坡脚 0.5~1m，两侧宜用片石护砌或采用其他方式防护
3	铺设土工合成材料规定	（1）土工合成材料技术指标应满足设计要求。土工合成材料在存放及铺设过程中不得在阳光下长时间暴露。与土工合成材料直接接触的填料中不得含强酸性、强碱性物质。 （2）施工中应采取措施防止土工合成材料受损，出现破损时应及时修补或更换
4	浅层置换施工规定	置换宜选用强度高的砂砾、碎石上等水稳性和透水性好的材料。施工时，应分层填筑、压实
5	浅层改良施工规定	（1）对非饱和黏质土的软弱表层，可添加石灰、水泥等进行改良处置。 （2）施工前应先完善排水设施，施工期间不得积水。 （3）石灰、水泥等应与土拌合均匀，严格控制含水率。施工时，应分层填筑、压实
6	抛石挤淤施工规定	（1）应采用不易风化的片石、块石，石料直径宜不小于 300mm。 （2）当软土地层平坦，横坡缓于 1:10 时，应沿路线中线向前呈等腰三角形抛填、渐次向两侧对称抛填至全宽，将淤泥挤向两侧；当横坡陡于 1:10 时，应自高侧向低侧渐次抛填，并在低侧边部多抛投形成不小于 2m 宽的平台。 （3）当抛石高出水面后，应采用重型机具碾压密实

★高频考点：软土地基处理施工技术——爆炸挤淤

序号	项目	内容
1	一般规定	爆炸挤淤是将炸药放在软土或泥沼中爆炸，利用爆炸时的张力作用，把淤泥或泥沼扬弃，然后回填强度较高的渗水性土壤，如砂砾、碎石等。爆炸挤淤法适用于处理海湾滩涂等淤泥和淤泥质土地基。处理厚度不宜大于15m
2	爆炸挤淤施工规定	(1)宜采用布药机进行布药。当淤泥顶面高、露出水面时间长，且装药深度小于2.0m时，可采用人工简易布药法。 (2)抛填前应根据软基深度、宽度、水深等环境条件和施工设备，确定抛填高度、宽度及进尺。抛填高度应高于潮水位。抛填进尺最小宜不小于3m，最大宜不大于10m。 (3)爆炸挤淤施工应采取控制噪声、有害气体和飞石，减少粉尘、冲击波等环境保护措施。 (4)爆炸挤淤后应采用钻孔或物探方法探测检查置换层厚度、残留混合层厚度。置换层底面和下卧地基层设计顶面之间的残留淤泥碎石混合层厚度应不大于1m

★高频考点：软土地基处理施工技术——竖向排水体

序号	项目	内容
1	一般规定	(1)竖向排水体适用于深度大于3m的软土地基处理。用于对淤泥质土和淤泥地基进行处理时，宜与加载预压或真空预压方案联合使用。采用竖向排水体处理软土地基时，应保证有足够的预压期。 (2)竖向排水体可采用袋装砂井和塑料排水板。竖向排水体可按正方形或等边三角形布置。 (3)袋装砂井和塑料排水板可采用沉管式打桩机施工，塑料排水板也可用插板机施工。袋装砂井宜采用圆形套管，套管内径宜略大于砂井直径；塑料排水板宜采用矩形套管，也可采用圆形套管。宜配置能够检测排水体施工深度的设备。 (4)袋装砂井施工工艺程序：整平原地面→摊铺下层砂垫层→机具定位→打入套管→沉入砂袋→拔出套管→机具移位→埋砂袋头→摊铺上层砂垫层。

序号	项目	内容
1	一般规定	(5)塑料排水板施工工艺程序:整平原地面→摊铺下层砂垫层→机具就位→塑料排水板穿靴→插入套管→拔出套管→割断塑料排水板→机具移位→摊铺上层砂垫层
2	袋装砂井施工规定	(1)宜采用中、粗砂,粒径大于0.5mm颗粒的含量宜大于50%,含泥量应小于3%,渗透系数应大于$5×10^{-2}$mm/s。砂袋的渗透系数应不小于砂的渗透系数。 (2)套管起拔时应垂直起吊,防止带出或损坏砂袋。发生砂袋带出或损坏时,应在原孔位边缘重打。 (3)砂袋在孔口外的长度应不小于300mm,并顺直伸入砂砾垫层。 (4)袋装砂井施工质量应符合规定
3	塑料排水板施工规定	(1)塑料排水板技术指标应满足设计要求,露天堆放时应有遮盖。 (2)施工中应防止泥土等杂物进入套管内。 (3)塑料排水板不得搭接,预留长度应不小于500mm,并及时弯折埋设于砂垫层中。 (4)塑料排水板施工质量应符合规定

★高频考点:软土地基处理施工技术——真空预压、真空堆载联合预压

序号	项目	内容
1	一般规定	(1)真空预压法适用于对软土性质很差、土源紧缺、工期紧的软土地基进行处理。 (2)真空预压的抽真空设备宜采用射流真空泵。真空泵空抽时必须达到95kPa以上的真空吸力。真空泵的数量应根据加固面积确定,每个加固场地至少应设两台真空泵
2	真空预压、真空堆载联合预压施工规定	(1)密封膜应采用抗老化性能好、韧性好、抗穿刺能力强的不透气材料。 (2)密封膜连接宜采用热合黏结缝平搭接,搭接宽度应不小于15mm。 (3)滤管应不透砂。滤管距泥面、砂垫层顶面的距离均应大于50mm。滤管周围应采用砂填实,不得架空、漏填。

序号	项目	内容
2	真空预压、真空堆载联合预压施工规定	(4)密封膜的周边应埋入密封沟内。密封沟的宽度宜为 0.6~0.8m,深度宜为 1.2~1.5m。 (5)真空表测头应埋设于砂垫层中间,每块加固区应不少于 2 个真空度测点。 (6)真空预压施工应按排水系统施工、抽真空系统施工、密封系统施工及抽气的顺序进行。 (7)采用真空堆载联合预压时,应先抽真空,当真空压力达到设计要求并稳定后,再进行堆载,并继续抽气。堆载时应在膜上铺设土工布等保护材料。 (8)施工监测应符合下列规定: ①预压过程中,应进行密封膜下真空度、孔隙水压力、表面沉降、深层沉降及水平位移等预压参数的监测。膜下真空度每隔 4h 测一次,表面沉降每 2d 测一次。 ②当连续五昼夜实测地面沉降小于 0.5mm/d,地基固结度已达到设计要求的 80% 时,经验收,即可终止抽真空。 ③停泵卸荷后 24h,应测量地表回弹值

★高频考点:软土地基处理施工技术——粒料桩

序号	项目	内容
1	一般规定	粒料桩可采用振冲置换法或振动沉管法成桩。振冲置换法适用于处理十字板抗剪强度不小于 15kPa 的软土地基;振动沉管法适用于处理十字板抗剪强度不小于 20kPa 的软土地基
2	振冲置换法	振冲置换法施工可采用振冲器、吊机或施工专用平车和水泵。振冲器的功率应与设计的桩间距相适应,桩间距 1.3~2.0m 时可采用 30kW 的振冲器;桩间距 1.4~2.5m 时可采用 50kW 的振冲器;桩间距 1.5~3.0m 时可采用 75kW 的振冲器。起吊机械可采用履带或轮胎吊机、自行井架式专用平车或抗扭胶管式专用汽车等,吊机的起吊能力宜为 10~20t。采用自行井架式专用平车时桩深度不宜超过 15m,采用抗扭胶管式专用汽车时桩深度不宜超过 12m。水泵出口水压宜为 400~600kPa,流量宜为 20~30m³/h,每台振冲器宜配一台水泵

序号	项目	内容
3	振动沉管法	振动沉管法施工宜采用振动打桩机和钢套管。应选用能顺利出料和有效挤压桩孔内粒料的桩尖形式,软黏土地基宜选用平底形桩尖。振动沉管法成桩可采用一次拔管成桩法、逐步拔管成桩法和重复压管成桩法三种工艺。主要用振冲器、吊机或施工专用平车和水泵,将砂、碎石、砂砾、废渣等粒料(粒径宜为20～50mm,含泥量不应大于10%)按整平地面→振冲器就位对中→成孔→清孔→加料振密→关机停水→振冲器移位的施工工艺程序进行施工
4	粒料桩施工规定	(1)砂桩宜采用中、粗砂,粒径大于0.5mm颗粒含量宜占总质量的50%以上,含泥量应小于3%,渗透系数应大于$5×10^{-2}$mm/s;也可使用砂砾混合料,含泥量应小于5%。 (2)碎石桩宜采用级配好、不易风化的碎石或砾石,最大粒径宜不大于50mm,含泥量应小于5%。 (3)施工前应进行成桩工艺和成桩挤密试验。 (4)粒料桩可采用振冲置换法或振动沉管法,宜从中间向外围或间隔跳打。邻近结构物施工时,应沿背离结构物的方向施工。 (5)粒料桩施工质量应符合规定。 (6)碎石桩密实度抽查频率应为2%,用重Ⅱ型动力触探测试,贯入量100mm时,击数应大于5次

★高频考点：软土地基处理施工技术——加固土桩

序号	项目	内容
1	一般规定	(1)加固土桩适用于处理十字板抗剪强度不小于10kPa、有机质含量不大于10%的软土地基。加固土桩包括粉喷桩与浆喷桩。 (2)粉喷桩与浆喷桩的施工机械必须安装喷粉(浆)量自动记录装置,并应对该装置定期标定。应定期检查钻头磨损情况,当直径磨损量大于10mm时,必须更换钻头。 (3)施工前应进行成桩工艺和成桩强度试验。当成桩质量不满足设计要求时,应在调整设计与施工有关参数后,重新进行试验或改变设计

序号	项目	内容
2	施工规定	（1）加固土桩的固化剂宜采用生石灰或水泥。生石灰应采用磨细Ⅰ级生石灰，应无杂质，最大粒径应小于2mm。水泥宜采用强度等级不低于32.5级的普通硅酸盐水泥。 （2）加固土桩施工前应进行成桩试验，桩数宜不少于5根，且应满足下列要求： ①应取得满足设计喷入量的各种技术参数，如钻进速度、提升速度、搅拌速度、喷气压力、单位时间喷入量等。 ②应确定能保证胶结料与加固软土拌合均匀性的工艺。 ③掌握下钻和提升的阻力情况，选择合理的技术措施。 ④根据地层、地质情况确定复喷范围。 （3）施工中发现喷粉量或喷浆量不足，应整桩复打，复打的量应不小于设计用量。中断施工时，应及时记录深度，并在12h内进行复打，复打重叠长度应大于1m；超过12h，应采取补桩措施。 （4）加固土桩施工质量应符合规定

★高频考点：软土地基处理施工技术——水泥粉煤灰碎石桩

序号	项目	内容
1	一般规定	（1）水泥粉煤灰碎石桩（CFG桩）适用于处理十字板抗剪强度不小于20kPa的软土地基。 （2）CFG桩宜采用振动沉管灌注法成桩，施工设备宜采用振动沉管打桩机。施工前应进行成桩工艺和成桩强度试验。当成桩质量不满足设计要求时，应在调整设计与施工有关参数后，重新进行试验或改变设计
2	施工规定	（1）集料可采用碎石或砾石，泵送混合料时砾石最大粒径宜不大于25mm；碎石最大粒径宜不大于20mm；振动沉管灌注混合料时，集料最大粒径宜不大于50mm。水泥宜选用32.5级普通硅酸盐水泥。粉煤灰宜选用Ⅱ、Ⅲ级粉煤灰。 （2）施工前应进行成桩试验，成桩试验需要确定施工工艺、速度、投料数量和质量标准。 （3）群桩施工，应合理设计打桩顺序、控制打桩速度，宜采用隔桩跳打的打桩顺序，相邻桩打桩间隔时间应不小于7d。 （4）水泥粉煤灰碎石桩施工质量应符合规定

★高频考点：软土地基处理施工技术——刚性桩

序号	项目	内容
1	一般规定	（1）刚性桩主要包括现浇混凝土大直径管桩与预制管桩。刚性桩适用于处理深厚软土地基上荷载较大、变形要求较严格的高路堤段、桥头或通道与路堤衔接段。刚性桩可按正方形或等边三角形布置。刚性桩桩顶应设桩帽，形状可采用圆柱体、台体或倒锥台体。桩帽直径或边长宜为 1.0～1.5m，厚度宜为 0.3～0.4m，宜采用水泥混凝土现场浇筑而成。 （2）现浇混凝土大直径管桩宜采用振动沉管设备施工。预制管桩宜采用工厂预制。施工前应进行成桩工艺试验，预应力混凝土薄壁管桩试桩数量不得少于 2 根，现浇混凝土大直径管桩试桩数量应根据施工工艺要求确定。预应力混凝土薄壁管桩宜采用静力压桩机施工，也可采用锤击沉桩机施工，施工现场应配有起吊设备，其起吊能力宜大于 5t
2	现浇混凝土大直径管桩施工规定	（1）粗集料宜优先选用卵石。采用碎石时，宜适当增加含砂率。集料最大粒径宜不大于 63mm。混凝土坍落度宜为 80～100mm，在运输和灌注过程中无离析、泌水。 （2）桩尖、桩帽混凝土强度等级宜不低于 C30。桩尖表面应平整、密实，桩尖内外面圆度偏差不得大于 1%，桩尖端头支承面应平整。 （3）邻近有建筑物或构造物时，应采取有效的隔振措施。 （4）群桩施工，应合理设计打桩顺序，控制打桩速度，防止影响邻桩成桩质量。 （5）现浇混凝土大直径管桩施工质量应符合规定
3	预制管桩施工规定	（1）管桩堆放场地应平整、坚实，应有排水措施，不得产生不均匀沉陷。 （2）施工前检查成品桩，先张法薄壁预应力混凝土管桩应符合现行《先张法预应力混凝土管桩》GB 13476—2009、《先张法预应力混凝土薄壁管桩》JC 888—2001 的规定。 （3）预制管桩宜采用静压方式施工，也可采用锤击沉桩方式施工。 （4）桩的打设次序宜由路基中心线向两侧打设，由结构物向路堤方向打设。

序号	项目	内容
3	预制管桩施工规定	(5)沉桩过程中应严格控制桩身的垂直度。 (6)每根桩宜一次性连续沉至设计高程,沉桩过程中停歇时间不应过长。 (7)中止沉桩宜采用贯入度控制。 (8)桩帽钢筋笼应插入管桩内,连接混凝土应与桩帽混凝土一起灌注。 (9)预制管桩施工质量应符合规定

★高频考点:软土地基处理施工技术——强夯和强夯置换

序号	项目	内容
1	一般规定	(1)强夯法适用于处理碎石土、低饱和度的粉土与蒙古性土、杂填土和软土等地基。 (2)强夯置换法适用于处理高饱和度的粉土与软塑、流塑的软黏土地基,处理深度不宜大于7m。 (3)强夯处理范围应超出路堤坡脚,每边超出坡脚的宽度不宜小于3m。强夯置换处理范围应为坡脚外增加一排置换桩。对独立基础或条形基础应根据基础形状与宽度布置。 (4)采用强夯法处理软土地基时,应在地基中设置竖向排水体。对于地下水位较高的地基,强夯前应采取降水措施,将地下水位降至加固层深度以下。强夯置换桩顶应铺设一层厚度不小于0.5m的粒料垫层,垫层材料可与桩体材料相同,粒径不宜大于100mm。 (5)起吊夯锤用的机械设备宜选用履带式起重机。夯锤重量大、落距大时,可在吊臂两侧辅以门架,以提高起重能力,并防止落锤时机架倾覆。履带式起重机脱钩装置应有足够的强度,使用灵活,脱钩快速、安全。 (6)夯锤可采用钢筋混凝土锤或铸钢锤,夯锤上宜设置2~4个上下贯通的透气孔。强夯加固黏性土地基时,宜采用较大底面积的锤。强夯置换采用细长的铸钢锤。在强夯能级不变的条件下,宜采用重锤、低落距
2	施工规定	(1)强夯置换材料应采用级配好的片石、碎石、矿渣等坚硬的粗颗粒材料,粒径宜不大于夯锤底面直径的0.2倍,含泥量宜不大于10%,粒径大于300mm的颗粒含量宜不大于总质量的30%。 (2)应采取隔振、防振措施消除强夯对邻近建筑物的有害影响。

序号	项目	内容
2	施工规定	(3)施工前应选择有代表性并不小于 $500m^2$ 的路段进行试夯,确定最佳夯击能、间歇时间、夯间距、夯击次数、夯击遍数等参数。 (4)夯点可采用正方形或等边三角形布置,间距宜为 5~7m。在强夯能级不变的条件下,宜采用重锤、低落距。 (5)强夯和强夯置换施工前应在地表铺设一定厚度的垫层。强夯施工垫层材料宜采用透水性好的砂、砂砾、石屑、碎石土等,强夯置换施工垫层材料宜与桩体材料相同。垫层宜分层摊铺压实。 (6)施工前应检查锤重和落距,单击夯击能量应满足设计要求。 (7)强夯施工结束 30d 后,应通过标准贯入、静力触探等原位测试,测量地基的夯后承载能力是否达到设计要求。 (8)强夯置换施工结束 30d 后,宜采用动力触探试验检查置换墩着底情况及承载力,检验数量不少于墩点数的 1%,且不少于 3 点。检查置换墩直径与深度,应满足设计要求

★高频考点:软土地区路基施工的其他规定

序号	项目	内容
1	软土地区路堤施工技术要点	(1)软土地区路堤施工应尽早安排,施工计划中应考虑地基所需固结时间。 (2)填筑过程中,应严格控制填筑速率,并应进行动态观测。 (3)施工期间,路堤中心线地面沉降速率 24h 应不大于 10~15mm,坡脚水平位移速率 24h 应不大于 5mm。应结合沉降和位移观测结果综合分析地基稳定性。填筑速率应以水平位移控制为主,超过标准应立即停止填筑。 (4)桥台、涵洞、通道以及加固工程应在预压沉降完成后再进行施工。 (5)应按设计要求的预压荷载、预压时间进行预压。堆载预压的填料宜采用上路床填料,并分层填筑压实。 (6)在软土地基上直接填筑路堤,应符合下列规定: ①水面以下部分应选择透水性好的填料,水面以上可用一般土或轻质材料填筑。

序号	项目	内容
1	软土地区路堤施工技术要点	②填筑路基的土宜从取土场取用。在两侧取土时,取土坑距路堤坡脚的距离应满足路堤稳定的要求。 ③反压护道宜与路堤同时填筑。分开填筑时,应在路堤达到临界高度前完成反压护道施工
2	旧路加宽软基处理要求	(1)软基路段路基加宽台阶应开挖一层、填筑一层,上层台阶应在下层填筑完成后再开挖,台阶开挖应满足台阶宽度和新老路基处理设计要求。 (2)确定加宽软基处理施工工艺和方案时,应考虑软基处理时挤土、震动对老路堤或邻近构筑物的影响。 (3)施工期间应对旧路开挖边坡进行覆盖,并设置必要的临时排水设施。 (4)旧路加宽路段应同步进行拼宽路基和老路基的沉降观测,观测点宜布置在同一断面上。观测点设置宜为老路路中、老路路肩、拼宽部分中部、拼宽部分外侧。老路路中、老路路肩沉降观测点设置可采用在路表埋设观测点的方法,拼宽部分宜采用埋设沉降板的方法

★高频考点:膨胀土地区路基的施工技术要点

序号	项目	内容
1	膨胀土作为路基填料时的要求	(1)中等膨胀土、弱膨胀土的适用范围应符合规定。膨胀土掺拌石灰改良后可用作路基填料,掺灰处置后的膨胀上不宜用于高速公路、一级公路的路床和二级公路的上路床。 (2)高填方、陡坡路基不宜采用膨胀土填筑。 (3)强膨胀土不得作为路基填料。 (4)路基浸水部分不得用膨胀土填筑。 (5)桥台背、挡土墙背、涵洞背等部位严禁采用膨胀土填筑
2	膨胀土的填筑	(1)物理改良的膨胀土路基填筑工艺应符合下列规定: ①位于斜坡路段的膨胀土路基应从最低处开始逐层填筑;当沟底有涵洞等结构物时,应在结构物两侧对称进行填筑。 ②碾压时填料的含水率应符合试验段确定的范围,稠度宜控制在 1.0~1.3。 ③每层厚度不得大于 300mm。

序号	项目	内容
2	膨胀土的填筑	④采取包边处理时,应先填筑非膨胀性包边土或石灰处置后的膨胀土,然后再填筑膨胀土,两者交替进行;包边土的宽度宜不小于2m,以一个压路机宽度为宜。 ⑤路床采用粗粒料填筑时,应在膨胀土顶面设置3%~4%的横坡,并采取防水隔离措施。 (2)掺灰处理膨胀土时,若土的天然含水率偏高,宜采用生石灰粉处置,掺石灰宜分两次进行。拌合深度应达到该层底部,拌合后的土块粒径应小于37.5mm。 (3)路基完成后,应做封层,其厚度应不小于200mm。横坡应不小于2%。 (4)物理处置的膨胀土填筑时的压实度标准应根据试验路段与各地的工程经验确定,且压实度应满足不低于重型压实标准的90%。化学处置后填筑的中等膨胀土、弱膨胀土路基的压实度应符合规定。 (5)填筑膨胀土路堤时,应及时对路堤边坡及顶面进行防护
3	膨胀土地区路堑开挖	(1)边坡施工过程中,必要时可采取临时防水封闭措施保持土体原状含水率。 (2)边坡不得一次挖到设计线,应预留厚度300~500mm,待路堑完成后,再分段削去边坡预留部分,并立即进行加固和封闭处理
4	膨胀土路堑边坡防护	(1)路堑边坡防护施工应根据施工能力,分段组织实施。 (2)采用非膨胀土覆盖置换或设置柔性防护结构进行防护时,边坡覆盖置换厚度应不小于2.5m并满足机械压实施工的要求,压实度应不小于90%。覆盖置换层与下伏膨胀土层之间,应设置排水垫层与渗沟。 (3)采用植物防护时,不应采用阔叶树种。 (4)圬工防护时,墙背应设置缓冲层,厚度应不大于0.5m。支挡结构基础应大于气候影响深度,反滤层厚度应不小于0.5m。 (5)路堑边坡防护的防渗层、排水垫层、渗沟、反滤层、圬工结构等不同类型的结构施工工艺应符合规范规定
5	零填和挖方路段路床	(1)高速公路、一级公路零填和挖方路段路床0.8~1.2m范围的膨胀土应进行换填处理,对强膨胀土路堑,路床换填深度宜加深到1.2~1.5m。在1.5m范围内可见基岩时,应清除至基岩。

序号	项目	内容
5	零填和挖方路段路床	(2)二级公路、三级公路的零填和挖方路段路床0.3m范围的膨胀土应进行换填处理。换填材料为透水性材料时,底部应设置防渗层。二级公路强膨胀土路堑的路床换填深度宜加深至0.5m。 (3)路堑超挖后应及时进行换填,不得长时间暴露

★高频考点:湿陷性黄土地区路基施工

序号	项目	内容
1	湿陷性黄土地基的处理措施	(1)基底为非自重湿陷性黄土地基时,地表处理应符合《公路路基施工技术规范》JTG/T 3610—2019中"3.4 地表处理"的相关规定。 (2)地基处理所用原材料应满足设计要求。石灰宜采用Ⅰ级及以上等级的消石灰;水泥宜选用32.5级以上的普通硅酸盐水泥;土料宜采用塑性指数为7~15的不含有机质的黏质土,土块粒径宜不大于15mm。 (3)湿陷性黄土地基处理前,应完成截水及临时排水设施,并应完成路堤基底的坑洞和陷穴回填。低洼积水地段或灌溉区的路堤两侧坡脚外5~10m范围内,应采用素土或石灰土填平并压实,并应高出原地表200mm以上,路基两侧不得积水。 (4)除采用防止地表水下渗的措施外,可根据湿陷性黄土工程特性和工程要求,因地制宜采取换填法、冲击碾压法、强夯法、挤密桩法、桩基础法等措施对地基进行处理。地基处理方法均应进行试验段施工。基底处理场地附近有结构物时,场地边缘与结构物的最小水平安全距离应满足规定要求。冲击碾压或强夯处理段,地基土的压实度、压缩系数和湿陷系数应在施工结束7d后进行检测,强度检验应在15d后进行
2	湿陷性黄土地基的处理方法	(1)换填法处理湿陷性黄土地基时,宜采用石灰土垫层或水泥土垫层,也可采用素土垫层。石灰土垫层宜采用磨细生石灰粉,石灰剂量或水泥剂量应满足要求。垫层应分层摊铺碾压,每层厚度宜不大于300mm,压实度应符合所在部位的标准要求。 (2)冲击碾压法处理湿陷性黄土地基时,冲压处理的施工长度应不小于100m;与结构物的安全距离不满足要求时宜开挖隔震沟;地基土的含水率应控制在最佳含水率+3%范围内;应采用排压法进行冲压;过程中应对地基的沉降值、压实度进行检测。

序号	项目	内容
2	湿陷性黄土地基的处理方法	(3)强夯法处理湿陷性黄土地基时,同一强夯能级宜采用重锤、低落距的方式进行;地基土的含水率宜控制在8%~24%;宜分为主夯、副夯、满夯三遍实施,两遍夯击之间宜有一定的时间间歇;夯点的夯击次数应按试夯得到的夯击次数和夯沉量关系曲线确定;与结构物安全距离不满足要求时应开挖隔震沟。 (4)挤密桩法处理湿陷性黄土地基,深度在12m之内时,宜采用沉管法成孔,超过12m时,可采用预钻孔法进行成孔;石灰土挤密桩不得采用生石灰;干拌水泥碎石挤密桩所用石屑粒径宜为0~5mm,碎石粒径宜为5~20mm,含泥量应不大于5%;填料前应夯实孔底;成桩回填应分层投料分层夯击,填料的压实度宜不小于93%;挤密桩完成后,应及时进行桩顶石灰土垫层的施工。 (5)桩基础法进行湿陷性黄土地基处理时,桩顶的桩帽应采用水泥混凝土现场浇筑,桩顶进入桩帽的长度宜不小于50mm;桩帽顶的加筋石灰土垫层应及时施工,土工格栅应采用绑扎连接,铺设时应拉紧并锚固,铺设后应及时用石灰土覆盖;过程中应对桩位偏差、桩体质量、桩帽质量、土工格栅的原材料及铺设质量、垫层的质量进行检验;有要求时应进行单桩承载力试验,预制桩应在成桩15d后进行,灌注桩应在成桩28d后进行
3	湿陷性黄土路堤填筑	(1)黄土填料应符合规定。当CBR值不满足要求时,可掺石灰进行改良。 (2)黄土不得用于路基的浸水部位,老黄土不宜用作路床填料。 (3)填挖结合 处应清除表层土和松散土层,顶部宜开挖成高度不大于2m、宽度不小于2m的多层台阶,并应对台阶进行压实处理。 (4)黄土碾压时的含水率宜控制在最佳含水率±2%范围内。 (5)路床区换填非黄土填料时,应按《公路路基施工技术规范》JTG/T 3610—2019中"4.2路床"的要求执行。 (6)雨水导致的边坡冲沟应挖台阶夯实处理。 (7)高路堤应采用冲击碾压或强夯方式进行补充压实
4	湿陷性黄土路堑施工	(1)施工前应对路堑顶两侧有危害的黄土陷穴进行处理,堑顶的裂缝和积水洼地应填平夯实,地表平坦或自然坡倾向路基时应在堑顶设置防渗截水沟或拦水埂。

序号	项目	内容
4	湿陷性黄土路堑施工	(2)接近路床高程时宜顺坡开挖。路床需要处理时,应在处理后进行成形层施工。 (3)施工中应记录坡面的地层形状及地下水出露情况,存在不利于边坡稳定的状况或发现边坡有变形加剧迹象时,应及时反馈处理。 (4)路基边沟宜在基底处理后、路床成形层施工前完成
5	地基陷穴处理方法	路基范围内的陷穴,应在其发源地点对陷穴进口进行封填,并截排周围地表水。现有的陷穴,可采用回填夯实、明挖回填夯实、开挖导洞或竖井回填夯实、灌砂、注浆或爆破回填等处理方法。 (1)路堤坡脚线或路堑坡顶线之外,原地表高侧80m范围内、低侧50m范围内存在的黄土陷穴宜进行处理,对串珠状陷穴与路堑边坡出露陷穴应进行处理,对规定距离以外倾向路基的陷穴宜进行处理。 (2)陷穴处理前,应对流向陷穴的地表水和地下水采取拦截引排措施。 (3)采用灌砂法处理的陷穴,地表下0.5m范围内应采用6%～8%的石灰土进行封填并压实。 (4)对危及路基安全的黄土陷穴,应根据其埋藏深度和大小选用适当的方法进行处理。 (5)处理后仍暴露在外的陷穴口,应采用石灰土等不透水材料进行防渗处理,防渗层厚度应不小于500mm,穴口表面应高于周围地面

★高频考点：滑坡防治的工程措施

序号	项目	内容
1	滑坡排水	(1)环形截水沟。 (2)树枝状排水沟。 (3)平整夯实滑坡体表面的土层。 (4)排除地下水:有截水渗沟、支撑渗沟、边坡渗沟、暗沟、平孔等
2	力学平衡	(1)对于滑坡的处治,应分析滑坡的外表地形、滑动面、滑坡体的构造、滑动体的土质及饱水情况,以了解滑坡体的形式和形成的原因,根据公路路基通过滑坡体的位置、水文、地质等条件,充分考虑路基稳定的施工措施。

序号	项目	内容
2	力学平衡	(2)当挖方路基上边坡发生的滑坡不大时,可采用刷方(台阶)减重、打桩或修建挡土墙进行处理以达到路基边坡稳定。 (3)填方路堤发生的滑坡,可采用反压土方或修建挡土墙等方法处理。 (4)沿河路基发生滑坡,可修建河流调治构造物(堤坝、丁坝、稳定河床等)及挡土墙方法处理
3	改变滑带土	(1)焙烧法:利用导洞焙烧滑坡脚部的滑带,使之形成地下"挡墙"而稳定滑坡的一种措施。 (2)电渗排水:利用电场作用而把地下水排除,达到稳定滑坡的一种方法。 (3)爆破灌浆法:用炸药爆破破坏滑动面,随之把浆液灌入滑带中以置换滑带水并固结滑带土,从而达到使滑坡稳定的一种治理方法

注:滑坡防治的工程措施主要有排水、力学平衡和改变滑带土三类。在滑坡体未处治之前,严禁在滑坡体抗滑段减载、下滑段加载。滑坡整治不宜在雨期施工。施工时应进行稳定监测、地质编录并核查实际地质情况,发现地质与设计不符、有滑坡迹象或其他异常情况时,应及时反馈处理。滑坡发生时应立即采取应急措施。

★高频考点:滑坡地段路基的施工技术要点

序号	项目	内容
1	截水、排水施工规定	(1)应在滑坡后缘的稳定地层上,修筑具有防渗功能的环形截水沟、排水沟。 (2)滑坡体上的裂隙和裂缝应采取灌浆、开挖回填夯实等措施予以封闭,滑坡体的洼地及松散坡面应平整夯实。 (3)滑坡范围大时,应在滑坡坡面上修筑具有防渗功能的临时或永久排水沟。 (4)有地下水时,应设置截水渗沟。反滤材料采用碎石时,碎石粒径应符合要求,含泥量应小于3%
2	削坡减载施工规定	(1)应自上而下逐级开挖,严禁采用爆破法施工。 (2)开挖坡面不得超挖,开挖面上有裂缝时应予灌浆封闭或开挖夯填。 (3)支挡及排水工程在边坡上分级实施时,宜开挖一级、实施一级

序号	项目	内容
3	填筑反压施工规定	(1)反压措施应在滑坡体前缘抗滑段实施。 (2)反压填料不得堵塞地下水出口,地下排水设施应在填筑反压前完成。反压填料宜予压实。 (3)应采取措施使受影响的天然河沟保持排水顺畅
4	抗滑支挡工程施工规定	(1)抗滑支挡工程施工应符合《公路路基施工技术规范》JTG/T 3610—2019 中第 6 章"路基防护与支挡工程"的有关规定。 (2)应在滑坡体处于相对稳定的状态下施工,滑坡体具有滑动迹象或已经发生滑动时,应采取反压填筑等措施。 (3)抗滑桩与挡土墙共同支挡时,应先施作抗滑桩。挡土墙后有支撑渗沟及其他排水工程时应先施工。 (4)抗滑桩、锚索施工应从两端向滑坡主轴方向逐步推进。 (5)采取微型钢管桩、山体注浆等加固措施或注浆作为其他处置方案的配套措施时,应采用相应的成孔设备和注浆方式。 (6)各种支挡结构的基底应置于滑动面以下,并应嵌入稳定地层

B5 防护工程类型和适用条件

★高频考点:路基防护工程类型

序号	项目	内容
1	坡面防护	(1)植物防护:种草、铺草皮、客土喷播、植生袋、三维植物网、植树等。 (2)骨架植物防护:浆砌片石(或混凝土)骨架植草、水泥混凝土空心块护坡、锚杆混凝土框架植草。 (3)圬工防护:喷浆、喷射混凝土、干砌片石护坡、浆砌片(卵)石护坡、浆砌片石护面墙、锚杆钢丝网喷浆或喷射混凝土护坡、封面、捶面。 (4)土工织物防护
2	沿河路基防护	(1)直接防护:植物、砌石、石笼、浸水挡土墙等。 (2)间接防护:丁坝、顺坝等导流构造物以及改移河道

★高频考点：常用防护工程施工技术要点

序号	项目	内容
1	水泥混凝土骨架防护施工规定	（1）骨架施工前应修整坡面，填补超挖形成或原生的坑洞和空腔。 （2）混凝土浇筑应从护脚开始，由下而上进行浇筑。浇筑过程中采用插入式振捣器振捣。 （3）骨架宜完全嵌入坡面内，保证骨架紧贴坡面，防止产生变形或破坏。 （4）混凝土浇筑完成后应及时养护。养护时间宜不少于14d
2	坡面喷射混凝土防护施工规定	（1）混凝土强度应满足设计要求。 （2）作业前应进行试喷，选择合适的水胶比和喷射压力。 （3）混凝土喷射厚度应符合设计规定，且临时支护厚度宜不小于60mm，永久支护厚度宜不小于80mm。永久支护面钢筋的喷射混凝土保护层厚度应不小于50mm。 （4）混凝土喷射每层应自下而上进行。当混凝土厚度大于100mm时，宜分两次喷射。在第二次喷射混凝土作业前，应清除结合面上的浮浆和松散碎屑。 （5）面层表面应抹平、压实修整。 （6）喷射混凝土面层应在长度方向上每30m设伸缩缝，缝宽10～20mm。 （7）喷射混凝土初凝后，应立即开始养护。养护期宜不少于7d。 （8）喷射混凝土表面质量应密实、平整，无裂缝、脱落、漏喷、漏筋、空鼓和渗漏水等
3	浆砌片石护坡施工规定	（1）宜在路堤沉降稳定后施工，砌筑前应整平坡面，按设计完成垫层施工。受冻胀影响的土质边坡，护坡底面的碎石或砂砾垫层厚度应不小于100mm。 （2）片石砌体应分层砌筑，2～3层组成的工作面宜找平。 （3）所有石块均应坐于新拌砂浆之上。 （4）每10～15m应设置一道伸缩缝，缝宽宜为20～30mm。基底地质有变化处，应设沉降缝。伸缩缝与沉降缝可合并设置。 （5）砂浆初凝后，应立即进行养护。砂浆终凝前，砌体应覆盖。

序号	项目	内容
3	浆砌片石护坡施工规定	(6)泄水孔的位置和反滤层的设置应满足设计要求。如设计无要求,应符合下列规定: ①泄水孔宜为 50mm×100mm、100mm×100mm、150mm×200mm 的矩形或直径为 50~100mm 的圆形。 ②泄水孔间距宜为 2~3m,干旱地区可适当加大,渗水量大时应适当加密;上下排泄水孔应交错布置,左右排泄水孔应避开伸缩缝与沉降缝,与相邻伸缩缝间距宜不小于 500mm。 ③泄水孔应向外倾斜,最下一排泄水孔出口应高出地面或边沟、排水沟及积水地区的常水位 0.3m。 ④最下面一排泄水孔进水口周围 500mm×500mm 范围内应设置具有反滤作用的粗粒料,反滤层底部应设置厚度不小于 300mm 的黏土隔水层
4	浆砌片石护面墙施工规定	(1)修筑护面墙前,应清除边坡风化层至新鲜岩面。对风化迅速的岩层,清挖到新鲜岩面后应立即修筑护面墙。 (2)基础施工前应核实地基承载能力和埋深。地基承载能力不足时,应采取加固措施。冰冻地区应埋置在冰冻深度以下至少 250mm。 (3)护面墙背面应与路基坡面密贴,边坡局部凹陷处应挖成台阶后用与墙身相同的圬工砌补,不得回填土石或干砌片石。坡顶护面墙与坡面之间应按设计要求做好防渗处理。 (4)应按设计要求做好伸缩缝。当护面墙基础修筑在不同岩层上时,应在变化处设置沉降缝。 (5)泄水孔的位置和反滤层的设置应满足设计要求。 (6)护面墙防滑坎应与墙身同步施工

B6 支挡工程的类型和功能

★高频考点:路基支挡工程的类型与功能

序号	项目	内容
1	功能	路基支挡工程的主要功能是支撑天然边坡或人工边坡以保持土体稳定或加强路基强度和稳定性,以及防护边坡在水流变化条件下免遭破坏

序号	项目	内容
2	类型	(1)坡面防护加固:路基防护中均有加固作用。 (2)边坡支挡:包括路基边坡支挡和堤岸支挡。 ①路基边坡支挡:护肩墙、护坡、护面墙、护脚墙、挡土墙。 ②堤岸支挡:驳岸、浸水墙、石笼、抛石、护坡、支垛护脚。 (3)湿弱地基加固:碾压密实、排水固结、挤密、化学固结、换填土

★高频考点:重力式挡土墙工程施工技术

序号	项目	内容
1	形式及特点	(1)重力式挡土墙依靠圬工墙体的自重抵抗墙后土体的侧向推力(土压力),以维持土体的稳定,是我国目前最常用的一种挡土墙形式,多用浆砌片(块)石砌筑。缺乏石料地区,有时可用混凝土预制块作为砌体,也可直接用混凝土浇筑,一般不配钢筋或只在局部范围配置少量钢筋。 (2)这种挡土墙形式简单、施工方便。可就地取材,适应性强,因而应用广泛。缺点是墙身截面大,圬工数量也大,在软弱地基上修建往往受到承载力的限制,墙高不宜过高。 (3)重力式挡土墙墙背形式可分为仰斜、俯斜、垂直、凸形折线(凸折式)和衡重式五种
2	施工要求	(1)基坑开挖 ①基坑开挖宜分段跳槽进行,分段位置宜结合伸缩缝、沉降缝等设置确定。 ②设计挡土墙基底为倾斜面时,应严格控制基底高程,不得超挖填补。 ③土质或易风化软质岩石雨季开挖基坑时,应在基坑挖好后及时封闭坑底。 (2)开挖完成后应及时进行检验,检验合格后应及时进行下道工序施工。 (3)基础施工 ①施工前应检查基础底面,清除基底表面风化、松软的土石和杂物。 ②硬质岩石上的浆砌片石基础宜满坑砌筑。浆砌片石底面应卧浆铺砌,立缝要填浆补实,不得有空隙和立

序号	项目	内容
2	施工要求	缝贯通现象。 ③台阶式基础宜与墙体连续砌筑,基底及墙趾台阶转折处不得砌成垂直通缝,砌体与台阶壁间的缝隙砂浆应饱满。 ④基础应在基础砂浆强度达到设计强度的75%后及时分层回填夯实。回填应在表面留3%的向外斜坡。 (4)墙身施工 ①砌石墙身应分层错缝砌筑,咬缝应不小于砌块长度的1/4,且不得出现贯通竖缝。 ②片石、砌块应大面朝下砌筑,砌块不应直接接触,间距宜不小于20mm。 ③混凝土墙身应水平分层浇筑,分层振捣。分层厚度应不超过300mm。 ④混凝土浇筑应连续进行。如间断,间断时间应小于前层混凝土的初凝时间,否则按施工缝处理。 ⑤浇筑过程中应有专人检查模板及支撑工作情况,发现问题及时处理。 ⑥挡土墙端部伸入路堤或嵌入挖方部分应与墙体同时砌筑。挡土墙顶应找平抹面或勾缝,其与边坡间的空隙应采用黏土或其他材料夯填封闭。 ⑦墙身施工完毕后应及时养护。 (5)伸缩缝与沉降缝内两侧壁应竖直、平齐,无搭叠。缝中防水材料应按设计要求施工。 (6)挡土墙与桥台、隧道洞门连接处应协调施工,必要时可设置临时支撑,确保与墙相接的填方或山体的稳定。 (7)挡土墙混凝土或砂浆强度达到设计强度的75%时,应及时进行墙背回填。距墙背0.5~1.0m内,不得使用重型振动压路机碾压。 (8)墙背填料 ①宜采用砂性土、卵石土、砾石土或块石土等透水性好、抗剪强度高的材料。 ②采用黏质土作为填料时,应在墙背设置厚度不小于300mm的砂砾或其他透水性材料排水层。排水层顶部应采用黏质土层封闭,土层厚度宜不小于500mm。 ③填料中不得含有机物、冰块、草皮、树根及生活垃圾。不得使用腐殖土、盐渍土、淤泥、白垩土、硅藻土、生活垃圾及有机物等作为墙背填料

★高频考点:加筋土挡土墙工程施工技术

序号	项目	内容
1	特点	(1)加筋土挡土墙是在土中加入拉筋,利用拉筋与土之间的摩擦作用,改善土体的变形条件和提高土体的工程特性,从而达到稳定土体的目的。加筋土挡土墙由填料、在填料中布置的拉筋以及墙面板三部分组成。一般应用于地形较为平坦且宽敞的填方路段上,在挖方路段或地形陡峭的山坡,由于不利于布置拉筋,一般不宜使用。 (2)加筋土是柔性结构物,能够适应地基轻微的变形。加筋土挡土墙的拉筋应按设计采用抗拉强度高、延伸率和蠕变小、抗老化、耐腐蚀和化学稳定性好的材料,表面应有足够的粗糙度。钢拉筋应按设计进行防腐处理。 (3)加筋土挡土墙施工简便、快速,并且节省劳力和缩短工期,一般包括下列工序:基槽(坑)开挖、地基处理、排水设施、基础浇(砌)筑、构件预制与安装、筋带铺设、填料填筑与压实、墙顶封闭等,其中现场墙面板拼装、筋带铺设、填料填筑与压实等工序是交叉进行的
2	加筋土挡土墙墙身施工规定	(1)墙背拉筋锚固段填料宜采用具有一定级配、透水性好的砂类土或碎砾石土,土中的粗颗粒不应含有在压实过程中可能破坏拉筋的带尖锐棱角的颗粒。 (2)拉筋应按设计位置水平铺设在已经整平、压实的土层上,单根拉筋应垂直于面板,多根拉筋应按设计扇形铺设。聚丙烯土工带拉筋安装应平顺,不得打折、扭曲,不得与硬质、棱角填料直接接触,其他要求应符合现行《公路土工合成材料应用技术规范》JTG/T D32—2012 的相关规定。 (3)墙面板安设应根据高度和填料情况设置适当的仰斜,斜度宜为 1:0.05~1:0.02。安设好的面板不得外倾。 (4)拉筋与面板之间的连接应牢固,连接部位强度应不低于拉筋强度。拉筋贯通整个路基时,宜采用单根拉筋拉住两侧面板。 (5)填料摊铺、碾压应从拉筋中部开始平行于墙面进行,不得平行于拉筋方向碾压。应先向拉筋尾部逐步摊铺、压实,然后再向墙面方向进行。 (6)路基施工分层厚度及每层碾压遍数,应根据拉筋间距、碾压机具和密实度要求,通过试验确定,不得使用羊足碾碾压。靠近墙面板 1m 范围内,应使用小型机具

序号	项目	内容
2	加筋土挡土墙墙身施工规定	夯实或人工夯实,不得使用重型压实机械压实。严禁车辆在未经压实的填料上行驶。 (7)施工过程中应加强对墙身变形的观测,发现异常变化应及时处理

★高频考点：锚杆挡土墙工程施工技术

序号	项目	内容
1	特点及适用条件	(1)锚杆挡土墙是利用锚杆技术形成的一种挡土结构物。锚杆一端与工程结构物连接,另一端通过钻孔、插入锚杆、灌浆、养护等工序锚固在稳定的地层中,以承受土压力对结构物所加的推力,从而利用锚杆与地层间的锚固力来维持结构物的稳定。 (2)锚杆挡土墙的优点是结构重量轻,节约大量的圬工和节省工程投资；利于挡土墙的机械化、装配化施工,提高劳动生产率；少量开挖基坑,克服不良地基开挖的困难,并利于施工安全。锚杆挡土墙缺点是施工工艺要求较高,要有钻孔、灌浆等配套的专用机械设备,且要耗用一定的钢材。 (3)锚杆挡土墙适用于缺乏石料的地区和挖基困难的地段,一般用于岩质路堑路段,但其他具有锚固条件的路堑墙也可使用,还可应用于陡坡路堤。壁板式锚杆挡土墙多用于岩石边坡防护
2	锚杆挡土墙的类型	锚杆挡土墙由于锚固地层、施工方法、受力状态以及结构形式等的不同,有各种各样的形式。按墙面的结构形式可分为柱板式锚杆挡土墙和壁板式锚杆挡土墙
3	锚杆挡土墙施工	锚杆挡土墙施工工序主要有基坑开挖、基础浇(砌)筑、锚杆制作、钻孔、锚杆安放与注浆锚固、肋柱和挡土板预制、肋柱安装、挡土板安装、墙后填料填筑与压实等： (1)施工时应针对地层和岩石特点,采用与其相适配并能斜孔钻进的钻机,并根据岩质选择钻头。 (2)锚孔直径应满足设计要求,钻孔时宜保持孔壁粗糙。 (3)挡土板和锚杆的施工应逐层由下向上同步进行,挡土板之间的安装缝应均匀,缝宽宜小于10mm。同一肋柱上两相邻跨的挡土板搭接处净间距宜不小于30mm,并应按施工缝处理。

序号	项目	内容
3	锚杆挡土墙施工	(4)挡土板安装时应防止与肋柱相撞,避免损坏角隅或开裂。 (5)挡土板后的防排水设施及反滤层应与挡土板安装同步进行

★高频考点:抗滑桩

序号	项目	内容
1	附属工作	(1)抗滑桩施工前,应采取卸载、反压、排水等措施使滑坡体保持基本稳定,严禁在滑坡急剧变形阶段进行抗滑桩施工。 (2)施工期间应根据实际地质情况考虑开挖时的预加固措施。应整平孔口地面,并设置地表截、排水及防渗设施。应设置滑坡变形、移动监测点,并进行连续观测。 (3)雨期施工时,应在孔口搭设雨棚,做好锁口,孔口地面上应加筑适当高度的围埝
2	开挖及支护规定	(1)相邻桩不得同时开挖。开挖桩群应从两端沿滑坡主轴间隔开挖,桩身强度达到设计强度的75%后方可开挖邻桩。 (2)开挖应分节进行。分节不宜过长,每节宜为0.5～1.0m。不得在土石层变化处和滑动面处分节。 (3)应开挖一节、支护一节。灌注前应清除孔壁上的松动石块、浮土。围岩松软、破碎、有水时,护壁宜设泄水孔。 (4)开挖应在上一节护壁混凝土终凝后进行,护壁混凝土模板支撑应在混凝土强度达到能保持护壁结构不变形后方可拆除。 (5)在围岩松软、破碎和有滑动面的节段,应在护壁内顺滑动方向设置临时横撑加强支护,并观察其受力情况,及时进行加固。 (6)开挖时应采取照明、排水等措施,保证施工安全。挖除的渣土弃渣不得堆放在滑坡范围内
3	桩身混凝土施工规定	(1)灌注前,应检查断面净空,清洗混凝土护壁。 (2)钢筋笼搭接接头不得设在土石分界和滑动处。钢筋保护层厚度应满足设计要求。 (3)灌注应连续进行,不得中断

序号	项目	内容
4	桩板式抗滑挡土墙施工规定	(1)挡土板应在桩身混凝土达到设计强度后安装。挡土板安装时,应边安装边回填,并做好挡土板后排水设施。 (2)桩间采用土钉墙或喷锚支护时,桩间土体应分层开挖、分层加固。 (3)应严格控制墙背填土的压实度,压实时应保护好锚索
5	其他规定	(1)桩基开挖过程中,应随时核对滑动面情况,及时进行岩性资料编录。当实际情况与设计不符时,应及时反馈处理。 (2)桩间支挡结构及与桩相邻的挡土、排水设施等应与抗滑桩正确连接,配套完成。 (3)施工过程中应对地下水位、滑坡体位移和变形进行监测

B7 公路工程施工测量方法

★高频考点:常用测量仪器及其作用

序号	项目	内容
1	水准仪分类及作用	(1)水准仪按结构不同可分为微倾水准仪、自动安平水准仪、激光水准仪、数字水准仪,水准仪按工作原理不同可分为电子水准仪和光学水准仪,按精度不同可分为普通水准仪和精密水准仪。DS05级和DS1级水准仪称为精密水准仪,用于国家一、二等精密水准测量及地震监测。DS3级和DS10级水准仪称为普通水准仪,用于国家三、四等水准测量以及一般工程水准测量。公路工程测量中一般使用DS3级水准仪。 (2)水准仪用于水准测量,水准测量是利用水准仪提供的一条水平视线,借助带有刻度的尺子,测量出两地面点之间的高差,然后根据测得的高差和已知点的高程,推算出另一个点的高程
2	经纬仪分类及作用	(1)经纬仪根据度盘刻度和读数方式的不同可分为游标经纬仪、光学经纬仪和电子经纬仪,按精度不同可分为DJ07、DJ1、DJ2、DJ6和DJ10等,数字07、1、2、6、10表示该仪器精度,07、1、2的属于精密经纬仪,6的属于普通经纬仪。

序号	项目	内容
2	经纬仪分类及作用	（2）经纬仪是进行角度测量的主要仪器，它包括水平角测量和竖直角测量。另外，经纬仪兼有低精度的间接测距和测定高差以及高精度的定线的辅助功能
3	全站仪及其作用	（1）全站型电子速测仪简称全站仪，它是一种集自动测距、测角、计算和数据自动记录及传输功能于一体的自动化、数字化及智能化的三维坐标测量与定位系统。是目前公路施工单位进行测量和放样的主要仪器。 （2）全站仪的功能是测量水平角、竖直角和斜距，借助于机内固化的软件，可以组成多种测量功能，如可以计算并显示平距、高差以及镜站点的三维坐标，进行偏心测量、悬高测量、对边测量、面积计算等
4	卫星定位仪	（1）卫星定位仪就是基于卫星定位系统的一种定位仪器，一般可用于对人、对物的位置定位。卫星定位仪在我国主要有 GPS 卫星定位仪和北斗卫星定位仪两大类。 （2）公路工程的测量主要应用了 GPS 的两大功能：静态功能和动态功能。静态功能是通过接收到的卫星信息，确定地面某点的三维坐标；动态功能是通过卫星系统，把已知的三维坐标点位，实地放样地面上。在公路施工中，GPS 可用于隧道控制测量、特大桥控制测量，也可用于公路中线、边桩的施工放样

★高频考点：路基放样

序号	项目	内容
1	一般规定	（1）施工前应对原地面进行复测，核对或补充横断面。 （2）施工前应设置标识桩，将路基用地界、路堤坡脚、路堑坡顶、取土坑、护坡道、弃土堆等的具体位置标识清楚。 （3）深挖高填路段，每挖填一个边坡平台或者 3~5m，应复测中线和横断面
2	路基横断面边桩放样方法	（1）图解法：一般用于较低等级的公路路基边桩放样。 （2）计算法：主要用于公路平坦地形或地面横坡较均匀一致地段的路基边桩放样。 （3）渐近法：精度高，适用于各级公路。 （4）坐标法：适用于高等级公路

B8　路面基层（底基层）用料要求

★高频考点：无机结合料稳定基层原材料的技术要求

序号	项目	内容
1	水泥及外加剂	（1）强度等级为 32.5 或 42.5，且满足规范要求的普通硅酸盐水泥等均可使用。 （2）所用水泥初凝时间应大于 3h，终凝时间应大于 6h 且小于 10h。 （3）在水泥稳定材料中掺加缓凝剂或早强剂时，应对混合料进行试验验证。缓凝剂和早强剂的技术要求应符合现行规范的规定
2	石灰	（1）石灰技术要求应符合规定。 （2）高速公路和一级公路用石灰应不低于Ⅱ级技术要求，二级公路用石灰应不低于Ⅲ级技术要求，二级以下公路宜不低于Ⅲ级技术要求。 （3）高速公路和一级公路的基层，宜采用磨细消石灰。 （4）二级以下公路使用等外石灰时，有效氧化钙含量应在 20% 以上，且混合料强度应满足要求
3	粉煤灰等工业废渣	（1）干排或湿排的硅铝粉煤灰和高钙粉煤灰等均可用作基层或底基层的结合料。 （2）各等级公路的底基层、二级及二级以下公路的基层使用的粉煤灰，通过率指标不满足要求时，应进行混合料强度试验，达到规格相关要求的强度指标时，方可使用。 （3）煤矸石、煤渣、高炉矿渣、钢渣及其他冶金矿渣等工业废渣可用于修筑基层或底基层，使用前应崩解稳定，且宜通过不同龄期条件下的强度和模量试验以及温度收缩和干湿收缩试验等评价混合料性能。 （4）水泥稳定煤矸石不宜用于高速公路和一级公路。 （5）工业废渣类作为集料使用时，公称最大粒径应不大于 31.5mm，颗粒组成宜有一定级配，且不宜含杂质
4	水	（1）符合现行《生活饮用水卫生标准》GB 5749—2006 的饮用水可直接作为基层、底基层材料拌合与养护用水。 （2）拌合使用的非饮用水应进行水质检验。 （3）养护用水可不检验不溶物含量

序号	项目	内容
5	粗集料	(1)用作被稳定材料的粗集料宜采用各种硬质岩石或砾石加工成的碎石,也可直接采用天然砾石。 (2)基层、底基层的粗集料规格分为 G1~G11 共 11 种,其规格宜符合相关规定。 (3)高速公路和一级公路极重、特重交通荷载等级基层的 4.75mm 以上粗集料应采用单一粒径的规格料。 (4)作为高速公路、一级公路底基层和二级及二级以下公路基层、底基层被稳定材料的天然砾石材料宜满足要求,并应级配稳定、塑性指数不大于 9。 (5)应选择适当的碎石加工工艺,用于破碎的原石粒径应为破碎后碎石公称最大粒径的 3 倍以上。高速公路基层用碎石,应采用反击破碎的加工工艺。 (6)碎石加工中,根据筛网放置的倾斜角度和工程经验,应选择合理的筛孔尺寸。粒径尺寸与筛孔尺寸对应关系宜符合规定。根据破碎方式和石质的不同,可适当调整筛孔尺寸,调整范围宜为 1~2mm。 (7)用作级配碎石或砾石的粗集料应采用具有一定级配的硬质石料,且不应含有黏土块、有机物等。 (8)级配碎石或砾石用作基层时,高速公路和一级公路公称最大粒径应不大于 26.5mm,二级及二级以下公路公称最大粒径应不大于 31.5mm;用作底基层时,公称最大粒径应不大于 37.5mm
6	细集料	(1)细集料应洁净、干燥、无风化、无杂质,并有适当的颗粒级配。 (2)高速公路和一级公路用细集料技术要求应符合规定。 (3)细集料规格要求应符合规定。 (4)对 0~3mm 和 0~5mm 的细集料应分别严格控制大于 2.36mm 和 4.75mm 的颗粒含量。对 3~5mm 的细集料应严格控制小于 2.36mm 的颗粒含量。 (5)高速公路和一级公路,细集料中小于 0.075mm 的颗粒含量应不大于 15%;二级及二级以下公路,细集料中小于 0.075mm 的颗粒含量应不大于 20%。 (6)级配碎石或砾石中的细集料可使用细筛余料,或专门轧制的细碎石集料。 (7)天然砾石或粗砂作为细集料时,其颗粒尺寸应满足工程需要,且级配稳定,超尺寸颗粒含量超过规范或实际工程的规定时应筛除

★高频考点：其他相关规定

序号	项目	内容
1	材料分档与掺配	(1)材料分档应符合规定。对一般工程可选择不少于三档备料，对极重、特重交通荷载等级且强度要求较高时，为了保证级配的稳定，宜选择不少于四档备料。 (2)不同粒径混合料的备料规格包括三档备料、四档备料、五档备料、六档备料等，公称最大粒径为19mm、26.5mm和31.5mm的无机结合料稳定碎石或砾石的备料规格宜符合相关规定。 (3)用于二级及二级以上公路基层和底基层的级配碎石或砾石，应由不少于四种规格的材料掺配而成。 (4)天然材料用于高速公路和一级公路的基层时，应筛分成规定的规格，并按规范中相应的备料规格进行掺配。天然材料的规格不满足设计级配的要求时，可掺配一定比例的碎石或轧碎砾石。 (5)级配碎石或砾石类材料中宜掺加石屑、粗砂等材料。 (6)级配碎石或砾石细集料的塑性指数应不大于12。不满足要求时，可加石灰、无塑性的砂或石屑掺配处理。
2	混合料组成设计	(1)无机结合料稳定材料组成设计应包括原材料检验、混合料的目标配合比设计、混合料的生产配合比设计和施工参数确定四部分。 (2)原材料检验应包括结合料、被稳定材料及其他相关材料的试验。所有检测指标均应满足相关设计标准或技术文件的要求。 (3)目标配合比设计应包括下列技术内容： ①选择级配范围。 ②确定结合料类型及掺配比例。 ③验证混合料相关的设计及施工技术指标。 (4)生产配合比设计应包括下列技术内容： ①确定料仓供料比例。 ②确定水泥稳定材料的容许延迟时间。 ③确定结合料剂量的标定曲线。 ④确定混合料的最佳含水率、最大干密度。 (5)施工参数确定应包括下列技术内容： ①确定施工中结合料的剂量。 ②确定施工合理含水率及最大干密度。 ③验证混合料强度技术指标。

序号	项目	内容
2	混合料组成设计	(6)确定无机结合料稳定材料最大干密度指标时宜采用重型击实方法,也可采用振动压实方法。 (7)应根据当地材料的特点和混合料设计要求,通过配合比设计选择最优的工程级配。 (8)用于基层的无机结合料稳定材料,强度满足要求时,尚宜检验其抗冲刷和抗裂性能。 (9)在施工过程中,材料品质或规格发生变化、结合料品种发生变化时,应重新进行材料组成设计

B9 路面沥青稳定基层（底基层）施工

★高频考点：沥青稳定类基层分类及适用范围

序号	项目	内容
1	分类	沥青稳定基层(底基层)又称柔性基层(底基层)。包括热拌沥青碎石、贯入式沥青碎石、乳化沥青碎石混合料基层(底基层)等
2	适用范围	柔性基层、底基层可用于各级公路。 (1)热拌沥青碎石宜用于中等交通及其以上的公路基层、底基层。 (2)贯入式沥青碎石宜用于中、重交通的公路基层或底基层。 (3)热拌沥青碎石、贯入式沥青碎石可用于改建工程的调平层

★高频考点：路面沥青稳定基层施工——热拌沥青碎石基层施工

序号	项目	内容
1	热拌沥青碎石的拌制	(1)沥青混合料必须在沥青拌合场拌制,可采用间歇式拌合机或连续式拌合机拌制。 (2)拌合机拌制的沥青混合料应均匀一致,无花白料,无结团成块或严重的粗细料分离现象,不符合要求时不得使用,并应及时调整。 (3)出厂的沥青混合料应逐车用地磅称重

序号	项目	内容
2	热拌沥青混合料的运输	(1)热拌沥青混合料应采用较大吨位的自卸汽车运输、车厢应清扫干净。为防止沥青与车厢板粘结,车厢侧板和底板可涂一薄层油水(柴油与水的比例可为1:3)混合料,但不得有余液积聚在车厢底部。 (2)从拌合机向运料车上放料时,应每卸一斗混合料挪动一下汽车位置,以减少粗细集料的离析现象。 (3)运料车应用篷布覆盖,用以保温、防雨、防污染
3	热拌沥青混合料的摊铺	(1)铺筑沥青混合料前,应检查确认下层的质量。当下层质量不符合要求,或未按规定洒布透层、粘层、铺筑下封层时,不得铺筑沥青面层。 (2)热拌沥青混合料应采用机械摊铺。 (3)沥青混合料的摊铺温度应符合规范要求,并应根据沥青标号、黏度、气温、摊铺层厚度选用。 (4)当高速公路和一级公路施工气温低于10℃、其他等级公路施工气温低于5℃时,不宜摊铺热拌沥青混合料。 (5)沥青混合料的松铺系数应根据实际的混合料类型,由试铺试压方法或根据以往实践经验确定。 (6)沥青混合料的松铺系数:机械摊铺 1.15~1.30,人工摊铺 1.20~1.45。 (7)用机械摊铺的混合料,不应用人工反复修整。 (8)可用人工作局部找补或更换混合料;摊铺不得中途停顿。摊铺了的沥青混合料应紧接碾压,如因故不能及时碾压或遇雨时,应停止摊铺
4	热拌沥青混合料的压实及成型	(1)压实后的沥青混合料应符合压实度及平整度的要求,沥青混合料的分层压实厚度不得大于 10cm。 (2)应选择合理的压路机组合方式及碾压步骤,以达到最佳结果。沥青混合料压实宜采用钢筒式静态压路机与轮胎压路机或振动压路机组合的方式。压路机的数量应根据生产率决定。 (3)沥青混合料的压实应按初压、复压、终压(包括成型)三个阶段进行。压路机应以慢而均匀的速度碾压,压路机的碾压速度应符合规定。 (4)初压应在混合料摊铺后较高温度下进行,应采用轻型钢筒式压路机或关闭振动装置的振动压路机碾压2遍。压路机应从外侧向中心碾压。相邻碾压带应重叠 1/3~1/2 轮宽,最后碾压路中心部分,压完全幅为一遍。

序号	项目	内容
4	热拌沥青混合料的压实及成型	(5)复压应紧接在初压后进行,复压宜采用重型的轮胎压路机,也可采用振动压路机或钢筒式压路机。碾压遍数应经试压确定,不宜少于4~6遍,达到要求的压实度,并无显著轮迹。 (6)终压应紧接在复压后进行。终压可选用双轮钢筒式压路机或关闭振动压路机碾压,不宜少于两遍,并无轮迹。路面压实成型的终了温度应符合规范要求

B10 沥青路面结构及类型

★高频考点：沥青路面结构组成

序号	项目	内容
1	总体构成	沥青路面结构层可由面层、基层、底基层、垫层组成
2	面层	面层是直接承受车轮荷载反复作用和自然因素影响的结构层,可由1~3层组成。表面层应根据使用要求设置抗滑耐磨、密实稳定的沥青层;中面层、下面层应根据公路等级、沥青层厚度、气候条件等选择适当的沥青结构层
3	基层	基层是设置在面层之下,并与面层一起将车轮荷载的反复作用传布到底基层、垫层、土基,起主要承重作用的层次。基层材料的强度指标应有较高的要求。基层视公路等级或交通量的需要可设置一层或两层。当基层较厚需分两层施工时,可分别称为上基层、下基层
4	底基层	底基层是设置在基层之下,并与面层、基层一起承受车轮荷载反复作用,起次要承重作用的层次。底基层材料的强度指标要求可比基层材料略低。底基层视公路等级或交通量的需要可设置一层或两层。底基层较厚需分两层施工时,可分别称为上底基层、下底基层
5	垫层	垫层是设置在底基层与土基之间的结构层,起排水、隔水、防冻、防污等作用

★高频考点：沥青路面分类

序号	项目	内容
1	按技术品质和使用情况分类	(1)沥青混凝土路面：沥青混凝土路面适用于各级公路面层。 (2)沥青碎石路面：热拌沥青碎石适宜用于三、四级公路。中粒式、粗粒式沥青碎石宜用作沥青混凝土面层下层、联结层或整平层。 (3)沥青贯入式：沥青贯入式适用于三、四级公路，也可作为沥青混凝土面层的联结层。 (4)沥青表面处治：一般用于三、四级公路，也可用作沥青路面的磨耗层、防滑层。
2	按组成结构分类	(1)密实—悬浮结构：工程中常用的 AC-I 型沥青混凝土就是这种结构的典型代表。 (2)骨架—空隙结构：工程中使用的沥青碎石混合料(AM)和排水沥青混合料(OGFC)是典型的骨架空隙型结构。 (3)密实—骨架结构：沥青玛琋脂碎石混合料(SMA)是一种典型的骨架密实型结构
3	按矿料级配分类	(1)密级配沥青混凝土混合料：代表类型有沥青混凝土、沥青稳定碎石。 (2)半开级配沥青混合料：代表类型有改性沥青稳定碎石，用 AM 表示。 (3)开级配沥青混合料：代表类型有排水式沥青磨耗层混合料，以 OGFC 表示；另有排水式沥青稳定碎石基层，以 ATPCZB 表示。 (4)间断级配沥青混合料：代表类型有沥青玛琋脂碎石混合料(SMA)
4	按矿料粒径分类	(1)砂粒式沥青混合料：矿料最大粒径等于或小于 4.75mm(圆孔筛 5mm)的沥青混合料。也称为沥青石屑或沥青砂。 (2)细粒式沥青混合料：矿料最大粒径为 9.5mm 或 13.2mm(圆孔筛 10mm 或 15mm)的沥青混合料。 (3)中粒式沥青混合料：矿料最大粒径为 16mm 或 19mm(圆孔筛 20mm 或 25mm)的沥青混合料。 (4)粗粒式沥青混合料：矿料最大粒径为 26.5mm 或 31.5mm(圆孔筛 30~40mm)的沥青混合料。 (5)特粗式沥青混合料：矿料的最大粒径等于或大于 37.5mm(圆孔筛 45mm)的沥青混合料

序号	项目	内容
5	按施工温度分类	(1)热拌热铺沥青混合料:沥青与矿料经加热后拌合,并在一定的温度下完成摊铺和碾压施工过程的混合料。 (2)常温沥青混合料:采用乳化沥青或稀释沥青在常温下(或者加热温度很低)与矿料拌合,并在常温下完成摊铺和碾压过程的混合料

B11 水泥混凝土路面的施工

★高频考点:水泥混凝土路面的分类与特点

序号	项目	内容
1	水泥混凝土路面的分类	(1)水泥混凝土路面,包括普通混凝土(素混凝土)、钢筋混凝土、连续配筋混凝土、预应力混凝土、装配式混凝土、钢纤维混凝土和混凝土小块铺砌等面层板和基(垫)层所组成的路面。目前采用最广泛的是就地浇筑的普通混凝土路面,简称混凝土路面。 (2)普通混凝土路面,是指除接缝区和局部范围(边缘和角隅)外不配置钢筋的混凝土路面。 (3)水泥混凝土路面适用于高速公路、一级公路、二级公路、三级公路、四级公路
2	水泥混凝土路面的优点	相对于沥青混凝土路面而言,水泥混凝土路面的优点有:使用寿命长;强度高;稳定性好;耐久性好;养护费用少、经济效益高;有利于夜间行车;有利带动当地建材业的发展
3	水泥混凝土路面的缺点	相对于沥青混凝土路面而言,水泥混凝土路面的缺点有:对水泥和水的需要量大;有接缝;开放交通较迟;修复困难

★高频考点:水泥混凝土路面施工技术

序号	项目	内容
1	模板及其架设与拆除	(1)施工模板应采用刚度足够的槽钢、轨模或钢制边侧模板,不应使用木模板、塑料模板等易变形模板。 (2)支模前在基层上应进行模板安装及摊铺位置的测量放样,核对路面标高、面板分板、胀缝和构造物位置。

序号	项目	内容
1	模板及其架设与拆除	(3)纵横曲线路段应采用短模板,每块横板中点应安装在曲线切点上。 (4)模板安装应稳固、平顺、无扭曲,应能承受摊铺、振实、整平设备的负载行进,冲击和振动时不发生位移。 (5)模板与混凝土拌合物接触表面应涂隔离剂。 (6)模板拆除应在混凝土抗压强度不小于 8.0MPa 方可进行
2	混凝土拌合物搅拌	(1)搅拌楼的配备,应优先选配间歇式搅拌楼,也可使用连续搅拌楼。 (2)每台搅拌楼在投入生产前,必须进行标定和试拌。在标定有效期满或搅拌楼搬迁安装后,均应重新标定。施工中每 15d 校验一次搅拌楼计量精确度。搅拌楼配料计量偏差不得超过规定。不满足时,应分析原因,排除故障,确保拌合计量精确度。采用计算机自动控制系统的搅拌楼时,应使用自动配料生产,并按需要打印每天(周、旬、月)对应路面摊铺桩号的混凝土配料统计数据及偏差。 (3)应根据拌合物的黏聚性、均质性及强度稳定性试拌确定最佳拌合时间。 (4)外加剂应以稀释溶液加入,其稀释用水和原液中的水量,应从拌合加水量中扣除。 (5)拌合引气混凝土时,搅拌楼一次拌合量不应大于其额定搅拌量的 90%。纯拌合时间应控制在含气量最大或较大时
3	混凝土拌合物的运输	(1)应根据施工进度、运量、运距及路况,选配车型和车辆总数。总运力应比总拌合能力略有富余。确保新拌混凝土在规定时间内运到摊铺现场。 (2)运输到现场的拌合物必须具有适宜摊铺的工作性。不同摊铺工艺的混凝土拌合物从搅拌机出料到运输、铺筑完毕的允许最长时间应符合时间控制的规定。不满足时应通过试验、加大缓凝剂或保塑剂的剂量。 (3)混凝土运输过程中应防止漏浆、漏料和污染路面,途中不得随意耽搁。自卸车运输应减小颠簸,防止拌合物离析。车辆起步和停车应平稳

序号	项目	内容
4	混凝土面层铺筑	采用滑模摊铺机施工法进行（具体知识点见下表）
5	混凝土振捣（小型机具施工）	（1）在待振横断面上，每车道路面应使用2根振捣棒，组成横向振捣棒组，沿横断面连续振捣密实，并应注意路面板底、内部和边角处不得欠振或漏振。 （2）振捣棒在每一处的持续时间，应以拌合物全面振动液化、表面不再冒气泡和泛水泥浆为限，不宜过振，也不宜少于30s。振捣棒的移动间距不宜大于500mm；至模板边缘的距离不宜大于200mm。应避免碰撞模板、钢筋、传力杆和拉杆。 （3）在振捣棒已完成振实的部位，可开始振动板纵横交错两遍全面提浆振实，每车道路面应配备1块振动板。 （4）振动板移位时，应重叠100～200mm，振动板在一个位置的持续振捣时间不应少于15s。振动板须由两人提拉振捣和移位，不得自由放置或长时持续振动。移位控制以振动板底部和边缘泛浆厚度3mm±1mm为限。 （5）缺料的部位，应铺以人工补料找平。 （6）振动梁振实，每车道路面宜使用1根振动梁。振动梁应具有足够的刚度和质量，振动梁应垂直路面中线沿纵向拖行，往返2～3遍，使表面泛浆均匀平整
6	整平饰面	（1）每车道路面应配备1根滚杠（双车道两根）。振动梁振实后，应拖动滚杠往返2～3遍提浆整平。 （2）拖滚后的表面宜采用3m刮尺，纵模各1遍整平饰面，或采用叶片式或圆盘式抹面机往返2～3遍压实整平饰面。 （3）在抹面机完成作业后，应进行清边整缝，清除粘浆，修补缺边、掉角。精平饰面后的面板表面应无抹面印痕，致密均匀，无露骨，平整度应达到规定要求。 （4）小型机具施工三、四级公路混凝土路面，应优先采用在拌合物中掺外加剂，无掺外加剂条件时，应使用真空脱水工艺，该工艺适用于面板厚度不大于240mm混凝土面板施工。 （5）使用真空脱水工艺时，混凝土拌合物的最大单位用水量可比不采用外加剂时增大3～12kg/m³；拌合物适宜坍落度：高温天30～50mm，低温天20～30mm

序号	项目	内容
7	混凝土路面养护	（1）混凝土路面铺筑完成或软作抗滑构造完毕后立即开始养护。机械摊铺的各种混凝土路面、桥面及搭板宜采用喷洒养护剂同时保湿覆盖的方式养护。在雨天或养护用水充足的情况下，也可采用覆盖保湿膜、土工毡、土工布、麻袋、草袋、草帘等洒水湿养护方式，不宜使用围水养护方式。 （2）养护时间根据混凝土弯拉强度增长情况而定，不宜小于设计弯拉强度的80%，应特别注重前7d的保湿（温）养护。一般养护天数宜为14～21d，高温天不宜小于14d，低温天不宜小于21d。掺粉煤灰的混凝土路面，最短养护时间不宜少于28d，低温天应适当延长。 （3）混凝土板养护初期，严禁人、畜、车辆通行，在达到设计强度40%后，行人方可通行。在路面养护期间，平交道口应搭建临时便桥。面板达到设计弯拉强度后，方可开放交通
8	灌缝	常温施工式填缝料的养护期，低温天宜为24h，高温天宜为12h。加热施工时填缝料的养护期，低温天宜为12h，高温天宜为6h。在灌缝料养护期间应封闭交通

★高频考点：采用滑模摊铺机施工法进行混凝土面层铺筑

序号	项目	内容
1	准备工作	（1）摊铺段夹层或封层质量应检验合格，对于破损或缺失部位，应及时修复。表面应清扫干净并洒水润湿，并采取防止施工设备和机械碾坏封层的措施。 （2）应检查并平整滑模摊铺机的履带行走区。行走区应坚实，不得存在湿陷等病害，应清除砖、瓦、石块、废弃混凝土块等杂物。 （3）摊铺前应检查并调试施工设备。滑模摊铺机首次作业前，应挂线对铺筑位置、几何参数和机架水平度进行设置、调整和校准，满足要求后方可用于摊铺作业。 （4）滑模摊铺面层前，应准确架设基准线。 （5）当面层传力杆、胀缝钢筋采用前置支架法施工时，应在表面先准确安装和固定支架，保证传力杆中部对中缩缝切割位置，且不会因布料、摊铺而导致推移。支架可采用与锚固入基层的钢筋焊接等方法固定
2	水泥混凝土面层滑模摊铺机铺筑	（1）滑模摊铺机的施工参数设定及校准应符合规定。 （2）滑模摊铺机前布料，应采用机械完成，布料高度应均匀一致，不得采用翻斗车直接卸料的方式。

序号	项目	内容
2	水泥混凝土面层滑模摊铺机铺筑	(3)滑模摊铺机起步时,应先开启振捣棒,在2～3min内调整振捣到适宜振捣频率,使进入挤压底板前缘拌合物振捣密实,无大气泡冒出破灭,方可开动滑模机平稳推进摊铺。当天摊铺施工结束,摊铺机脱离拌合物后,应立即关闭振捣棒组。 (4)滑模摊铺应缓慢、匀速、连续不间断地作业。滑模摊铺速度应根据板厚、混凝土工作性、布料能力、振捣排气效果等确定,可在0.75～2.5m/min之间选择,宜采用1m/min。 (5)滑模摊铺水泥混凝土面层时,严禁快速推进、随意停机与间歇摊铺。 (6)滑模摊铺振捣频率应根据板厚、摊铺速度和混凝土工作性确定,以保证拌合物不发生过振、欠振或漏振。振捣频率可在100～183Hz之间调整,宜为150Hz。 (7)可根据拌合物的稠度大小,采取调整摊铺的振捣频率或速度等措施,保证摊铺质量稳定,当拌合物稠度发生变化时,宜先采用调振捣频率的措施,后采取改变摊铺速度的措施。 (8)抗滑纹理做毕,应立即开始保湿养护。养护龄期不应少于5d,且混凝土强度满足要求后,方可连接摊铺相邻车道面板。履带在新铺面层上行走时,钢履带底部应铺橡胶垫或使用有橡胶垫履带的摊铺机。纵缝横向连接高差不应大于2mm。 (9)摊铺中应经常检查振捣棒的工作情况和位置。面层出现条带状麻面现象时,应停机检查振捣棒是否损坏;振捣棒损坏时,应更换振捣棒。摊铺面层上出现发亮的砂浆条带时,应检查振捣棒位置是否异常;振捣棒位置异常时,应将振捣棒调整到正常位置

B12 路肩施工

★高频考点:土路肩施工

序号	项目	内容
1	概述	(1)对填方路段来说,采用培路肩的方法施工既经济又简便,土路肩通常随着路面结构层的铺筑,相应地分层培筑,可以先培也可以后培,各有利弊。

序号	项目	内容
1	概述	（2）先培路肩的优点是，已培好的路肩在结构层碾压时起支撑作用，可以减轻或避免结构层侧移影响边缘的厚度和平整度。 （3）先培路肩的缺点是，横断面上易形成一个三角区。 （4）培土路肩的材料，通常与填筑路堤的材料相同，应在填筑路堤、修整边坡时，将削坡剩余的材料暂存在靠近路肩的边坡上。这样，不仅使用时很方便，而且可避免在铺筑路面的过程中，向路肩运送培路肩的材料可能要污染路面
2	培土路肩施工方案	（1）准备下承层：即具有经检验合格的底基层面，底基层表面应平整、坚实，规定的宽度、纵坡、路拱、平整度和压实度，标高应满足规范要求，且没有任何松散的材料和软弱反弹的地点。 （2）施工流程：备料→推平→平整→静压→切边→平整→碾压
3	其他规定	（1）路堑段的路肩是开挖出来的，当开挖到设计标高时，路肩部分宜停止开挖，路面部分继续开挖直至路床顶面。开挖路床时，路床两侧与路肩连接处应开挖整齐，既要保证路面宽度又不要多挖，否则超挖部分摊铺的路面得不到计量与支付；开挖时应尽量使路槽的侧壁为垂直面，以减少麻烦或造成浪费。 （2）土路肩填筑的压实度不小于设计值（重型击实），应按照要求进行重型击实试验。填筑好的土路肩表面应平整密实，不积水。肩线直顺，曲线圆滑，无其他堆积物

B13 常用模板、支架和拱架的施工

★高频考点：模板的制作及安装

序号	项目	内容
1	工艺流程	（1）模板安装完成后需通过验收合格后，方可进入下一工序。

序号	项目	内容
1	工艺流程	(2)模板制作与安装施工工艺流程如下:选择模板及支撑材料→模板设计与绘图→构件基础平整及支撑系统施工→模板加工制作与安装→模板表面及接缝处理→模板安装质量检验→钢筋安装及质量检验→混凝土浇筑→混凝土养护→拆除模板
2	模板制作	(1)钢模板应按批准的加工图进行制作,成品经检验合格后方可使用。组装前应对零部件的几何尺寸和焊缝进行全面检查,合格后方可进行组装。 (2)制作钢木组合模板时,钢与木之间的接触面应贴紧。面板采用防水胶合板的模板,除应使胶合板与背楞之间密贴外,对在制作过程中裁切过的防水胶合板茬口,应按产品的要求及时涂刷防水涂料。 (3)木模板与混凝土接触的表面应刨光且应保持平整。木模板的接缝可制作成平缝、搭接缝或企口缝,当采用平缝时,应有防止漏浆的措施;转角处应加嵌条或做成斜角。 (4)采用其他材料(高分子合成材料面板、硬塑料或玻璃钢)制作模板时,其接缝应严密,边肋及加强肋应安装牢固,并应与面板成一整体
3	模板安装	(1)模板应按设计要求准确就位,且不宜与脚手架连接。 (2)安装侧模板时,支撑应牢固,应防止模板在浇筑混凝土时产生移位。 (3)模板在安装过程中,必须设置防倾覆的临时固定设施。 (4)模板安装完成后,其尺寸、平面位置和顶部高程等应符合设计要求,节点联系应牢固。 (5)梁、板等结构的底模板宜根据需要设置预拱度。 (6)固定在模板上的预埋件和预留孔洞均不得遗漏,安装应牢固,位置应准确
4	提升模板施工要求	采用提升模板施工时,应设置脚手平台、接料平台、挂吊脚手及安全网等辅助设施
5	翻转模板和爬升模板施工要求	(1)采用翻转模板和爬升模板施工时,其结构应满足强度、刚度及稳定性要求。 (2)液压爬模应由专业单位设计和制造,并应有检验合格证明及操作说明书。施工应符合下列规定:

序号	项目	内容
5	翻转模板和爬升模板施工要求	①混凝土的强度应达到规定的数值后方可拆模并进行模板的翻转或爬架爬升;作用于爬模上接料平台、脚手平台和拆模吊篮的荷载应均衡,不得超载,严禁混凝土吊斗碰撞爬模系统。 ②模板沿墩身周边方向应始终保持顺向搭接。在施工过程中,应随时检查爬模的中线、水平位置和高程等,发现问题应及时纠正
6	滑升模板施工要求	(1)模板的高度宜根据结构物的实际情况确定;模板的结构应具有足够的强度、刚度和稳定性;支承杆及提升设备应能保证模板竖直均衡上升。组装时应使各部尺寸的精度符合设计要求,组装完毕应经全面检查试验合格后,方可正式投入使用。 (2)模板的滑升速度宜不大于250mm/h,滑升时应检测并控制其位置。滑升模板的施工宜连续进行,因故中断时,宜在中断时将混凝土浇筑齐平,中断期间模板仍应继续缓慢地滑升,直到混凝土与模板不致粘住时为止

★高频考点:支架、拱架的制作及安装

序号	项目	内容
1	支架的制作	(1)支架宜采用标准化、系列化、通用化的钢构件制作拼装。 (2)制作木支架时,两相邻立柱的连接接头宜分设在不同的水平面上,并应减少长杆件接头。主要压力杆的接长连接,宜使用对接法,并宜采用木夹板或铁夹板夹紧;次要构件的连接可采用搭接法
2	支架的安装	(1)支架应按施工图设计的要求进行安装。立柱应垂直,节点连接应可靠。 (2)高支架应设置足够的斜向连接、扣件或缆风绳,横向稳定应有保证措施。 (3)支架在安装完成后,应对其平面位置、顶部高程、节点连接及纵、横向稳定性进行全面检查,符合要求后,方可进行下一工序
3	支架的预压	支架宜根据其结构形式、所用材料和地基情况的不同,在施工前确定是否对其进行预压,并应符合下列规定:

序号	项目	内容
3	支架的预压	(1)对位于刚性地基上的刚度较大且非弹性变形可确定控制在一定范围内的支架,在经计算并通过一定审核程序,确认其满足强度、刚度和稳定性等要求的前提下,可不预压;但在施工过程中应对支架的材料和安装施工质量采取严格的管控措施。 (2)对位于软土地基或软硬不均地基上的支架,宜通过预压的方式,消除地基的不均匀沉降和支架的非弹性变形。 (3)对支架进行预压时,预压荷载宜为支架所承受荷载的 1.05～1.10 倍,预压荷载的分布宜模拟需承受的结构荷载及施工荷载
4	预拱度和卸落装置的设置	支架应结合模板的安装一并考虑设置预拱度和卸落装置,并应符合下列规定: (1)设置的预拱度值,应包括结构本身需要的预拱度和施工需要的预拱度两部分。 (2)施工预拱度应考虑下列因素:模板、支架承受施工荷载引起的弹性变形;受载后由于杆件接头的挤压和卸落装置压缩而产生的非弹性变形;支架地基在受载后的沉降变形。 (3)专用支架应按其产品的要求进行模板的卸落;自行设计的普通支架应在适当部位设置相应的木楔、木马、砂筒或千斤顶等卸落模板的装置,并应根据结构形式、承受的荷载大小确定卸落量
5	拱架的安装	(1)拱架在安装前,应对桥轴线、拱轴线、跨径和高程等进行校核,确认无误后方可进行拼装。拼装应根据拱架的构造确定适宜的方法进行,分片或分段拼装时应有保证拱架稳定的临时措施,必要时应设置缆风绳进行固定;拱架拼装时尚应设置足够的平联、斜撑和剪刀撑,保证其横向的稳定。 (2)拱架应设置施工预拱度和卸落装置,其施工要求除应符合前述支架相关规定外,拱式拱架尚应考虑其受载后产生水平位移所引起的拱圈挠度。各类拱架的顶部高程应符合拱圈下缘加预拱度后的几何线形,允许偏差宜为±10mm;拱架纵轴的平面位置偏差不大于跨度的 1/1000,且宜不大于 30mm。 (3)拱架安装完成后,应按设计荷载进行预压;并应对其平面位置、顶部高程、节点连接及纵横向的稳定性进行全面检查,符合要求后,方可进行下一工序

★高频考点：模板、支架和拱架的拆除

承包人应在拟定拆模时间的12h以前，向监理工程师报告拆模建议，并应取得监理工程师同意。如果由于拆模不当而引起混凝土损坏，其修补费用应由承包人承担。卸落拱架时应用仪器观测拱圈挠度和墩台变位情况，并作好记录，供监理工程师查阅和随时控制。

1. 模板、支架的拆除期限和拆除程序等应根据结构物特点、模板部位和混凝土所应达到的强度要求确定，并应严格按其相应的施工图设计的要求进行。

2. 非承重侧模板应在混凝土抗压强度达到2.5MPa，且能保证其表面及棱角不致因拆模而受损坏时方可拆除。

3. 芯模和预留孔道的内模，应在混凝土强度能保证其表面不发生塌陷或裂缝现象时，方可拆除。

4. 钢筋混凝土结构的承重模板、支架，应在混凝土强度能承受其自重荷载及其他可能的叠加荷载时，方可拆除。

5. 对预应力混凝土结构，其侧模应在预应力钢束张拉前拆除；底模及支架应在结构建立预应力后方可拆除。

6. 模板、支架的拆除应遵循后支先拆、先支后拆的原则顺序进行。墩、台的模板宜在其上部结构施工前拆除。

7. 拆除梁、板等结构的承重模板时，在横向应同时、在纵向应对称均衡卸落。简支梁、连续梁结构的模板宜从跨中向支座方向依次循环卸落；悬臂梁结构的模板宜从悬臂端开始顺序卸落。

8. 模板、支架拆除时，不得损伤混凝土结构。

9. 拱架的拆卸应符合下列规定：

（1）现浇混凝土拱圈的拱架，其拆除期限应符合设计规定；设计未规定时，应在拱圈混凝土强度达到设计强度的85%后，方可卸落拆除。

（2）卸落拱架应按提前拟定的卸落程序进行，且宜分步卸落；在纵向应对称均衡卸落，在横向应同时一起卸落。满布式落地拱架卸落时，可从拱顶向拱脚依次循环卸落；拱式拱架可在两支座处同时均匀卸落；多孔拱桥卸架时，若桥墩允许承受单孔施工荷载，可单孔卸落，否则应多孔同时卸落，或各连续孔分阶段卸落。卸落拱架时,应设专人对拱圈的挠度和墩台的位移等情况进行监测,当有异常时,应暂停卸落,查明原因并采取相应措施后方可继续进行。

(3)石拱桥的拱架卸落时间应符合下列要求:

①浆砌石拱桥,应待砂浆强度达到设计强度的85%后方可卸落;设计另有规定时,应从其规定。

②跨径小于10m的小拱桥,宜在拱上建筑全部完成后卸架;中等跨径的实腹式拱,宜在护拱砌完后卸架;大跨径空腹式拱,宜在拱上小拱横墙砌好(未砌小拱圈)时卸架。

③当需要进行裸拱卸架时,应对裸拱进行截面强度及稳定性验算,并采取必要的辅助稳定措施。

B14 混凝土工程施工

★高频考点:混凝土工程施工

序号	项目	内容
1	一般规定	(1)在进行混凝土强度试配和质量检测时,混凝土的抗压强度应以边长为150mm的立方体尺寸标准试件测定,且应取其保证率为95%。试件以同龄期者三块为一组,并以同等条件制作和养护,每组试件的抗压强度应以三个试件测值的算术平均值为测定值,如有一个测值与中间值的差值超过中间值的15%时,则取中间值为测定值;如有两个测值与中间值的差值均超过15%时,则该组试件无效。 (2)混凝土抗压强度应为标准方式成型的试件,置于标准养护条件下(温度为20±2℃及相对湿度不低于95%)养护28d所测得的抗压强度值(MPa)进行评定。采用蒸汽养护的混凝土抗压强度,试件应先随构件同条件蒸汽养护,再转入标准条件下养护,累计养护时间应为28d。当混凝土中掺用粉煤灰等矿物掺合料时,确定混凝土抗压强度时的龄期应符合设计规定
2	混凝土的配合比	(1)混凝土的配合比,应以质量比计,并应通过设计和试配选定。试配时应使用施工实际采用的材料,配制的混凝土拌合物应满足和易性、凝结时间等施工技术条件;制成的混凝土应满足配制强度、力学性能和耐久性能的设计要求。

序号	项目	内容
2	混凝土的配合比	（2）不同强度等级混凝土的最大水胶比、胶凝材料用量宜符合规定。 （3）公路桥涵工程使用的外加剂，与水泥、矿物掺合料之间应具有良好的相容性。所采用的外加剂，应是经过具备相关资质的检测机构检验并附有检验合格证明的产品，在混凝土中掺入外加剂时，应符合下列规定： ①在钢筋混凝土和预应力混凝土中，均不得掺用氯化钙、氯化钠等氯盐。 ②减水剂宜采用聚羧酸类减水剂。 ③各种外加剂中的氯离子总含量宜不大于混凝土中胶凝材料总质量的0.02%，硫酸钠含量宜不大于减水剂干重的15%。 ④从各种组成材料引入的氯离子总含量（折合氯盐含量）应不超过现行《公路桥涵施工技术规范》JTG/T 3650—2020规定的限值。 ⑤掺入引气剂的混凝土，其含气量应按不同环境类别和作用等级确定。 （4）混凝土膨胀剂的品种和掺量应通过试验确定。掺入膨胀剂的混凝土宜采取有效的持续保湿养护措施，且宜按不同结构和温度适当延长养护时间。掺合料应保证其产品品质稳定，来料均匀。掺合料应由生产单位专门加工，进行产品检验并出具产品合格证书。混凝土中需要掺用粉煤灰、粒化高炉矿渣粉、硅灰等掺合料时，其掺入量应在使用前通过试验确定。掺合料在运输与储存中，应有明显标识，严禁与水泥等其他粉状材料混淆。 （5）除应对由各种组成材料带入混凝土中的碱含量进行控制外，尚应控制混凝土的总碱含量。每立方米混凝土的总碱含量，对一般桥涵宜不大于3.0kg/m³，对特大桥、大桥和重要桥梁宜不大于2.1kg/m³。当混凝土结构处于受严重侵蚀的环境时，不得使用有碱活性反应的集料。 （6）泵送混凝土的配合比宜符合规定。 （7）通过设计和试配确定配合比后，应填写试配报告单，提交施工监理工程师或有关方面批准。混凝土配合比使用过程中，应根据混凝土质量的动态信息，及时进行调整、报批。通过设计和试配确定的配合比，应经批准后方可使用，且应在混凝土拌制前将理论配合比换算为施工配合比

序号	项目	内容
3	混凝土的拌制与运输	(1)混凝土的配料宜采用自动计量装置,各种衡器的精度应符合要求,计量应准确。计量器具应定期标定,迁移后应重新进行标定。 (2)混凝土拌合物应搅拌均匀、颜色一致,不得有离析和泌水现象,对在施工现场集中拌制的混凝土,应检测其拌合物的均匀性。 (3)混凝土搅拌完毕后,应检测混凝土拌合物的坍落度及其损失,宜在搅拌地点和浇筑地点分别取样检测,每一工作班或每一单元结构物应不少于两次,评定时应以浇筑地点的测值为准。当混凝土拌合物从搅拌机出料起至浇筑入模的时间不超过15min时,其坍落度可仅在搅拌地点取样检测。 (4)混凝土的运输能力应与混凝土的凝结速度和浇筑速度相匹配,应使浇筑工作不间断且混凝土运到浇筑地点时仍能保持其均匀性及适宜浇筑的坍落度。 (5)混凝土采用泵送方式时应符合下列规定: ①混凝土的供应宜使输送混凝土的泵能连续工作,泵送的间歇时间宜不超过15min。在泵送过程中,受料斗内应具有足够的混凝土,应防止吸入空气产生阻塞。 ②输送管应顺直,转弯处应圆缓,接头应严密不漏气。 ③向低处泵送混凝土时,应采取必要措施,防止混凝土离析或堵塞输送管。 (6)用搅拌运输车运输已拌成的混凝土时,途中应以2~4r/min的慢速进行搅动,卸料前应采用快挡旋转搅拌罐不少于20s。 (7)混凝土运至浇筑地点后发生离析、严重泌水或坍落度不符合要求时,应进行第二次搅拌。二次搅拌时不得任意加水,确有必要时,可同时加水、相应的胶凝材料和外加剂并保持其原水胶比不变;二次搅拌仍不符合要求时,则不得使用
4	混凝土的浇筑	(1)浇筑混凝土前应进行以下准备工作: ①应根据待浇筑结构物的情况、环境条件及浇筑量等制定合理的浇筑工艺方案,工艺方案应对施工缝设置、浇筑顺序、浇筑工具、防裂措施、保护层的控制等作出明确规定。 ②应对支架、模板、钢筋和预埋件等进行检查,模板内的杂物、积水及钢筋上的污物应清理干净。模板如有缝隙或孔洞时,应堵塞严密且不漏浆。

序号	项目	内容
4	混凝土的浇筑	③应对混凝土的均匀性和坍落度等性能进行检测。 (2)自高处向模板内倾卸混凝土时,应防止混凝土离析。直接倾卸时,其自由倾落高度宜不超过 2m;超过 2m 时,应通过串筒、溜管(槽)或振动溜管(槽)等设施下落;倾落高度超过 10m 时,应设置减速装置。 (3)混凝土应按一定厚度、顺序和方向分层浇筑,应在下层混凝土初凝或能重塑前浇筑完成上层混凝土。上下层同时浇筑时,上层与下层前后浇筑距离应保持 1.5m 以上。在倾斜面上浇筑混凝土时,应从低处开始逐层扩展升高,保持水平分层。混凝土分层浇筑厚度宜不超过规定。 (4)采用振动器振捣混凝土时,应符合规定。 (5)混凝土的浇筑应连续进行,如因故必须间断时,其间断时间应小于前层混凝土的初凝时间或能重塑的时间。混凝土的运输、浇筑及间歇的全部时间宜不超出规定;超出时应按浇筑中断处理,并应留置施工缝,同时应作出记录。 (6)施工缝的位置应在混凝土浇筑之前确定,且宜设置在结构受剪力和弯矩较小且便于施工的部位。 (7)在环境相对湿度较小、风速较大的条件下浇筑混凝土时,应采取适当措施防止混凝土表面过快失水。浇筑混凝土期间,应随时检查支架、模板、钢筋、预应力管道和预埋件等的稳固情况,并应及时填写混凝土施工记录。新浇筑混凝土的强度达到 2.5MPa 之前,不得使其承受行人、运输工具、模板、支架及脚手架等荷载
5	混凝土的养护及修饰	(1)对于在施工现场集中养护的混凝土,应根据施工对象、环境、水泥品种、外加剂以及对混凝土性能的要求,提出具体的养护方案,并应严格执行规定的养护制度。 (2)混凝土浇筑完成后,应在其收浆后尽快予以覆盖和洒水养护。对干硬性混凝土、高强度和高性能混凝土、炎热天气浇筑的混凝土以及桥面等大面积裸露的混凝土,应加强初始保湿养护,具备条件的可在浇筑完成后立即加设棚罩,待收浆后再予以覆盖和洒水养护。覆盖时不得损伤或污染混凝土的表面。 (3)混凝土的养护严禁采用海水。混凝土的洒水保湿养护时间应不少于 7d,对重要工程或有特殊要求的混凝土,应根据环境湿度、温度、水泥品种以及掺用的外加

序号	项目	内容
5	混凝土的养护及修饰	剂和掺合料等情况,酌情延长养护时间,并应使混凝土表面始终保持湿润状态。当气温低于5℃时,应采取保温养护措施,不得向混凝土表面洒水。当采用喷洒养护剂对混凝土进行养护时,所使用的养护剂应不会对混凝土产生不利影响,且应通过试验验证其养护效果。 (4)新浇筑的混凝土与流动的地表水或地下水接触时,应采取临时防护措施,保证混凝土在7d以内且强度达到设计强度的50%以前,不受水的冲刷侵袭;当环境水具有侵蚀作用时,应保证混凝土在10d以内且强度达到设计强度的70%以前,不受水的侵袭。混凝土处于冻融循环作用的环境时,宜在结冰期到来4周前完成浇筑施工,且在混凝土强度未达到设计强度等级的80%前不得受冻,否则应采取技术措施,防止发生冻害

★高频考点:特殊类型混凝土施工

序号	项目	内容
1	大体积混凝土施工	(1)大体积混凝土在选用原材料和进行配合比设计时,应按照降低水化热温升的原则进行,并应符合下列规定: ①宜选用低水化热和凝结时间长的水泥品种。粗集料宜采用连续级配,细集料宜采用中砂。宜掺用可降低混凝土早期水化热的外加剂和掺合料,外加剂宜采用缓凝剂、减水剂;掺合料宜采用粉煤灰、粒化高炉矿渣粉等。 ②进行配合比设计时,在保证混凝土强度、和易性及坍落度要求的前提下,宜采取改善粗集料级配、提高掺合料和粗集料的含量、降低水胶比等措施,减少单方混凝土的水泥用量。 ③大体积混凝土进行配合比设计及质量评定时,可按60d龄期的抗压强度控制。 (2)大体积混凝土的施工应提前制定专项施工技术方案,并应对混凝土采取温度控制措施。大体积混凝土的浇筑、养护和温度控制应符合下列规定: ①施工前应根据原材料、配合比、环境条件、施工方案和施工工艺等因素,进行温控设计和温控监测设计,并应在浇筑后按该设计要求对混凝土内部和表面的温度实施监测和控制。对大体积混凝土进行温度控制时,应使其内部最高温度不大于75℃、内表温差不大于25℃、混凝土表面与大气温差不大于20℃。

序号	项目	内容
1	大体积混凝土施工	②大体积混凝土可分层、分块浇筑，分层、分块的尺寸宜根据温控设计的要求及浇筑能力合理确定；当结构尺寸相对较小或能满足温控要求时，可全断面一次浇筑。 ③分层浇筑时，在上层混凝土浇筑之前应对下层混凝土的顶面作凿毛处理，且新浇混凝土与下层已浇筑混凝土的温差宜小于20℃，并应采取措施将各层间的浇筑间歇期控制在7d以内。 ④分块浇筑时，块与块之间的竖向接缝面应平行于结构物的短边，并应在浇筑完成拆模后按施工缝的要求进行凿毛处理。分块施工所形成的后浇段，应在对大体积混凝土实施温度控制且其温度场趋于稳定后方可浇筑；后浇段宜采用微膨胀混凝土，并应一次浇筑完成。 ⑤大体积混凝土的浇筑宜在气温较低时进行，但混凝土的入模温度应不低于5℃；热期施工时，宜采取措施降低混凝土的入模温度，且其入模温度宜不高于28℃。 ⑥大体积混凝土的温度控制宜按照"内降外保"的原则，对混凝土内部采取设置冷却水管通循环水冷却，对混凝土外部采取覆盖蓄热或蓄水保温等措施进行。在混凝土内部通水降温时，进出口水的温差宜小于或等于10℃，且水温与内部混凝土的温差宜不大于20℃，降温速率宜不大于2℃/d；利用冷却水管中排出的降温用水在混凝土顶面蓄水保温养护时，养护水温度与混凝土表面温度的差值应不大于15℃。 ⑦大体积混凝土采用硅酸盐水泥或普通硅酸盐水泥时，其浇筑后的养护时间宜不少于14d，采用其他品种水泥时宜不少于21d。在寒冷天气或遇气温骤降天气时浇筑的混凝土，除应对其外部加强覆盖保温外，尚宜适当延长养护时间
2	高强度混凝土	（1）高强度混凝土水泥宜选用硅酸盐水泥和普通硅酸盐水泥。掺合料可选用粉煤灰、粒化高炉矿渣粉和硅灰等，粉煤灰等级应不低于Ⅱ级。 （2）高强度混凝土的配合比应有利于减少温度收缩、干燥收缩和自身收缩引起的体积变形，避免早期开裂，高强度混凝土的水泥用量宜不大于500kg/m³，胶凝材料总量宜不大于600kg/m³。 （3）高强度混凝土的设计配合比确定后，尚应采用该配合比进行不少于6次的重复试验进行验证，其平均值应不低于配制强度。

序号	项目	内容
2	高强度混凝土	(4)高强度混凝土的施工应采用强制式搅拌机拌制,不得采用自落式搅拌机搅拌。搅拌混凝土时高效减水剂宜采用后掺法,且宜制成溶液后再加入,并应在混凝土用水量中扣除溶液用水量。加入减水剂后,混凝土拌和料在搅拌机中继续搅拌的时间宜不少于30s
3	高性能混凝土	(1)配制高性能混凝土时,应选用优质水泥和级配良好的优质集料,同时应掺加与水泥相匹配的高性能减水剂或高效减水剂及优质掺合料。 (2)高性能混凝土水泥宜选用品质稳定、标准稠度需水量低、强度等级不低于42.5的硅酸盐水泥或普通硅酸盐水泥,不宜采用矿渣硅酸盐水泥、火山灰质硅酸盐水泥、粉煤灰硅酸盐水泥或复合硅酸盐水泥,亦不宜采用早强水泥。外加剂应选用高性能减水剂、高效减水剂或复合减水剂,并应选择减水率高、坍落度损失小、适量引气、与水泥之间具有良好的相容性、能明显改善或提高混凝土耐久性能且质量稳定的产品;引气剂或引气型外加剂应有良好的气泡稳定性,用于提高混凝土抗冻性的引气剂、减水剂和复合外加剂中均不得掺有木质硫酸盐组分,并不得采用含有氯盐的防冻剂。 (3)高性能混凝土的配合比应根据原材料品质、设计强度等级、耐久性以及施工工艺对工作性能的要求,通过计算、试配和调整等步骤确定。进行配合比设计时应符合下列规定: ①水胶比应根据混凝土的配制强度、抗氯离子渗透性能、抗渗性能和抗冻性能等要求确定。在满足混凝土工作性能的前提下,宜降低用水量,并控制在130～160kg/m^3。 ②混凝土中宜适量掺加优质的粉煤灰、粒化高炉矿渣粉或硅灰等矿物掺合料,用以提高其耐久性,改善其施工性能和抗裂性能,其掺量宜根据混凝土的性能要求通过试验确定,且宜不小于胶凝材料总量的20%。 ③对耐久性有较高要求的混凝土结构,试配时应进行混凝土和胶凝材料抗裂性能的对比试验,并从中优选抗裂性能良好的混凝土原材料和配合比。 (4)高性能混凝土的搅拌应采用搅拌效率高且均质性好的卧轴式、行星式或逆流式强制式搅拌机。

序号	项目	内容
3	高性能混凝土	(5)新浇筑的混凝土应及早养护,并应减少暴露时间,防止表面水分的蒸发;终凝后,应立即开始对混凝土进行持续潮湿养护。洒水养护时不得采用海水,应采用淡水。持续潮湿养护在养护期内不应间断,且不得形成干湿循环,在常温下养护应不少于14d,气温较低时应适当延长潮湿养护的时间

B15 桩基础施工

★高频考点:沉入桩施工

序号	项目	内容
1	一般规定	(1)沉入桩所用的基桩主要为预制的钢筋混凝土桩、预应力混凝土桩和钢管桩。断面形式常用的有实心方桩和空心管桩两种。沉入桩的施工方法主要有:锤击沉桩、振动沉桩、射水沉桩等。 (2)沉桩前应在陆域或水域建立平面测量与高程测量的控制网点,桩基础轴线的测量定位点应设置在不受沉桩作业影响处;应根据桩的类型、地质条件、水文条件及施工环境条件等确定沉桩的方法和机具,并应对地上和地下的障碍物进行妥善处理。 (3)沉桩顺序宜由一端向另一端进行,当基础尺寸较大时,宜由中间向两端或四周进行;如桩埋置有深浅,宜先沉深的,后沉浅的;在斜坡地带,应先沉坡顶的,后沉坡脚的。在桩的沉入过程中,应始终保持锤、桩帽和桩身在同一轴线上。 (4)对钢管桩,环境温度在-10℃以下时,应暂停钢管桩锤击沉桩和焊接接桩施工
2	锤击沉桩规定	(1)预制钢筋混凝土桩和预应力混凝土桩在锤击沉桩前,桩身混凝土强度应达到设计要求。 (2)桩锤的选择宜根据地质条件、桩身结构强度、单桩承载力、锤的性能并结合试桩情况确定,且宜选用液压锤和柴油锤。其他辅助装备应与所选用的桩锤相匹配。 (3)开始沉桩时,宜采用较低落距,且桩锤、送桩与桩宜保持在同一轴线上;在锤击过程中,应采用重锤低击。

序号	项目	内容
2	锤击沉桩规定	(4)沉桩过程中,若遇到贯入度剧变,桩身突然发生倾斜、移位或有严重回弹,桩顶出现严重裂缝、破碎,桩身开裂等情况时,应暂停沉桩,查明原因,采取有效措施后方可继续沉桩。 (5)锤击沉桩应考虑锤击振动对其他新浇筑混凝土结构物的影响,当结构物混凝强度未达到 5MPa 时,距结构物 30m 范围内,不得进行沉桩;锤击能量超过 280kN·m 时,应适当加大沉桩处与结构物的距离。 (6)锤击沉桩控制,应根据地质情况、设计承载力、锤型、桩型和桩长综合考虑。 (7)对发生"假极限""吸入""上浮"现象的桩,应进行复打
3	振动沉桩规定	(1)振动沉桩在选锤或换锤时,应验算振动上拔力对桩身结构的影响。振动沉桩机、机座、桩帽应连接牢固,与桩的中心轴线应保持在同一直线上。 (2)开始沉桩时,宜利用桩自重下沉或射水下沉,待桩身入土达一定深度确认稳定后,再采用振动下沉。每一根桩的沉桩作业,宜一次完成,不宜中途停顿过久,避免土的阻力恢复,使继续下沉困难。 (3)振动沉桩时,应以设计规定的或通过试桩验证的桩尖高程控制为主,以最终贯入度(mm/min)作为校核。当桩尖已达到设计高程,而与最终的贯入度相差较大时,应查明原因,会同监理和设计单位研究处理。 (4)在沉桩过程中,如发生类似锤击沉桩第(4)条中的情况,或振动沉桩机的振幅有异常现象时,应立即暂停沉桩,查明原因,采取有效措施后再恢复施工
4	射水沉桩规定	(1)在砂类土层、碎石类土层中,锤击沉桩困难时,可采用射水锤击沉桩,以射水为主,锤击配合;在黏性土、粉土中采用射水锤击沉桩时,应以锤击为主,射水配合;在湿陷性黄土中采用射水沉桩时,应按设计要求进行。 (2)射水锤击沉桩时,应根据土质情况随时调节射水压力,控制沉桩速度。当桩尖接近设计高程时,应停止射水,改用锤击,保证桩的承载力。停止射水的桩尖高程,可根据沉桩试验确定的数据及施工情况决定,当缺乏资料时,距设计高程不得小于 2m。 (3)钢筋混凝土桩或预应力混凝土桩采用射水配合锤击沉桩时,宜采用较低落距锤击。

序号	项目	内容
4	射水沉桩规定	(4)采用中心射水法沉桩时,应在桩垫和桩帽上留有排水通道。采用侧面射水法沉桩时,射水管应对称设置。 (5)采用射水锤击沉桩后,应及时与邻桩或稳定结构夹紧固定,防止桩倾斜位移

★高频考点：钻孔灌注桩施工的主要工序与要求

序号	项目	内容
1	概述	(1)钻孔前应先布置施工平台。桩位位于旱地时,可在原地适当平整并填土压实形成工作平台;桩位位于浅水区时,宜采用筑岛法施工;桩位位于深水区时,宜搭设钢制平台,当水位变动不大时,亦可采用浮式工作平台,但在水流湍急或潮位涨落较大的水域,不应采用浮式平台。各类施工平台的平面面积大小,应满足钻孔成桩作业的需要;其顶面高程应高于桩施工期间可能的最高水位1.0m以上,在受波浪影响的水域,尚应考虑波高的影响。 (2)钻孔灌注桩施工的主要工序有:埋设护筒、制备泥浆、钻孔、成孔检查与清孔、钢筋笼制作与吊装以及灌注水下混凝土等
2	埋设护筒	(1)护筒能稳定孔壁、防止塌孔,还有隔离地表水、保护孔口地面、固定桩孔位置和起到钻头导向作用等。 (2)护筒宜采用钢板卷制。在陆上或浅水区筑岛处的护筒,其内径应大于桩径至少200mm,壁厚应能使护筒保持圆筒状且不变形;在水中以机械沉设的护筒,其内径和壁厚的大小,应根据护筒的平面、垂直度偏差要求及长度等因素确定,并应在护筒的顶、底口处采取适当的加强措施,保证其在沉设过程中不变形;对参与结构受力的护筒,其内径、壁厚及长度应符合设计的规定。 (3)护筒在埋设定位时,除设计另有规定外,护筒中心与桩中心的平面位置偏差应不大于50mm,护筒在竖直方向的倾斜度应不大于1%;对深水基础中的护筒,在竖直方向的倾斜度宜不大于1/150,平面位置的偏差可适当放宽,但应不大于80mm。在旱地和筑岛处设置护筒时,可采用挖坑埋设法实测定位,且护筒的底部和外侧四周应采用黏质土回填并分层夯实,使护筒底口处不致漏失泥浆;在水中沉设护筒时,宜采用导向架定位,并应采取有效措施保证其平面位置、倾斜度的准确,以及护筒接长连接处的焊接质量,焊接连接处的内壁应无突

序号	项目	内容
2	埋设护筒	出物,且应耐拉、压,不漏水。 (4)护筒顶宜高于地面 0.3m 或水面 1.0～2.0m,同时应高于桩顶设计高程 1m。在有潮汐影响的水域,护筒顶应高出施工期最高潮水位 1.5～2.0m,并应在施工期间采取稳定孔内水头的措施;当桩孔内有承压水时,护筒顶应高于稳定后的承压水位 2.0m 以上。 (5)护筒的埋置深度在旱地或筑岛处宜为 2～4m,在水中或特殊情况下应根据设计要求或桩位的水文、地质情况经计算确定。对有冲刷影响的河床,护筒宜沉入施工期局部冲刷线以下 1.0～1.5m,且宜采取防止河床在施工期过度冲刷的防护措施。 (6)旱地、筑岛处护筒可采用挖坑埋设法,护筒底部和四周所填黏质土必须分层夯实。水域护筒设置,应严格注意平面位置、竖向倾斜、倾斜角(指斜桩)和两节护筒的连接质量均需符合要求。沉入时可采用压重、振动、锤击并辅以筒内除土的办法
3	泥浆制备	(1)钻孔泥浆由水、黏土(或膨润土)和添加剂按适当配合比制成,通过泥浆搅拌机或人工调和,贮存在泥浆池内,再用泥浆泵输入钻孔内。钻孔泥浆具有浮悬钻渣、冷却钻头、润滑钻具,增大静水压力,并在孔壁形成泥皮,隔断孔内外渗流,防止塌孔的作用。 (2)钻孔泥浆的性能指标可根据钻孔方法,地质情况具体选用。对大直径或超长钻孔灌注桩,泥浆的选择应根据钻孔的工程地质情况、孔位、钻机性能、泥浆材料条件等确定
4	钻孔	(1)根据井孔中土(钻渣)的取出方法不同,常用的方法有:正循环回旋钻孔、反循环回旋钻孔、潜水钻机钻孔、冲抓钻孔、冲击钻孔、旋挖钻机钻孔。 (2)钻孔施工规定 ①钻机的选型宜根据孔径、孔深、桩位处的水文和地质情况、施工环境条件等因素综合确定,所选用的钻机及钻孔方法应能满足施工质量和施工安全的要求。 ②钻机就位前,应对钻孔的各项准备工作进行检查;钻机安装后,其底座和顶端应平稳。不论采用何种方法钻孔,开孔的孔位必须准确;开钻时应慢速钻进,待导向部位或钻头全部进入地层后,方可正常钻进。钻机在钻进施工时不应产生位移或沉陷,否则应及时处理。分级扩孔钻进施工时应保持桩轴线一致。

序号	项目	内容
4	钻孔	③采用正、反循环回旋钻机（含潜水钻）钻孔时，宜根据成孔的不同阶段、不同地层及岩层坡面等情况，采取不同的钻进工艺。减压钻进时，钻机的主吊钩始终应承受部分钻具的重力，孔底承受的钻压应不超过钻具重力之和（扣除浮力）的80%。 ④采用冲击钻机冲击成孔时，应小冲程开孔，并应使初成孔的孔壁坚实、竖直、圆顺，能起到导向的作用。待钻进深度超过钻头全高加冲程后，方可进行正常的冲击。冲击钻进过程中，应采取有效措施防止坍孔；掏取钻渣和停钻时，应及时向孔内补浆，保持水头高度。 ⑤采用全护筒法钻进时，钻机应安装平正，压进的首节护筒应竖直。钻孔开始后应随时检测护筒的水平位置和竖直线，如发现偏移超出容许范围，应将护筒拔出，调整后重新压入钻进。 ⑥采用旋挖钻机钻孔时，应根据不同的地质条件选用相应的钻头。钻进过程中应采取有效措施严格控制钻进速度，避免进尺过快造成坍孔埋钻事故。钻头的升降速度宜控制在0.75~0.80m/s，在粉砂层或亚砂土层中，升降速度应更加缓慢。泥浆初次注入时，应垂直向桩孔中间进行注浆。 ⑦在钻孔排渣、提钻头除土或因故停钻时，应保持孔内具有规定的水位及要求的泥浆相对密度和黏度。处理孔内事故或因故停钻时，必须将钻头提出孔外
5	成孔检查与清孔	钻孔的直径、深度和孔形直接关系到成桩质量，是钻孔桩成败的关键。 (1)成孔检查 ①钻孔灌注桩在终孔后，应对桩孔的孔位、孔径、孔形、孔深和倾斜度进行检验；清孔后，应对孔底的沉淀厚度进行检验。挖孔桩终孔并对孔底处理后，应对桩孔孔位、孔径、孔深、倾斜度及孔底处理情况等进行检验。 ②孔径、孔形、倾斜度和孔底沉淀厚度宜采用专用仪器检测，孔深可采用专用测绳检测。采用钻杆测斜法量测桩的倾斜度时，量测应从钻孔平台顶面起算至孔底。 (2)清孔 清孔的方法：有抽浆法、换浆法、掏渣法、喷射清孔法以及用砂浆置换钻渣清孔法等，应根据设计要求、钻孔方法、机具设备和土质条件决定。清孔应符合下列要求：

序号	项目	内容
5	成孔检查与清孔	①钻孔深度达到设计高程后,应对孔径、孔深和孔的倾斜度进行检验,符合要求后方可清孔。 ②清孔方法应根据设计要求、钻孔方法、机具设备条件和地层情况决定。不论采用何种清孔方法,在清孔排渣时,必须保持孔内水头,防止塌孔。 ③在吊入钢筋骨架后,灌注水下混凝土之前,应再次检查孔内泥浆的性能指标和孔底沉淀厚度,如超过上述规定,应进行第二次清孔,符合要求后方可灌注水下混凝土。 ④不得采用加深钻孔深度的方式代替清孔
6	钢筋笼制作与吊装	钢筋骨架的制作、运输要求应符合规范规定。安装钢筋骨架时,不得直接将钢筋骨架支承在孔底,应将其吊挂在孔口的钢护筒上,或在孔口地面上设置扩大受力面积的装置进行吊挂,且不应采用钢丝绳或其他容易变形的材料进行吊挂。安装时应采取有效的定位措施,减小钢筋骨架中心与桩中心的偏位,使钢筋骨架的混凝土保护层满足要求
7	灌注水下混凝土	(1)灌注水下混凝土前的准备工作 ①应按水下混凝土灌注数量和灌注速度的要求配齐施工机具设备,设备的能力应能满足桩孔在规定时间内灌注完毕的要求,且应保证其完好率,对主要设备应有备用。 ②水下混凝土宜采用钢导管灌注,导管内径宜为200~350mm。导管使用前应进行水密承压和接头抗拉试验,严禁采用压气试压。进行水密试验的水压应不小于孔内水深 1.3 倍的压力,亦应不小于导管壁和焊缝可能承受灌注混凝土时最大内压力 p 的 1.3 倍。 (2)水下混凝土的配制要求 ①水泥可采用火山灰水泥、粉煤灰水泥、普通硅酸盐水泥或硅酸盐水泥,采用矿渣水泥时应采取防离析的措施;粗集料宜选用卵石,如采用碎石宜适当增加混凝土配合比中的含砂率,粗集料的最大粒径应不大于导管内径的 1/6~1/8 和钢筋间距的 1/4,同时应不大于37.5mm;细集料宜采用级配良好的中砂。 ②混凝土的配合比,在保证水下混凝土顺利灌注的条件下,应按《公路桥涵施工技术规范》JTG/T 3650—2020 的规定计算确定。掺用外加剂、粉煤灰等材料时,其技术条件及掺用量亦应符合规范规定。混凝土的初

序号	项目	内容
7	灌注水下混凝土	凝时间应根据气温、运距及灌注时间长短等因素确定,并满足现场使用要求。混凝土可经试验掺配适量缓凝剂。 ③混凝土拌合物应具有良好的和易性,灌注时应能保持足够的流动性,坍落度宜为 160~220mm,且应充分考虑气温、运距及施工时间的影响导致的坍落度损失。 (3)灌注水下混凝土 ①水下混凝土的灌注时间不得超过首批混凝土的初凝时间。 ②混凝土运至灌注地点时,应检查其均匀性和坍落度等,不符合要求时不得使用。 ③首批灌注混凝土的数量应能满足导管首次埋置深度 1.0m 以上的需要。 ④首批混凝土入孔后,应连续灌注,不得中断。 ⑤在灌注过程中,应保持孔内的水头高度。导管的埋置深度宜控制在 2~6m,并应随时测探孔内混凝土面的位置,及时调整导管埋深;在确保能将导管顺利提升的前提下,方可根据现场的实际情况适当放宽导管的埋深,但最大埋深应不超过 9m。应将桩孔内溢出的水或泥浆引流至适当地点处理,不得随意排放。 ⑥灌注时应采取措施防止钢筋骨架上浮。当灌注的混凝土顶面距钢筋骨架底部以下 1m 左右时,宜降低灌注速度;混凝土顶面上升到骨架底部 4m 以上时,宜提升导管,使其底口高于骨架底部 2m 以上后再恢复正常灌注速度。 ⑦对变截面桩,应在灌注过程中采取措施,保证变截面处的水下混凝土灌注密实。 ⑧采用全护筒钻机施工的桩在灌注水下混凝土时,护筒应随导管的提升逐步上拔,上拔过程中除应保证导管的埋置深度外,同时应使护筒底口始终保持在混凝土面以下。施工时应边灌注、边排水,并应保持护筒内的水位稳定。 ⑨混凝土灌注至桩顶部位时,应采取措施保持导管内的混凝土压力,避免桩顶泥浆密度过大而产生泥团或桩顶混凝土不密实、松散等现象;在灌注将近结束时,应核对混凝土的灌入数量,确定所测混凝土的灌注高度是否正确。灌注桩桩顶高程应比设计高程高出不小于 0.5m,当存在地质条件较差、孔内泥浆密度过大、桩径

序号	项目	内容
7	灌注水下混凝土	较大等情况时,应适当提高其超灌的高度;超灌的多余部分在承台施工前或接桩前应凿除,凿除后的桩头应密实、无松散层,混凝土应达到设计规定的强度等级。 ⑩灌注中发生故障时,应尽快查明原因,确定合适的处置方案,进行处理

★高频考点:钻孔灌注桩施工中易出现的问题及预防和处理方法

序号	项目	子项目	内容
1	钢筋笼上浮	(1)原因分析	混凝土在进入钢筋笼底部时浇筑速度太快;钢筋笼未采取固定措施
		(2)防治措施	当混凝土上升到接近钢筋笼下端时,应放慢浇筑速度,减小混凝土面上升的动能作用,以免钢筋笼被顶托而上浮。当钢筋笼被埋入混凝土中有一定深度时,再提升导管,减少导管埋入深度,使导管下端高出钢筋笼下端有相当距离时再按正常速度浇筑,在通常情况下,可防止钢筋笼上浮。此外,浇筑混凝土前,应将钢筋笼固定在孔位护筒上,也可防止上浮
2	断桩	(1)原因分析	①混凝土坍落度太小,集料太大,运输距离过长,混凝土和易性差,致使导管堵塞,疏通堵管再浇筑混凝土时,中间就会形成夹泥层。 ②计算导管埋管深度时出错,或盲目提升导管,使导管脱离混凝土面,再浇筑混凝土时,中间就会形成夹泥层。 ③钢筋笼将导管卡住,强力拔管时,使泥浆混入混凝土中。 ④导管接头处渗漏,泥浆进入管内,混入混凝土中。 ⑤混凝土供应中断,不能连续浇筑,中断时间过长,造成堵管事故
		(2)预防措施	①混凝土配合比应严格按照有关水下混凝土的规范配制,并经常测试坍落度,防止导管堵塞。 ②严禁不经测算盲目提拔导管,防止导管脱离混凝土面。 ③钢筋笼主筋接头要焊平,以免提升导管时,法兰挂住钢筋笼。

序号	项目	子项目	内容
2	断桩	（2）预防措施	④浇筑混凝土应使用经过检漏和耐压试验的导管。 ⑤浇筑混凝土前应保证混凝土搅拌机能正常运转,必要时应有一台备用搅拌机作应急之用
		（3）治理方法	①当导管堵塞而混凝土尚未初凝时,可吊起导管,再吊起一节钢轨或其他重物在导管内冲击,把堵管的混凝土冲散或迅速提出导管,用高压水冲掉堵管混凝土后,重新放入导管浇筑混凝土。 ②当断桩位置在地下水位以上时,如果桩的直径较大（一般在1m以上）,可抽掉桩孔内泥浆,在钢筋笼的保护下,人下到桩孔中,对先前浇筑的混凝土面进行凿毛处理并清洗钢筋,然后继续浇筑混凝土。 ③当断桩位置在地下水位以下时,可用直径较原桩直径稍小的钻头,在原桩位处钻孔,钻至断桩部位以下适当深度时,重新清孔,并在断桩部位增设一节钢筋笼,笼的下半截埋入新钻的孔中,然后继续浇筑混凝土。 ④当导管被钢筋笼挂住时,如果钢筋埋入混凝土中不深,可提起钢筋笼,转动导管,使导管脱离。如果钢筋笼埋入混凝土中很深,只好放弃导管。 ⑤灌注桩因严重塌方而断桩或导管拔出后重新放入导管时均形成断桩,是否需要在原桩外侧补桩,需经检测后与有关单位商定
3	桩身混凝土质量差	（1）原因分析	①浇灌混凝土时未边灌边振捣,使桩身混凝土不密实。 ②浇灌混凝土时或上部放钢筋笼时,孔壁土坍落在混凝土中,造成桩身夹泥。 ③混凝土配合比坍落度掌握不严,下料高度过大,混凝土产生离析,造成桩身级配和强度不均匀
		（2）防治措施	①浇灌混凝土时应边灌边振捣。 ②浇灌混凝土时或上部放钢筋笼时,注意不要碰撞土壁,造成土体坍落。 ③认真控制混凝土的配合比和坍落度,浇灌混凝土时设置串筒下料,防止混凝土产生离析现象,使混凝土强度均匀

★高频考点：挖孔桩施工

序号	项目	内容
1	适用条件	（1）在无地下水或有少量地下水，且较密实的土层或风化岩层中，或无法采用机械成孔或机械成孔非常困难且水文、地质条件允许的地区，可采用人工挖孔施工。岩溶地区和采空区不宜采用人工挖孔施工。孔内空气污染物超过《环境空气质量标准》GB 3095—2012规定的三级标准浓度限值，且无通风措施时，不得采用人工挖孔施工。桩径或最小边宽度小于1200mm时不得采用人工挖孔施工。 （2）挖孔桩施工现场应配备气体浓度检测仪器，进入桩孔前应先通风15min以上，并经检查确认孔内空气符合《环境空气质量标准》GB 3095—2012规定的三级标准浓度限值。人工挖孔作业时，应持续通风，现场应至少备用1套通风设备
2	挖孔桩施工的技术要求	（1）人工挖孔施工应制订专项施工技术方案，并应根据工程地质和水文地质情况，因地制宜选择孔壁支护方式。 （2）孔口处应设置高出地面不小于300mm的护圈，并应设置临时排水沟，防止地表水流入孔内。 （3）挖孔施工时相邻两桩孔不得同时开挖，宜间隔交错跳挖。 （4）采用混凝土护壁支护的桩孔，护壁混凝土的强度等级，当桩径小于或等于1.5m时应不小于C25，桩径大于1.5m时应不小于C30。挖孔作业时必须挖一节浇筑一节护壁，护壁的节段高度必须按专项施工方案执行，且不得超过1m，护壁模板应在混凝土强度达到5MPa以上后拆除。严禁只挖、不及时浇筑护壁的冒险作业。护壁外侧与孔壁间应填实，不密实或有空洞时，应采取措施进行处理。 （5）桩孔直径应符合设计规定，孔壁支护不得占用桩径尺寸，挖孔过程中，应经常检查桩孔尺寸、平面位置和竖轴线倾斜情况，如偏差超出规定范围应随时纠正。 （6）挖孔的弃土应及时转运，孔口四周作业范围内不得堆积弃土及其他杂物。 （7）挖孔达到设计高程并经确认后，应将孔底的松渣、杂物和沉淀泥土等清除干净。 （8）孔内无积水时，按干施工法进行混凝土灌注，并用插入式振动棒振捣密实；孔内有积水且无法排净时，宜按水下混凝土灌注的要求施工

序号	项目	内容
3	挖孔桩施工的安全要求	（1）施工前应编制专项施工方案，并应对作业人员进行安全技术交底。 （2）挖孔作业前，应详细了解地质、地下水文等情况，不得盲目施工。 （3）桩孔内的作业人员必须戴安全帽、系安全带，穿防滑鞋，人员上下时必须系安全绳，安全绳必须系在孔口。作业人员应通过带护笼的直梯进出，人员上下不得携带工具和材料。作业人员不得利用卷扬机上下桩孔。 （4）桩孔内应设防水带罩灯泡照明，电压应为安全电压，电缆应为防水绝缘电缆，并应设置漏电保护器。当需要设置水泵、电钻等动力设备时，应严格接地。 （5）人工挖孔作业时，应始终保持孔内空气质量符合相关要求；孔深大于10m时或空气质量不符合要求时，孔内作业必须采取机械强制通风措施。 （6）孔深不宜超过15m，孔深超过15m的桩孔内应配备有效的通信器材，作业人员在孔内连续作业不得超过2h；桩周支护应采用钢筋混凝土护壁，护壁上的爬梯应每间隔8m设一处休息平台。孔深超过30m的应配备作业人员升降设备。 （7）孔口应设专人看守，孔内作业人员应检查护壁变形、裂缝、渗水等情况，并与孔口人员保持联系，发现异常应立即撤出。 （8）桩孔内遇岩层需爆破作业时，应进行爆破的专门设计，且宜采用浅眼松动爆破法，并应严格控制炸药用量，在炮眼附近应对孔壁加强防护或支护。孔深大于5m时，必须采用导爆索或电雷管引爆。桩孔内爆破后应先通风排烟15min并经检查确认无有害气体后，施工人员方可进入孔内继续作业

B16 桥梁上部结构装配式施工

★高频考点：钢筋混凝土和预应力混凝土梁（板）桥施工

序号	项目	内容
1	一般要求	（1）装配式桥的构件在脱底模、移运、存放和安装时，混凝土的强度应不低于设计规定的吊装强度；设计未规定时，应不低于设计强度的80%。

序号	项目	内容
1	一般要求	(2)构件安装前应检查其外形、预埋件的尺寸和位置,允许偏差不得超过设计规定。 (3)安装构件时,支承结构(墩台、盖梁)的混凝土强度和预埋件(包括预留锚栓孔、锚栓、支座钢板等)的尺寸、高程及平面位置应符合设计要求。 (4)构件安装就位完毕并经检查校正符合要求后,方可焊接或浇筑混凝土固定构件。简支梁的安装应采取措施保证梁体的稳定性,防止倾覆。 (5)对分层、分段安装的构件,应在先安装的构件可靠固定且受力较大的接头混凝土达到设计强度的80%后,方可继续安装;设计有规定时,应从其规定。 (6)分段拼装梁的接头混凝土或砂浆,其强度应不低于构件的设计强度;不承受内力的构件的接缝砂浆,其强度应不低于M10。需与其他混凝土或砌体结合的预制构件的砌筑面应按施工缝处理
2	构件预制场的布置要求	构件预制场的布置应满足预制、移运、存放及架设安装的施工作业要求;场地应平整、坚实,应根据地基情况和气候条件,设置必要的防排水设施,并应采取有效措施防止场地沉陷。砂石料场的地面宜进行硬化处理
3	构件的预制台座规定	(1)预制台座的地基应具有足够的承载能力和稳定性。当用于预制后张预应力混凝土梁、板时,宜对台座两端及适当范围内的地基进行特殊加固处理。 (2)预制台座应采用适宜的材料和方式制作,且应保证其坚固、稳定、不沉陷。 (3)预制台座的间距应能满足施工作业的要求;台座表面应光滑、平整,在2m长度上平整度的允许偏差应不超过 2mm,且应保证底座或底模的挠度不大于2mm。 (4)对预应力混凝土梁、板,应根据设计提供的理论拱度值,结合施工的实际情况,正确预计梁体拱度的变化情况,在预制台座上按梁、板构件跨度设置相应的预拱度。当预计后张预应力混凝土梁的上拱度值较大,将会对桥面铺装的施工产生不利影响时,宜在预制台座上设置反拱。 (5)预制台座应具有对梁底的支座预埋钢板或楔形垫块进行角度调整的功能,并应在预制施工时严格按设计要求的角度进行设置

序号	项目	内容
4	各种构件混凝土的浇筑规定	各种构件混凝土的浇筑除应符合《公路桥涵施工技术规范》JTG/T 3650—2020 的有关规定外,尚应符合下列规定: (1)腹板底部为扩大断面的 T 形梁和 I 形梁,应先浇筑扩大部分并振实后,再浇筑其上部腹板。 (2)U 形梁可上下一次浇筑或分两次浇筑。一次浇筑时,宜先浇筑底板至底板承托顶面,待底板混凝土振实后再浇筑腹板;分两次浇筑时,宜先浇筑底板至底板承托顶面,按施工缝处理后,再浇筑腹板混凝土。 (3)箱形梁宜一次浇筑完成,且宜先浇筑底板至底板承托顶面,待底板混凝土振实后再浇筑腹板、顶板。 (4)中小跨径的空心板浇筑混凝土时,对芯模应有防止上浮和偏位的可靠措施
5	预应力施加要求	对高宽比较大的预应力混凝土 T 形梁和 I 形梁,应对称、均衡地施加预应力,并应采取有效措施防止梁体产生侧向弯曲
6	构件的场内移运规定	(1)对后张预应力混凝土梁、板,在施加预应力后可将其从预制台座吊移至场内的存放台座再进行孔道压浆,但必须满足下列要求: ①从预制台座上移出梁、板仅限一次,不得在孔道压浆前多次倒运。 ②吊移的范围必须限制在预制场内的存放区域,不得移往他处。 ③吊移过程中不得对梁、板产生任何冲击和碰撞。 ④不得将构件安装就位后再进行预应力孔道压浆。 (2)后张预应力混凝土梁、板在预制台座上进行孔道压浆后再移运的,移运时其压浆浆体的强度应不低于设计强度的 80%。 (3)梁、板构件移运时的吊点位置应符合设计规定;设计未规定时,应根据计算决定。构件的吊环必须采用未经冷拉的 HPB300 钢筋制作,且吊环成应顺直。吊绳与起吊构件的交角小于 60°时,应设置吊架或起吊扁担,使吊点垂直受力。吊移板式构件时,不得吊错上、下面
7	构件的存放规定	(1)存放台座应坚固稳定,且宜高出地面 200mm 以上。存放场地应有相应的防排水设施,并应保证梁、板等构件在存放期间不致因支点沉陷而受到损坏。

序号	项目	内容
7	构件的存放规定	(2)梁、板构件存放时,其支点应符合设计规定的位置,支点处应采用垫木和其他适宜的材料进行支承,不得将构件直接支承在坚硬的存放台座上;存放时混凝土养护期未满的,应继续养护。 (3)构件应按其安装的先后顺序编号存放,预应力混凝土梁、板的存放时间宜不超过3个月,特殊情况下应不超过5个月。存放时间超过3个月时,应对梁、板的上拱度值进行检测,当上拱度值过大将会严重影响后续桥面铺装施工或梁、板混凝土产生严重开裂时,则不得使用。 (4)当构件多层叠放时,层与层之间应以垫木隔开,各层垫木的位置应在设计规定的支点处,上下层垫木应在同一条竖直线上;叠放的高度宜按构件强度、台座地基的承载力、垫木强度及叠放的稳定性等经计算确定,大型构件以2层为宜,应不超过3层,小型构件宜为6~10层。 (5)雨季或春季融冻期间,应采取有效措施防止因地面软化下沉而造成构件断裂及损坏
8	构件的运输规定	(1)板式构件运输时,宜采用特制的固定架稳定构件。对小型构件,宜顺宽度方向侧立放置,并应采取措施防止倾倒;如平放,在两端吊点处必须设置支搁方木。 (2)梁的运输应按高度方向竖立放置,并应有防止倾倒的固定措施;装卸梁时,必须在支撑稳妥后,方可卸除吊钩。 (3)采用平板拖车或超长拖车运输大型构件时,车长应能满足支点间的距离要求,支点处应设活动转盘防止搓伤构件混凝土;运输道路应平整,如有坑洼而高低不平时,应事先处理平整。 (4)水上运输构件时,应有相应的封舱加固措施,并应根据天气状况安排装卸和运输作业时间,同时应满足水上(海上)作业的相关安全规定
9	简支梁、板的安装规定	(1)安装前应制定专项施工方案,安装的方法和安装设备应根据构件的结构特点、重力及施工环境条件等综合确定;对安装施工中的各种临时受力结构和安装设备的工况应进行必要的安全验算,所有施工设施均宜进行试运行和荷载试验。

序号	项目	内容
9	简支梁、板的安装规定	(2)安装前应对墩台的施工质量进行检验,并应对支座或临时支座的平面位置和高程进行复测,合格后方可进行梁、板等构件的安装。 (3)采用架桥机进行安装作业时,其抗倾覆稳定系数应不小于1.3;架桥机过孔时,应将起重小车置于对稳定最有利的位置,且抗倾覆稳定系数应不小于1.5;不得采用将梁、板吊挂在架桥机后部配重的方式进行过孔作业。双导梁架桥机施工工艺流程主要包括:①梁体预制及运输、铺设轨道→②架桥机及导梁拼装→③试吊→④架桥机前移至安装跨→⑤支顶前支架→⑥运梁、喂梁→⑦吊梁、纵移到位→⑧降梁、横移到位→⑨安放支座、落梁→⑩重复第⑤~⑨步,架设下一片梁→⑪铰缝施工,完成整跨安装→⑫架桥机前移至下一跨,直至完成整桥安装。 (4)采用起重机吊装构件时,如采用1台吊机起吊,应在吊点位置的上方设置吊架或起吊扁担;如采用两台起重机抬吊,应统一指挥,协调一致,使构件的两端同时起吊、同时就位。 (5)采用缆索吊机进行安装时,应事先对缆索吊机进行1.2倍最大设计荷载的静力试验和设计荷载下的试运行,全面验收合格后方可使用。 (6)梁、板安装施工期间及架桥机移动过孔时,严禁行人、车辆和船舶在作业区域的桥下通行。 (7)梁、板就位后,应及时设置保险垛或支撑将构件临时固定,对横向自稳性较差的T形梁和I形梁等,应与先安装的构件进行可靠的横向连接,防止倾倒。 (8)安装在同一孔跨的梁、板,其预制施工的龄期差宜不超过10d,特殊情况应不超过30d。梁、板上有预留孔道的,其中心应在同一轴线上,偏差应不大于4mm。梁、板之间的横向湿接缝,应在一孔梁、板全部安装完成后方可进行施工。 (9)对弯、坡、斜桥的梁、板,其安装的平面位置、高程及几何线形应符合设计要求。 (10)当安装条件与设计规定的条件不一致时,应对构件在安装时产生的内力进行复核
10	先简支后连续的梁施工规定	(1)先简支安装梁的施工应符合上述第9条的规定,当设置临时支座进行支承时,对一片梁中的各临时支座,其顶面的相对高差应不大于2mm。 (2)简支变连续的施工程序应符合设计规定。

序号	项目	内容
10	先简支后连续的梁施工规定	(3)对湿接头处的梁端,应按施工缝的要求进行凿毛处理。永久支座应在设置湿接头底模之前安装。湿接头处的模板应具有足够的强度和刚度,与梁体的接触面应密贴并具有一定的搭接长度,各接缝应严密不漏浆。负弯矩区的预应力管道应连接平顺,与梁体预留管道的接合处应密封;预应力锚固区预留的张拉齿板应保证其外形尺寸准确且不被损坏。 (4)湿接头的混凝土宜在一天中气温相对较低的时段浇筑,且一联中的全部湿接头应尽快浇筑完成。湿接头混凝土的养护时间应不少于14d。 (5)湿接头按设计要求施加预应力、孔道压浆且浆体达到规定强度后,应立即拆除临时支座,按设计规定的顺序完成体系转换。同一片梁的临时支座应同时拆除

★高频考点:预应力混凝土箱梁施工

序号	项目	内容
1	箱梁预制场地的建设额外要求	箱梁预制场地的建设除应符合上表一般要求的规定外,尚应符合下列规定: (1)预制场地应进行专门设计,其布置应有利于制梁、存梁、运梁和架梁的施工作业;制梁台座、存梁台座及运梁线路的地基应具有足够的承载能力,并应有防排水设施;场地内的道路、料场等应硬化处理。 (2)对在水域中架设安装的箱梁,应在预制场地设置箱梁的出运码头;从岸的一侧开始延伸至水域中或在陆上架设安装的箱梁,应设置必要的提梁设施和装置
2	钢筋吊装规定	钢筋宜在专用胎架上绑扎制作成整体骨架后,进行整体起吊安装;采用拼装式内模时,钢筋宜分片制作,分片起吊安装
3	模板的制作、安装与拆除规定	箱梁的预制宜采用定型钢模板,模板应具有足够的强度和刚度,并应能满足多次重复使用不变形的要求。模板的制作、安装与拆除除应符合有关规定外,尚应符合下列规定: (1)钢模板在加工制作时,模板的全长和跨度应考虑箱梁反拱度的影响及预留压缩量。附着式振捣器的支座应交错布置,安设牢固,并应使振动力先传向模板的骨架,再由骨架传向面板。

序号	项目	内容
3	模板的制作、安装与拆除规定	(2)模板的拆除期限除应符合有关规定外,对外侧模和端模,尚应满足箱梁混凝土的表层温度与环境温度之差不大于15℃的要求;当气温急剧变化时,不宜进行拆模作业
4	箱梁混凝土浇筑规定	(1)箱梁混凝土宜一次连续浇筑完成,且宜采取水平分层、斜向推进的方式浇筑,水平分层的厚度不得大于300mm,各层间混凝土的间隔浇筑时间不应超过其初凝时间。 (2)梁体腹板下部的底板混凝土宜采用设于底模处的附着式振捣器振动;腹板混凝土宜采用插入式振捣器及附着式振捣器辅助振捣;对钢筋和预应力管道密布区域的混凝土,应提前按一定间距设置混凝土溜槽和插入式振捣器辅助导向等装置,保证该区域的混凝土能振捣密实
5	箱梁混凝土覆盖和养护规定	箱梁混凝土浇筑完成后,应按《公路桥涵施工技术规范》JTG/T 3650—2020 的有关规定及时进行覆盖和养护,并应符合下列规定: (1)当采取蒸汽养护时,除应符合《公路桥涵施工技术规范》JTG/T 3650—2020 的冬期施工规定外,尚宜分为静停、升温、恒温、降温及自然养护五个阶段。静停期间应保持蒸养棚内的温度不低于5℃;混凝土浇筑完成4h后方可升温,且升温的速度应不大于10℃/h;恒温时应将温度控制在50℃以下,恒温时间宜由试验确定;降温的速度应不大于5℃/h;蒸汽养护结束后,应立即进入自然养护阶段,且养护时间宜不少于7d。蒸养期间、拆除保温设施及模板时,梁体混凝土表层的温度与环境温度之差应不大于15℃。 (2)当采取自然养护时,对暴露于大气环境中的混凝土表面应采用适宜的材料进行覆盖,并洒水养护;拆模后尚未达到养护时间的梁体混凝土表面,宜采用喷淋方式或采用养护剂喷洒养护。当环境相对湿度小于60%时,自然养护的时间宜不少于28d;相对湿度大于或等于60%时,宜不少于14d
6	张拉控制规定	(1)梁体混凝土的抗压强度达到设计强度的1/3以上、弹性模量不低于设计值的50%时,可对部分预应力钢束进行初张拉,但其张拉应力不应超过设计张拉控制应力的1/3,且初张拉的预应力钢束编号及张拉应力应符合设计规定。

序号	项目	内容
6	张拉控制规定	(2)对箱梁预应力钢束的终张拉,应在其混凝土抗压强度达到设计强度的80%、弹性模量不小于设计值的80%后进行。 (3)设计对张拉有具体规定时应从其规定
7	梁体预应力孔道的压浆规定	梁体预应力孔道的压浆应符合规定。压浆结束后应将锚具外部清理干净,并应对梁端混凝土进行凿毛,对锚具进行防锈处理,按设计要求设置钢筋网片,浇筑封端混凝土。封端应采用无收缩混凝土,其强度应符合设计规定,并应严格控制梁体长度
8	箱梁的场内移运及存放规定	(1)箱梁在场内的移运可采用龙门吊机、轮胎式移梁机或滑移方式,且应预设相应的移运通道。 (2)采用滑移方式移梁时,滑道应设在坚固稳定的地基基础上。滑道应保持平整,滑移时4个支点的相对高差不得超过4mm,两滑道之间的高差不得超过50mm。滑移的动力设施应经计算及试验确定。滑移过程中应采取有效措施保证梁体不受损伤。 (3)梁体预应力钢束初张拉后进行吊运或滑移时,箱梁顶面严禁堆放重物或施加其他额外荷载;终张拉后吊运或滑移箱梁时,应在预应力孔道压浆浆体达设计规定强度后方可进行。 (4)箱梁的存放台座应坚固稳定,且应有相应的防排水设施,应保证箱梁在存放期间不致因台座下沉受到损坏。箱梁在存放时,其支点距梁端的距离应符合设计规定
9	箱梁的运输规定	(1)当采用运梁车运输箱梁时,运梁线路的路面应平坦,地基应有足够的承载能力,纵向坡度应不大于3%,横向坡度(人字坡)应不大于4%,最小曲率半径应不小于运梁车的允许转弯半径。在运梁车通过的限界内,不得有任何障碍物。 (2)运梁车装载箱梁时,其支承应牢固,起步和运行应缓慢,平稳前进,严禁突然加速或紧急制动。重载运行时的速度宜控制在5km/h以内,曲线、坡道地段应严格控制在3km/h以内。当运梁车接近卸梁地点或架桥机时,应减速徐停。 (3)当采用水运方式运输箱梁时,除支承应符合结构受力及运输要求外,尚应对梁体进行固定,并应采取防止船体摆动的有效措施,保证其在风浪颠簸中不移位

序号	项目	内容
9	箱梁的运输规定	(4)不论采取何种方式运输箱梁,均不得使其在装卸和运输过程中产生任何形式的损伤及变形
10	箱梁的架设安装规定	(1)箱梁应采用通过技术质量监督部门产品认证的专用架桥机,或由海事部门颁发船舶证书及起重检验证书的起重船进行架设安装,且起重参数应能满足架梁的要求,起重船的锚泊系统应能满足作业水域的条件。吊架和吊具应专门设计。起重设备、吊架和吊具等应经试吊确认安全后方可用于正式施工,吊具应定期进行探伤检查。 (2)采用架桥机安装作业时,其抗倾覆稳定系数应不小于1.3;架桥机过孔时,起重小车应定位于对稳定最有利的位置,且抗倾覆稳定系数应不小于1.5。 (3)采用起重船安装作业时,起重船在进入安装位置后应根据流速、流向、风向和浪高等情况抛锚定位,定位时不得利用桥墩墩身带缆;在起重船定位和箱梁架设安装过程中,船体和梁体均不得对桥墩或承台产生碰撞。 (4)架设安装时,箱梁在起落过程中应保持水平;顶落梁时梁体的两端应同步缓慢起落,并不得冲击临时支座。箱梁就位时,应设置必要的装置对梁体的空间位置进行精确调整。 (5)在墩顶设置的临时支座,其形式和位置应符合设计规定,梁底与支座应密贴;4个临时支座的顶面相对高差不得超过4mm。 (6)箱梁架设安装后的吊梁孔应采用收缩补偿混凝土封填
11	箱梁简支变连续时的体系转换规定	箱梁简支变连续时的体系转换除应符合设计要求和上述第一部分的有关规定外,尚应符合下列规定: (1)需浇筑湿接头的箱梁端部的形状应符合设计规定,预应力钢束及其他预留孔道的位置偏差应不大于4mm。 (2)宜先将一联箱梁采用型钢在纵向予以临时固结,且宜在一天中气温最低且温度场均匀稳定的时段浇筑湿接头混凝土

B17 桥梁上部结构缆索吊装施工

★高频考点：缆索吊装施工

序号	项目	内容
1	适用范围	在峡谷或水深流急的河段上，或在通航的河流上需要满足船只的顺利通行时可选用缆索吊装施工，缆索吊装由于具有跨越能力大，水平和垂直运输机动灵活，适应性广，施工比较稳妥方便等优点，在拱桥施工中被广泛采用
2	施工中的注意要点	(1)采用缆索吊装法进行拱桥的无支架安装施工时，缆索吊装系统应符合下列规定： ①主塔和扣塔宜采用常备式定型钢构件在墩、台顶上拼装，其基础应牢固可靠，周围应设置防排水设施；塔的纵横向宜设置风缆，且风缆的安全系数应不小于2，当塔自身能满足横向受力及抗风要求时，可不设横向风缆；塔顶部应设置可靠的避雷装置。 ②主缆宜采用钢丝绳，其直径和数量应根据吊装构件的重量通过计算确定，安全系数应不小于3，且每根主缆应受力均匀；抗风钢丝绳的安全系数应不小于2；起吊绳的安全系数应不小于5；牵引绳的安全系数应不小于3；钢丝绳扣索的安全系数应不小于3，钢绞线扣索的安全系数应大于2。地锚的设置应满足主缆可靠锚固的要求，抗拔安全系数应不小于2，抗滑、抗倾安全系数应不小于1.4，主缆与地锚连接处的水平夹角宜在25°～35°。 (2)固定的风缆应待全孔合龙、横向连结构件混凝土的强度满足设计要求后方可撤除。 (3)拱桥的拱圈采取单肋吊装或单肋合龙时，单肋的横向稳定必须满足安全验算的要求，且其稳定安全系数应不小于4；当不能满足时，应采用双肋合龙松索成拱的方式施工，且应在双肋合龙后采取有效的横向联结措施，增强其稳定性，使之形成基肋后再安装其他肋段。 (4)拱肋安装时，各段拱肋的高程和线形应根据施工控制的要求确定，且宜从拱脚段开始，依次向拱顶分段吊装就位。扣索的扣挂应稳妥可靠，应使拱肋断面不产生扭斜，且各段拱肋的上端头均应通过扣索的调整使其略高于设计高程。多跨拱桥安装时，应根据桥墩承受不平衡水平推力的能力，经计算确定相邻孔拱肋的安装顺序。

序号	项目	内容
2	施工中的注意要点	(5)各段拱肋在松索过程中,应符合下列规定: ①松索的流程应根据施工控制的要求经计算确定,松索前应校正拱轴线位置及各接头高程,使之符合要求。松索应按拱脚段扣索、次拱脚段扣索、起重索三者的先后顺序,并按比例定长、对称、均匀地松卸。 ②每次松索时均应采用仪器观测,并应控制各接头、拱顶及1/4跨处的高程,防止拱肋接头发生非对称变形而导致拱肋失稳或开裂。每次的松索量宜小,各接头高程变化宜不超过10mm,松索压紧接头缝后应普遍旋紧接头螺栓一次。 ③大跨径拱桥分多节段吊装合龙成拱后,根据拱肋接头密合情况及拱肋的稳定度,可保留起重索和扣索部分受力,待拱肋接头的连接工序基本完成后再全部松索。 (6)拱肋接头的焊接作业应在调整完轴线偏差、嵌塞并压紧接头缝钢板之后且全部松索成拱之前进行。焊接拱肋接头部件时,应采用分层、间断、交错的方法施焊,并应采取措施避免损伤周围的混凝土。 (7)少支架施工时对支架安装和拆卸的技术要求,除应符合有关规定外,尚应符合下列规定: ①卸架前应对主拱圈的混凝土质量、拱轴线的坐标尺寸、卸架设备、气温引起拱圈变化及台后填土等情况进行全面检查。 ②当拱肋接头混凝土及拱肋横向联结构件混凝土的强度符合设计规定或达到设计强度的85%时,方可开始卸架。卸架宜在主拱圈安装完成后,分次缓慢卸落,使拱圈及墩、台逐渐成拱受力,卸架时应监测拱圈挠度和墩、台变位等情况,并应避免拱圈发生较大变形。 ③在严寒地区,主拱圈不宜在支架上过冬,支架宜在冰冻前拆除

B18 悬索桥施工

★高频考点:悬索桥基础知识

序号	项目	内容
1	悬索桥分类	(1)按主缆锚固方式分为地锚式和自锚式悬索桥。 (2)按主缆线形分为双链式和单链式悬索桥。

序号	项目	内容
1	悬索桥分类	(3)按悬吊跨数分为单跨、两跨、三跨和多塔多跨悬索桥。 (4)按悬吊方式分为竖直吊索、三角斜吊索、竖直和斜吊索混合式、悬吊-斜拉组合体系悬索桥。 (5)按加劲梁的支承结构分为单跨两铰、三跨两铰和三跨连续悬索桥。 (6)按加劲梁材料类型分为钢箱梁、钢桁梁和预应力混凝土加劲梁悬索桥
2	悬索桥施工步骤	(1)索塔、锚碇的基础工程施工,同时加工制造上部施工所需构件。 (2)索塔、锚碇施工及上部施工准备。包括塔身及锚体施工、上部施工技术准备、机具和物资准备、预埋件等上部施工准备工作。 (3)上部结构安装。即缆索系统安装,包括主、散索鞍安装,先导索施工,猫道架设,主缆架设,紧缆,索夹安装,吊索安装,主缆缠丝防护等。 (4)桥面系施工。即加劲梁和桥面系施工,包括加劲梁节段安装,工地连接,桥面铺装,桥面系及附属工程施工,机电工程等
3	悬索桥施工主要工序	基础施工→塔柱和锚碇施工→先导索渡海工程→牵引系统和猫道系统→猫道面层和抗风缆架设→索股架设→索夹和吊索安装→加劲梁架设和桥面铺装施工

★高频考点:锚碇施工

序号	项目	内容
1	锚碇	锚碇是悬索桥的主要承重构件,主要抵抗来自主缆的拉力,并传递给地基基础,按受力形式的不同可分为重力式锚碇、隧道式锚碇和岩锚等
2	主缆锚固体系	锚固系统可分为型钢锚固系统和预应力锚固系统两种类型。 (1)型钢锚固系统施工工序:锚杆、锚梁制作→现场拼装锚支架(部分)→安装后锚梁→安装锚杆于支架→安装前锚梁→精确定位→浇筑锚体混凝土。 (2)预应力锚固系统施工程序:基础施工→安装预应力管道→浇筑锚体混凝土→穿预应力筋→安装锚固连接器→预应力筋张拉→预应力管道压浆→安装与张拉索股

序号	项目	内容
3	锚碇施工	(1)重力式锚碇基坑开挖应沿等高线自上而下分层进行,在坑外和坑底应分别设置截水沟和排水沟,并应防止地面水流入坑内而引起塌方或破坏基底土层。采用机械开挖时,应在基底高程以上预留 150～300mm 土层采用人工清理,且不得破坏基底岩土的原状结构;采用爆破方法施工时,宜使用预裂爆破法,避免对边坡造成破坏。对深大基坑,应采取边开挖边支护的措施保证其边坡的稳定。 (2)地下连续墙基础基坑开挖前对地下连续墙基底的基岩裂隙宜进行压浆封闭,并应减少地下水向基坑渗透。采用"逆作法"进行基坑开挖和内衬施工时必须进行施工监测,监测内容宜包括环境监测、水工监测、地下连续墙体监测、土工监测及内衬监测等。 (3)隧道锚洞室和岩锚的开挖施工除应符合现行《公路隧道施工技术规范》JTG/T 3660—2020 的有关规定外,尚应符合有关规定。 (4)型钢锚固体系施工时,锚杆、锚梁在制造时应进行抛丸除锈、表面防腐涂装和无损检测等工作;出厂前应对构件连接进行试拼装,试拼装应包括锚杆拼装、锚杆与锚梁连接、锚支架及其连接系平面试装。当锚杆为无黏结预应力时,应使其与锚体混凝土隔离,并可自由伸缩。 (5)预应力锚固系统的施工时,锚具应安装防护套,无黏结预应力系统应注入保护性油脂;对加工件应进行超声波和磁粉探伤检查。 (6)隧道锚的锚塞体混凝土施工时,锚塞体混凝土应与岩体结合良好,且宜采用自密实型微膨胀混凝土,保证混凝土与拱顶基岩紧密黏结;浇筑混凝土时洞内应具备排水和通风条件,且宜在锚塞体混凝土的水平施工缝与洞壁交界处设置消除水压力的盲管,并使盲管与锚室的排水管道联通,形成系统

★高频考点:索塔施工

序号	项目	内容
1	索塔基础知识	(1)索塔按材料分有钢索塔、钢筋混凝土索塔和钢-混凝土组合索塔,一般由基础、塔柱、横梁等组成。 (2)根据索塔外形不同,索塔在横向的结构形式可分为门形框架式、桁架式、混合形式,纵向结构形式可采用单柱式、A 形、倒 Y 形。小跨径单缆悬索桥中,还可以采用独柱式和倒 V 形或菱形索塔。

序号	项目	内容
1	索塔基础知识	(3)索塔在施工过程中应对其施工状况进行监测和控制,施工完成后,应测定裸塔的倾斜度、塔顶高程及塔的中心线里程,并做好沉降、变位观测点标记
2	塔身施工	(1)钢塔施工主要有浮吊、塔吊和爬升式吊机等架设方法。钢塔架制作工艺程序主要包括放样尺寸→冲孔→拼装→焊接→定中线→切削试拼。 (2)混凝土塔柱施工工艺与斜拉桥塔身基本相同,施工用的模板工艺主要有滑模、爬模和翻模等类型,塔柱竖向主钢筋的接长可采用冷压套管连接、电渣焊、气压焊等方法。混凝土运送方式应考虑设备能力采用泵送或吊罐浇筑,施工至塔顶时,应注意索鞍钢框架支座螺栓和塔顶吊架、施工锚道的预埋件的施工
3	索鞍施工	(1)主索鞍施工程序:安装塔顶门架→钢框架安装→吊装上下支承板→吊装鞍体等。 (2)索鞍应由专业单位加工制造。制造完成后应在厂内进行试装配和防腐涂装,并应对各部件的相对位置作出永久性定位标记,经检验合格后方可运至工地现场安装。 (3)索鞍在安装前,应根据鞍体的形状和重力、施工环境条件、起吊高度等因素选用吊装设备;对设置在塔顶的起重支架及附属起重装置等应进行专门设计,其强度、刚度和稳定性应满足使用的要求,并应有足够的安全系数

★高频考点:主缆施工

序号	项目	内容
1	施工内容	主缆架设工程包括架设前的准备工作、主缆架设、防护和收尾工作等,主缆施工难度大、工序多
2	牵引系统	(1)牵引系统是架设于两锚碇之间,跨越索塔用于空中拽拉的牵引设备,主要承担猫道架设、主缆架设以及部分牵引吊运工作,常用的牵引系统有循环式和往复式两种。 (2)牵引系统的架设以简单经济,并尽量少占用航道为原则。通常的方法是先将先导索渡海(江),再利用先导索将牵引索由空中架设

序号	项目	内容
3	猫道	(1)猫道应根据悬索桥的跨径、主缆线形、施工环境条件等因素进行专门设计,其结构形式及各部尺寸应满足主缆工程施工的需要。 (2)猫道钢构件的制作要求可参照现行《公路桥涵施工技术规范》JTG/T 3650—2020 的相关规定执行,面层和承重索的材料均应符合相应产品的质量要求。承重索和抗风缆采用钢丝绳时,架设前应对钢丝绳进行预张拉处理,消除其非弹性变形,预张拉的荷载应不小于其破断荷载的 0.5 倍,且应持荷 60min,并进行两次;预张拉时的测长和标记宜在温度较稳定的夜间进行。采用旧钢丝绳时,应按《钢丝绳安全使用和维护》GB/T 29086—2012 的规定进行检验,并应对其承载能力予以折减。承重索端部的锚头应垂直于承重索,并应对锚头部位进行静载检验,符合受力要求后方可使用。 (3)猫道的架设应按横桥向对称、顺桥向边跨和中跨平衡的原则进行,且应将裸塔塔顶的变位及扭转控制在设计允许的范围内。 (4)在主缆架设完成、加劲梁安装之前,应将猫道改挂于主缆上,改挂前应拆除横向通道。改挂宜分段进行,并应分次逐步放松承重索的锚固系统,最终放松至承重索设计要求的放松量。改挂后的悬挂点应设在猫道的底梁处,在桥纵向的间距宜不超过 24m。 (5)主缆的防护工程及检修道安装施工完成后,可进行猫道的拆除工作。拆除前应利用锚固调节系统适当收紧承重索,减小猫道改挂绳的受力;猫道拆除时,宜分节段拆除其面层和底梁,拆除宜按中跨从塔顶向跨中方向、边跨从塔顶向锚碇方向的顺序进行;在拆除过程中,应采取措施保证改挂绳的受力在允许范围内,并应采取适当措施保护主缆、吊索和桥面附属设施等已施工完成的结构
4	主缆架设	(1)锚碇和索塔工程完成、主索鞍和散索鞍安装就位、牵引系统架设完成后,即可进行主缆架设施工,主缆架设方法主要有空中纺丝法(AS法)和预制平行索股法(PPWS法)。 (2)主缆采用预制平行钢丝索股时,宜在工厂内将对应索鞍位置的索股六角形截面调整为四边形截面,并作出相应标记。 (3)主缆索力的调整应以设计和施工控制提供的数据为依据,其调整量应根据调整装置中测力计的读数和锚

序号	项目	内容
4	主缆架设	头移动量双控确定。其精度要求为：实际拉力与设计值之间的允许误差为设计锚固力的3%。 （4）主缆的紧缆应分为预紧缆和正式紧缆两阶段进行，并应符合下列规定： ①预紧缆应在温度稳定的夜间且将主缆全长分为若干区段分别进行。预紧缆完成处采用不锈钢带捆紧，并应保持主缆的形状，不锈钢带的间距可为5～6m，外缘索股上的绑扎带复边紧缆边拆除。预紧缆的目标空隙率宜为26%～28%。 ②正式紧缆时，应采用紧缆机将主缆挤压整形成圆形，其作业可在白天进行。紧缆的顺序宜从跨中向两侧方向进行，紧缆挤压点的间距宜为1m；紧缆的空隙率应符合设计规定，其允许误差为(0,+3%)，不圆度宜不超过主缆设计直径的5%。紧缆点空隙率达到要求后，应在靠近紧缆机的压蹄两侧打上两道钢带，带扣宜设在主缆的侧下方，其间距宜为100mm
5	索夹的安装规定	（1）安装前，应测定主缆的空缆线形，并在对设计规定的索夹位置进行确认后，方可于温度稳定时在空缆上放样定出各索夹的具体位置并编号。安装前尚应清除索夹内表面及索夹位置处主缆表面的油污及灰尘，涂上防锈漆。 （2）索夹在场内运输和安装过程中应注意保护，防止损坏其表面。 （3）索夹在主缆上精确定位后，应立即紧固螺栓，且在紧固同一索夹的螺栓时，应保证各螺栓的受力均匀。索夹安装位置的纵向误差应不大于10mm。 （4）索夹螺栓的紧固应按安装时、加劲梁吊装后、全部二期恒载完成后三个荷载阶段分步进行，对每次紧固的数据应进行记录并存档。 （5）在工程交工验收前宜对索夹的位置是否滑移做专项检查，且宜对索夹的螺栓进行紧固

★高频考点：防腐涂装

序号	项目	内容
1	悬索桥的防腐涂装管理要求	（1）应委托专门从事防腐工程的技术部门进行设计。 （2）选用质量优良的制造厂家生产的涂料，选拔过硬的施工队伍，在施工中必须聘请有涂装专业技术的人员进行严格监理

序号	项目	内容
2	悬索桥主缆防护措施主	(1)主缆腻子钢丝缠绕涂层法。 (2)合成护套防护法。 (3)主缆内部通干燥空气除湿法等
3	防护与涂装要点	(1)主缆防护应在桥面铺装完成后进行,主缆涂装应按涂装设计进行;防护前必须清除主缆表面灰尘、油污和水分等污物,临时覆盖,待对该处进行涂装及缠丝时再揭开。 (2)缠丝工作宜在二期恒载作用于主缆之后进行,缠丝材料以选用软质镀锌钢丝为宜,缠丝工作应由电动缠丝机完成。 (3)工地焊接后应及时按防腐设计要求进行表面处理。 (4)工地焊接的表面补涂油漆应在表面除锈24h内进行,分层补涂底漆和面漆,并达到设计的漆膜总厚度。 (5)根据技术文件的要求,工地焊接完成后,应按涂装工艺文件的要求涂箱外装饰面漆

★高频考点:施工控制

序号	项目	内容
1	控制要求	悬索桥上部构造施工时应进行施工监测和控制,保证各关键结构的应力、应变在施工的全过程中始终处于安全可控范围内,成桥后主缆和加劲梁的线形符合设计的要求
2	悬索桥上部构造施工时进行监测和控制的项目	(1)索塔、锚碇的沉降和位移。 (2)在主索鞍的钢格栅定位前,应对索塔裸塔进行36h连续变形观测;在主缆架设安装前,应进行索塔和锚碇的联测。 (3)在主缆架设安装过程中,对基准索股的连续监测应不少于3d,对索塔和锚碇的沉降及位移监测应不少于3次。 (4)在索夹安装前,对主缆的线形以及两侧主缆的相对误差,应进行不少于3d的连续观测。 (5)每一节段加劲梁吊装后,均应对索塔和锚碇的沉降及变位、主缆的线形、加劲梁的线形等进行监测

B19 隧道围岩分级

★高频考点：围岩级别的判定方法

序号	项目	内容
1	围岩分级顺序	隧道围岩分级的综合判断方法宜采用两步分级，并按以下顺序进行： (1)根据岩石的坚硬程度和岩体完整程度两个基本因素的定性特征和定量的岩体基本质量指标BQ，综合进行初步分级。 (2)对围岩进行详细定级时，应在岩体基本质量分级基础上考虑修正因素的影响，修正岩体基本质量指标值。按修正后的基本质量指标BQ，结合岩体的定性特征综合评判、确定围岩的详细分级
2	定性定量划分依据	围岩分级中岩石坚硬程度、岩体完整程度两个基本因素的定性划分和定量指标及其对应关系应符合有关规定
3	需要修正的情形	围岩详细定级时，如遇下列情况之一，应对岩体基本质量指标BQ进行修正： (1)有地下水。 (2)围岩稳定性受软弱结构面影响，且由一组起控制作用。 (3)存在高初始应力

B20 隧道地质超前预报

★高频考点：公路隧道地质超前预报的内容、方法和分级

序号	项目	内容
1	公路隧道地质超前预报的内容	(1)地层岩性，重点为软弱夹层、破碎地层、煤层及特殊岩土等。 (2)地质构造，重点为断层、节理密集带、褶皱轴等影响岩体完整性的构造发育情况。 (3)不良地质，特别是溶洞、暗河、人为坑洞、放射性、有害气体、高地应力、高地温、高岩温等发育情况。 (4)地下水，特别是对岩溶管道水、富水断层、富水褶皱轴及富水地层

序号	项目	内容
2	公路隧道地质超前预报方法	(1)地质调查法是隧道施工超前地质预报的基础,适用于各种地质条件隧道超前地质预报,调查内容应包括隧道地表补充地质调查和隧道内地质调查。 (2)物理勘探法适用于长、特长隧道或地质条件复杂隧道的超前地质预报,主要方法包括有弹性波反射法、地质雷达法、陆地声呐法、红外探测法、瞬变电磁法、高分辨直流电法。 (3)TSP法适用于各种地质条件,对断层、软硬接触面等面状结构反射信号较为明显,每次预报的距离宜为100～150m,连续预报时,前后两次应重叠10m以上。 (4)地质雷达法适用于岩溶、采空区探测,也可用于探测断层破碎带、软弱夹层等不均匀地质体,在岩溶不发育地段每次预报距离宜为10～20m,在岩溶发育地段预报长度可根据电磁波波形确定,连续预报时,前后两次重叠不应小于5m。 (5)超前水平钻探每循环钻孔长度应不低于30m,连续预报时,前后两循环孔应重叠5～8m;可能发生突泥涌水的地段,超前钻探应设孔口管和出水装置,防止高压水突出;富含瓦斯的煤系地层或富含石油天然气地层应采用长短结合的钻孔方式进行探测。 (6)富水构造破碎带、富水岩溶发育地段、煤系或油气地层、瓦斯发育区、采空区以及重大物探异常地段等地质复杂隧道和水下隧道必须采用超前钻探法预报、评价前方地质情况。 (7)超前导洞法可采用平行超前导洞法和隧道内超前导洞法,两座并行隧道可根据先行开挖的隧道预测后开挖隧道的地质条件。 (8)当隧道排水或突涌水对地下水资源或周围建(构)筑物产生重大影响时,应进行水力联系观测
3	公路隧道地质超前预报的分级	(1)分级 A级:存在重大地质灾害隐患的地段,如大型暗河系统,可溶岩与非可溶岩接触带,软弱、破碎、富水、导水性良好的地层和大型断层破碎带,特殊地质地段,重大物探异常地段,可能产生大型、特大型突水突泥地段,诱发重大环境地质灾害的地段,高地应力、瓦斯、天然气问题严重的地段以及人为坑洞等。 B级:存在中、小型突水突泥隐患的地段,物探有较大异常的地段,断裂带等。

序号	项目	内容
3	公路隧道地质超前预报的分级	C级:水文地质条件较好的碳酸盐岩及碎屑岩地段、小型断层破碎带,发生突水突泥的可能性较小。 D级:非可溶岩地段,发生突水突泥的可能性极小。 (2)对应分级的应用 1级预报可用于A级地质灾害。采用地质调查法、地震波反射法、超声波反射法、陆地声呐法、地质雷达法、瞬变电磁法、红外探测法、超前水平钻探法等进行综合预报。 2级预报可用于B级地质灾害。采用地质调查法、地震波反射法、陆地声呐法、超声波反射法,辅以红外探测法、瞬变电磁法、地质雷达法,必要时进行超前水平钻孔。 3级预报可用于C级地质灾害。以地质调查法为主。对重要地质界面、断层或物探异常地段宜采用地震波反射法或超声波反射法进行探测,必要时采用红外探测和超前水平钻孔。 4级预报可用于D级地质灾害。采用地质调查法

B21　公路隧道洞口、明洞施工

★高频考点:洞口工程

序号	项目	内容
1	一般规定	(1)洞口工程是指洞口土石方、边仰坡、洞门及其相邻的翼墙、挡土墙及洞口排水系统等。 (2)隧道洞口的各项工程及互有影响的桥涵与路基支挡等结构,应综合考虑,妥善安排,尽早完成。隧道洞口边坡、仰坡开挖及地表恢复,应符合环境保护规定,做好水土保持。 (3)隧道洞口开挖前,应结合设计文件,遵循"早进晚出"的原则,复核确认明暗分界位置的合理性,控制边仰坡开挖高度
2	洞口土石方的开挖与防护施工规定	(1)洞口边坡及仰坡应自上而下开挖,不得掏底开挖或上下重叠开挖。 (2)宜采用人工配合机械开挖,或者采用控制爆破措施减少对边仰坡及围岩的扰动,严禁采用大爆破。

序号	项目	内容
2	洞口土石方的开挖与防护施工规定	（3）对边坡和仰坡以上可能滑塌的表土、灌木及山坡危石等的处理措施，应结合施工和运营阶段的隧道安全和环境保护等因素确定。 （4）临时防护应视地质条件、施工季节和施工方法等，及时采取喷锚等措施。 （5）应随时检查监测边坡和仰坡的变形状态
3	洞口截排水施工规定	（1）应结合地形条件设置，具备有效拦截、排水顺畅的能力。 （2）不应冲刷路基面及桥涵锥坡等设施。 （3）洞口截、排水设施应在雨季和融雪期之前完成。 （4）截水沟迎水面不得高于原地面，回填应密实不易被水掏空。 （5）截水沟应采取防止渗漏和变形的措施
4	隧道洞门规定	隧道洞门应在隧道开挖的初期完成，并应符合下列规定： （1）基础必须置于稳固的地基上，虚渣、杂物、风化软层和水泥必须清除干净，地基承载力应符合设计规定。 （2）洞门端墙的砌筑与回填应两侧对称进行，不得对衬砌产生偏压。 （3）端墙施工应保证其位置准确和墙面坡度满足设计要求。 （4）洞门衬砌完成后，其上方仰坡脚受破坏时，应及时处理。 （5）洞门的排水设施应与洞门工程配合施工，同步完成。 （6）洞门的排水沟砌筑在填土上时，填土必须夯实

★高频考点：明洞工程

序号	项目	内容
1	一般规定	明洞地段土石方的开挖方式、边坡和仰坡坡度以及支护施工，应符合设计规定。地形、地质条件、边仰坡稳定程度等与设计有差异时，应提出变更。宜边开挖边支护，并注意监测和检查山坡的稳定情况
2	明洞边墙基础施工规定	（1）基础开挖应核对地质条件，检测地基承载力，当地基不满足设计要求时，应及时上报监理、设计单位，并按设计单位提供的处理方案施工。

序号	项目	内容
2	明洞边墙基础施工规定	(2)偏压和单压明洞外边墙的基底,在垂直路线方向应按设计要求挖成一定坡度的斜坡,提高边墙抗滑力。 (3)基础混凝土灌注前必须排除坑内积水,边墙基础完成后应及时回填
3	明洞回填施工规定	(1)明洞拱背回填应在外模拆除、防水层和排水盲管施工完成后进行;人工回填时,拱圈混凝土强度不应小于设计强度的75%。机械回填时,拱圈混凝土强度不应小于设计强度。 (2)明洞两侧回填水平宽度小于1.2m的范围应采用浆砌片石或同级混凝土回填。 (3)回填材料不宜采用膨胀岩土。 (4)回填顶面0.2m可用耕植土回填。 (5)墙背回填应两侧对称进行。底部应铺填0.5~1.0m厚碎石并夯实,然后向上回填。石质地层中墙背与岩壁空隙不大时,可采用与墙身同级混凝土回填;空隙较大时,可采用片石混凝土或浆砌片石回填密实。土质地层,应将墙背坡面开凿成台阶状,用干砌片石分层码砌,缝隙用碎石填塞紧密,不得任意抛填土石。 (6)墙后有排水设施时,应与回填同时施工。 (7)拱背回填应对称分层夯实,每层厚度不得大于0.3m,两侧回填高差不得大于0.5m,回填至拱顶以上1.0m后,方可采用机械碾压,回填土压实度应符合设计规定。 (8)单侧设有反压墙的明洞回填应在反压墙施工完成后进行。 (9)回填时不得倾填作业。 (10)明洞回填时,应采取防止损伤防水层的措施。 (11)洞门顶排水沟砌筑在填土上时,应在夯实后砌筑

B22 公路隧道支护与衬砌

★高频考点:超前支护

序号	项目	内容
1	超前锚杆施工技术要点	(1)超前锚杆主要适用于地下水较少的软弱破碎围岩的隧道工程中,如土砂质地层、弱膨胀性地层、流变性较小的地层、裂隙发育的岩体、断层破碎带、浅埋无显著偏压的隧道等,也适宜于采用中小型机械施工。

序号	项目	内容
1	超前锚杆施工技术要点	（2）此法的要点是开挖掘进前，在开挖面顶部一定范围内，沿坑道设计轮廓线，向岩体内打入一排纵向锚杆（或型钢，或小钢管），以形成一道顶部加固的岩石棚，在此棚保护下进行开挖等作业，至一定距离后(在尚未开挖的岩体中必须保留一定的超前长度)，重复上述步骤，如此循环前进。 （3）超前锚杆宜采用早强砂浆锚杆，锚杆可用不小于ϕ22mm的热轧带肋钢筋。其超前量、环向间距、外插角等参数应视具体的施工条件而定
2	管棚施工技术要点	（1）管棚主要适用于围岩压力来得快、来得大，用于对围岩变形及地表下沉有较严格限制要求的软弱破碎围岩隧道工程中，如土砂质地层、强膨胀性地层、强流变性地层、裂隙发育的岩体、断层破碎带、浅埋有显著偏压等围岩的隧道中。此外，在一般无胶结的土及砂质围岩中，可采用插板封闭较为有效；地下水较多时，则可利用钢管注浆堵水和加固围岩。 （2）管棚的配置、形状、施工范围、管棚间隔及断面等应根据地质条件、周边环境、隧道开挖面、埋深以及开挖方法等因素来决定。管棚钢管直径一般为ϕ70～180mm，习惯上称直径大于ϕ89mm的管棚为大管棚，直径小于ϕ89mm的为中管棚。管棚按长度可分为短管棚(长度小于10m的小钢管)和长管棚(长度为10～40m，直径较粗的钢管)，短管棚一次超前量小，基本上与开挖作业交替进行，占用循环时间较大，但钻孔安装或顶入安装较容易，长管棚一次超前量大，单次钻孔或打入长钢管的作业时间较长，但减少了安装钢管的次数，减小了与开挖作业之间的干扰。钻孔时如出现卡钻或塌孔，应注浆后再钻，有些土质地层则可直接将钢管顶入
3	超前小导管注浆施工技术要点	（1）超前小导管注浆不仅适用于一般软弱破碎围岩，也适用于地下水丰富的松软围岩。但超前小导管注浆对围岩加固的范围和强度是有限的，在围岩条件特别差而变形又严格控制的隧道施工中，超前小导管注浆常常作为一项主要的辅助措施，与管棚结合起来加固围岩。 （2）超前小导管注浆是在开挖掘进前，先用喷射混凝土将开挖面和5m范围内的坑道封闭，然后沿坑道周边打入带孔的纵向小导管并通过小导管向围岩注浆，待浆液硬化后，在坑道周围形成了一个加固圈，在此加固

序号	项目	内容
3	超前小导管注浆施工技术要点	的防护下即可安全地进行开挖。小导管一般采用直径 $\phi 32\sim 50mm$ 钢管,常用 $\phi 42mm$ 钢管,管长一般 $3\sim 5m$。 (3)自进式注浆锚杆(又称迈式锚杆)是将超前锚杆与超前小导管注浆相结合的一种超前措施,它是在小导管的前端安装了一次性钻头,从而将钻孔和顶管同时完成,缩短了导管的安装时间,尤其适用于钻孔易坍塌的地层
4	预注浆加固围岩施工技术要点	(1)预注浆方法是在掌子面前方的围岩中将浆液注入,从而提高了地层的强度、稳定性和抗渗性,形成了较大范围的筒状封闭加固区,然后在其范围内进行开挖作业。 (2)预注浆一般可超前开挖面 $30\sim 50m$,可以形成有相当厚度的和较长区段的筒状加固区,从而使得堵水的效果更好,也使得注浆作业的次数减少,它更适用于有压地下水及地下水丰富的地层中,也更适用于采用大中型机械化施工。 (3)预注浆加固围岩有洞内超前注浆、地表超前注浆和平导超前注浆三种方式。对于浅埋隧道,可以从地表向隧道所在区域打辐射状或平行状钻孔注浆;对于深埋长大隧道,可设置平行导坑,由平行坑向正洞所在区域钻孔注浆

★高频考点:初期支护

序号	项目	内容
1	喷射混凝土	喷射混凝土是用压力喷枪喷射混凝土的施工方法。常用于灌注隧道内衬、墙壁、顶棚等薄壁结构或其他结构的衬里以及钢结构的保护层。喷射混凝土的工艺流程有干喷、潮喷和湿喷: (1)干喷法是将水泥、砂、石在干燥状态下拌合均匀,用压缩空气送至喷嘴并与压力水混合后进行喷射的方法。因喷射速度大,粉尘污染及回弹情况较严重,质量不稳定,很多地方已禁止使用干喷法施工。 (2)潮喷法是将骨料预加少量水,使之呈潮湿状,再加水泥拌合,送至喷嘴处并与压力水混合后进行喷射的方法。与干喷相比,上料、拌合及喷射时的粉尘少,潮喷混凝土强度可达到 C20

序号	项目	内容
1	喷射混凝土	（3）湿喷法是将水泥、砂、石和水按比例拌合均匀，用湿喷机压送至喷嘴进行喷射的方法。湿喷法的粉尘和回弹量少，喷射混凝土的质量容易控制，但对喷射机械要求较高，机械清洗和故障处理较麻烦。目前施工现场湿喷法使用的较多
2	锚杆	（1）锚杆是用钢筋或其他高抗拉性能的材料制作的一种杆状构件。锚杆种类有砂浆锚杆、药卷锚杆、中空注浆锚杆、自进式锚杆、组合中空锚杆和树脂锚杆等。按照锚固形式可划分为全长粘结型、端头锚固型、摩擦型和预应力型四种。 （2）锚杆对地下工程的稳定性起着重要的作用，尤其是在节理裂隙岩体中，锚杆对岩体的加固作用十分明显，具有结构简单、施工方便、成本低和对工程适应性强等特点
3	钢支撑	钢支撑具有承载能力大的特点，常常用于软弱破碎或土质隧道中，并与锚杆、喷射混凝土等共同使用。钢支撑按其材料的组成可分为钢拱架和格栅钢架
4	锚喷支护	（1）锚喷支护是目前通常采用的一种围岩支护手段。包括锚杆支护、喷射混凝土支护、喷射混凝土锚杆联合支护、喷射混凝土钢筋网联合支护、喷射混凝土与锚杆及钢筋网联合支护、喷钢纤维混凝土支护、喷钢纤维混凝土锚杆联合支护，以及上述几种类型加设型钢（或钢拱架）而成的联合支护。作为初期支护，目前在隧道工程中使用最多的组合形式是锚杆加喷混凝土、锚杆加钢筋网再加喷混凝土、钢架加锚杆加钢筋网再加喷射混凝土。 （2）锚喷联合支护的施工中各分次施作的支护彼此要牢固相连，如超前锚杆与系统锚杆及钢拱架的连接、钢筋网及钢拱架要尽可能多地与锚杆头焊连，以充分发挥联合支护效应；锚杆要有适量的露头。钢筋网及钢拱架要被喷射混凝土所包裹、覆盖，即喷射混凝土要将钢筋网和钢拱架包裹密实

★高频考点：模筑混凝土衬砌

序号	项目	内容
1	一般规定	(1)单层衬砌中的现浇整体式混凝土衬砌常用于Ⅱ、Ⅲ级围岩中。复合式衬砌中的二次衬砌，除了起饰面和增加安全度的作用外，也承受了在其施工后发生的外部水压，软弱围岩的蠕变压力，膨胀性地压，或者浅埋隧道受到的附加荷载等。 (2)模筑混凝土的材料和级配，应符合隧道衬砌的强度和耐久性要求，同时必须重视其抗冻、抗渗和抗侵蚀性。 (3)衬砌施工顺序，目前多采用由下到上、先墙后拱的顺序对称连续浇筑。在隧道纵向，则需分段进行，分段长度一般为8～12m。在全断面开挖成形或大断面开挖成形的隧道衬砌施工中，则应尽量使用金属模板台车灌注混凝土整体衬砌
2	混凝土施工	(1)混凝土配合比 ①混凝土拌制前，应测定砂、石含水率，根据测试结果调整施工配合比材料用量。 ②衬砌采用防水混凝土时，防水混凝土配合比和集料级配应经试验确定，可采用防水水泥或掺加增强密实性的外加剂。 ③冬期施工的混凝土可掺加引气剂。 (2)混凝土搅拌 衬砌混凝土应采用强制式混凝土搅拌机搅拌。 (3)混凝土运输 ①混凝土拌合物在运输过程中，应保持均匀性，不应产生分层、离析、撒落及混入杂物等现象；如出现分层、离析现象，应对混凝土拌合物进行二次快速搅拌。 ②严禁在运输过程中向混凝土拌合物中加水。 ③混凝土拌合物运送到浇筑地点后，应按规定检测其坍落度。 (4)混凝土浇筑 ①混凝土浇筑应采用混凝土输送泵送料入模、均匀布料；混凝土入模温度应控制在5～32℃。 ②混凝土应从两侧边墙向拱顶、由下向上依次分层对称连续浇筑，两侧混凝土浇筑高差不应大于1.0m，同一侧混凝土浇筑面高差不应大于0.5m。

序号	项目	内容
2	混凝土施工	③拱、墙混凝土应一次连续浇筑,不得采用先拱后墙浇筑,不得先浇矮边墙。 (5)混凝土振捣 ①宜采用附着式和插入式振捣相结合的方式振捣。 ②振捣不应使模板、钢筋和预埋件移位。 (6)混凝土养护 ①混凝土养护时间不得少于7d。 ②掺加引气剂或引气型减水剂时,混凝土养护时间不得少于14d。 ③隧道内空气湿度不小于90%时,可不进行洒水养护
3	仰拱衬砌、仰拱回填和垫层施工	(1)仰拱混凝土衬砌应先于拱墙混凝土衬砌施工,超前距离应根据围岩级别、施工机械作业环境要求确定,一般不宜大于拱墙衬砌浇筑循环长度的2倍。 (2)仰拱初期支护喷射混凝土及仰拱填充混凝土不得与仰拱衬砌混凝土一次浇筑。 (3)仰拱衬砌混凝土应整幅一次浇筑成形,不得左右半幅分次浇筑,一次浇筑长度不宜大于5.0m。 (4)仰拱和仰拱填充混凝土应在其强度达到2.5MPa后方可拆模。 (5)仰拱、仰拱填充和垫层混凝土浇筑宜采用插入式振捣器振捣密实。 (6)仰拱填充和垫层混凝土强度达到设计强度100%后方可允许运渣车辆通行

★**高频考点:公路隧道施工安全步距要求**

1. 隧道安全步距是指隧道仰拱或二次衬砌到掌子面的安全距离,安全步距主要由隧道围岩级别决定。

2. 公路隧道施工安全步距的要求如下:

(1)仰拱与掌子面的距离,Ⅲ级围岩不得超过90m,Ⅳ级围岩不得超过50m,Ⅴ级及以上围岩不得超过40m。

(2)软弱围岩及不良地质隧道的二次衬砌应及时施作,二次衬砌距掌子面的距离Ⅳ级围岩不得大于90m,Ⅴ级及以上围岩不得大于70m。

B23 隧道衬砌病害的防治

★高频考点：隧道衬砌腐蚀病害

序号	项目	内容
1	原因分析	(1)隧道衬砌物理性腐蚀 ①冻融交替冻胀性裂损。 ②干湿交替盐类结晶性胀裂损坏。 (2)隧道衬砌化学性腐蚀 ①硫酸盐侵蚀。 ②镁盐侵蚀。 ③溶出性侵蚀(软水侵蚀)。 ④碳酸盐侵蚀。 ⑤一般酸性侵蚀
2	预防措施	(1)坚持以排为主，排堵截并用，综合治水。 (2)用各种耐腐蚀材料敷设在混凝土衬砌的表面，作为防蚀层。 (3)在各种腐蚀病害较为严重的地段，除采取排水降低水压外，同时采用抗侵蚀材料作为衬砌，使防水、防蚀设施与结构合为一体。 (4)在隧道的伸缩缝、变形缝和施工缝都设置止水带，从而达到防蚀的目的

★高频考点：隧道衬砌裂缝病害的防治

序号	项目	内容
1	原因分析	(1)不均。 (2)衬砌背后局部空洞。 (3)衬砌厚度严重不足。 (4)混凝土收缩。 (5)不均匀沉降。 (6)施工管理
2	预防措施	(1)设计时应根据围岩级别、性状、结构等地质情况，正确选取衬砌形式及衬砌厚度，确保衬砌具有足够的承载能力。 (2)施工过程中发现围岩地质情况有变化，与原设计不符时，应及时变更设计，使衬砌符合实际需求；欠挖必须控制在容许范围内。

序号	项目	内容
2	预防措施	(3)钢筋保护层厚度必须保证不小于3cm,钢筋使用前应作除锈、清污处理。 (4)混凝土强度必须符合设计要求,宜采用较大的骨灰比,降低水胶比,合理选用外加剂。 (5)确定分段灌筑长度及浇筑速度;混凝土拆模时,内外温差不得大于20℃;加强养护,混凝土温度的变化速度不宜大于5℃/h。 (6)衬砌背后如有可能形成水囊,应对围岩进行止水处理,根据设计施作防水隔离层。 (7)衬砌施工时应严格按要求正确设置沉降缝、伸缩缝
3	治理措施	(1)隧道衬砌裂缝的治理措施可总结为加强衬砌自身强度和提高围岩稳定性两种。对于隧道衬砌裂缝的治理一般会采用锚杆加固、碳纤维加固、骑缝注浆、凿槽嵌补、直接涂抹工艺中的一种或数种相结合的措施。 (2)加强衬砌自身强度可通过对隧道衬砌结构混凝土施工材料进行加固以及通过对衬砌结构的裂缝进行碳纤维加固等措施提升结构自身的承载能力。提高围岩稳定性能够有效地保证隧道衬砌结构施工的安全性,可通过锚固注浆、深孔注浆等措施对围岩进行加固

B24　公路工程项目施工部署

★高频考点：公路工程施工总平面布置图的内容和设计原则

序号	项目	内容
1	公路工程施工总平面布置图的内容	(1)原有地形地物。 (2)沿线的生产、行政、生活等区域的规划及其设施。 (3)沿线的便道、便桥及其他临时设施。 (4)基本生产、辅助生产、服务生产设施的平面布置。 (5)安全消防设施。 (6)施工防排水临时设施。 (7)新建线路中线位置及里程或主要结构物平面位置。 (8)标出需要拆迁的建筑物。 (9)划分的施工区段。

序号	项目	内容
1	公路工程施工总平面布置图的内容	(10)取土和弃土场位置。 (11)标出已有的公路、铁路线路方向和位置与里程及与施工项目的关系,以及因施工需要临时改移的公路的位置。 (12)控制测量的放线标桩位置
2	公路工程施工总平面布置图的设计原则	(1)在保证施工顺利的前提下,充分利用原有地形、地物,少占农田,因地制宜,以降低工程成本。 (2)充分考虑水文、地质、气象等自然条件的影响,尤其要慎重考虑避免自然灾害(如洪水、泥石流)的措施,保护施工现场及周围生态环境。 (3)场区规划必须科学合理,应以生产流程为依据,并有利于生产的连续性。 (4)场内运输形式的选择及线路的布设,应力求使材料直达工地,尽量减少二次倒运和缩短运距。 (5)一切设施和布局,必须满足施工进度、方法、工艺流程、机械设备及科学组织生产的需要。 (6)必须符合安全生产、环保、消防和文明施工的规定和要求

B25 公路工程项目试验管理

★高频考点：公路工程项目试验管理要点

序号	项目	内容
1	工地试验室人员管理	(1)工地试验室应加强试验检测人员考勤管理,确保日常工作有效开展。 (2)工地试验室应保持试验检测人员相对稳定,因特殊情况确需变动的,应由母体检测机构报经建设单位同意,并向项目质监机构备案。 (3)工地试验室应将试验检测人员的姓名、岗位、照片等信息予以公开。试验检测人员进行作业时应统一着装并挂牌上岗。 (4)工地试验室应重视试验检测人员劳动保护工作。试验检测人员在进行有毒、有腐蚀性、有强噪声等试验操作时,必须按要求佩戴相应的防护用具。

序号	项目	内容
1	工地试验室人员管理	（5）工地试验室应制定全员学习培训计划，定期或不定期地组织学习有关政策、质量体系文件、标准规范规程以及试验检测操作技能、职业素养等知识，不断提高试验检测人员综合能力和水平。 （6）工地试验室应按照规定及时对试验检测人员进行年度信用评价
2	工地试验室设备管理	（1）工地试验室应制定仪器设备管理制度，一般应包括采购、验收、检定/校准、使用维护、故障处理、核实降级与质量处理、仪器设备档案管理等制度。 （2）仪器设备经检定/校准或功能检验合格后方可投入使用。工地试验室应编制仪器设备的检定/校准计划，通过检定/校准和功能检验等方式对仪器设备进行量值溯源管理。 （3）仪器设备在检定/校准周期内如存在修理、搬运、移动等情况，应重新进行检定/校准。对于性能不稳定、使用频率高和进行现场检测的仪器设备，以及在恶劣环境下使用的仪器设备应进行期间核查。 （4）仪器设备应实施标识管理，分为管理状态标识和使用状态标识；管理状态标识包括设备名称、编号、生产厂商、型号、操作人员和保管人员等信息；使用状态标识分为"合格""准用""停用"三种，分别用"绿""黄""红"三色标签进行标识。 （5）在使用仪器设备过程中，相关人员应注意人身和设备安全，使用完毕应切断电源、清扫现场，保持仪器设备的清洁。使用仪器设备时应按要求填写使用记录。 （6）仪器设备应定期进行维护和保养，并按要求填写维护保养记录。 （7）化学试剂（危险品）存放地点应按有关规定设置，并严格管理。 （8）办公设备和交通工具应加强日常管理和维护，确保使用状态良好
3	工地试验室环境管理	（1）工地试验室应保持室内外环境干净、整洁，日常清扫及检查工作应落实到人。 （2）工地试验室产生的废水、废气、废渣应安全排放。试验废水应经沉淀后方能排放，化学废液应进行中和处理后方能排放。试验固体废弃物应集中存放，定期清理到指定位置，不得随意摆放、丢弃。

序号	项目	内容
3	工地试验室环境管理	(3)工地试验室的消防设施应有专人管理,并定期对灭火器材进行检查,始终保持有效
4	工地试验室档案管理	(1)工地试验室应对相关资料分类建档,便于管理和查询。档案资料应及时填写、整理和归档。 (2)人员档案应一人一档,内容包括个人简历、身份证件、毕业证、职称证、资格证、劳动合同、任职文件、培训和考核记录等。 (3)设备档案一般应按一台一档建立,对于同类型的多个小型仪器设备可集中建立一套档案,但每个仪器均应进行唯一性编号。设备档案包括设备履历表、出厂合格证、产品说明书、历次检定/校准证书或记录、维修保养记录、使用记录等内容。 (4)试验检测台账分为管理和技术台账。管理台账一般包括人员、设备、标准规范等台账;技术台账一般包括原材料进场台账、样品台账、试验/检测台账、不合格材料台账、外委试验台账。台账应格式统一、简洁适用、信息齐全,台账的填写和统计应及时、规范。 (5)试验检测数据报告的格式和要素、记录表和报告的编制应符合《公路试验检测数据报告编制导则》JT/T 828—2012要求。试验记录一律用蓝、黑色钢笔或签字笔书写,字迹应清晰、工整,试验报告结论表述应规范、准确。 (6)工地试验室应根据工程内容配齐试验检测工作所需的标准、规范和规程,并进行控制管理;及时进行查新更新,确保在用标准规范有效。 (7)工地试验室应注意收集隐蔽工程、关键部位的工程质量检验图片及影像资料,及时整理归档。 (8)工地试验室应按相关要求做好文件的收发、登记和流转工作
5	工地试验样品管理	(1)工地试验室应制订样品管理制度,对样品的取样、运输、标识、存储、留样及处置等全过程实施严格的控制和管理。 (2)样品的取样方法、数量应符合规范、规程要求,满足试验过程需要。如有必要,在取样的同时要留存满足复验需要的样品。取样应具有代表性,并有相应记录。 (3)样品应进行唯一性标识,确保在流转过程中不发生混淆且具有可追溯性。样品标识信息应完整、规范。样品在流转过程中应标明流转状态。

序号	项目	内容
5	工地试验样品管理	(4)试验结束后,如无异议,工地试验室应按有关规定对试验样品进行处置,处置过程应符合安全和环保要求。如需留样,样品的留存方法、数量和期限等应符合有关规定,留存样品应有留样记录
6	工地试验外委管理	(1)工地试验室应加强外委试验管理,超出母体检测机构授权范围的试验检测项目和参数应进行外委,外委试验应向项目建设单位报备。 (2)接受外委试验的检测机构应取得《公路水运工程试验检测机构等级证书》(含相应参数)、通过计量认证(含相应参数)且上年度信用等级为B级及以上。工地试验室应将接受外委试验的检测机构的有关证书复印件存档备查。 (3)外委试验取样、送样过程应进行见证。工地试验室应对外委试验结果进行确认。 (4)工程建设项目的同一合同段中的施工、监理单位和检测机构不得将外委试验委托给同一家检测机构
7	其他要求	(1)工地试验室应加强质量控制和管理,确保工地试验检测活动规范有效,试验检测数据客观准确。严禁编造虚假数据、记录和报告,严禁代签试验检测报告。 (2)工地试验室应按有关规范和合同文件规定的频率开展试验检测工作。 (3)试验检测操作应严格按照试验检测规程进行。试验检测所需的环境条件应满足有关标准、规范和规程要求。 (4)工地试验室应加强岗位技术培训,积极参加项目质监机构、建设单位组织的能力验证等活动,持续提高业务技能。 (5)工地试验室应重视试验检测信息化建设。鼓励质监机构或项目建设单位构建统一的试验检测信息化管理平台,平台建设应考虑运用数据资源共享、遏制数据造假、远程监控等功能。 (6)母体检测机构应定期对授权工地试验室进行检查指导,确保授权工作规范有效,检查过程应有记录,检查结果应有落实和反馈,在母体试验室和工地试验室分别存档备查

B26　公路工程项目安全管理措施

★高频考点：路基工程施工安全管理措施

序号	项目	内容
1	路基挖(填)方工程	(1)取土场(坑) ①取土场(坑)的边坡、深度等应满足设计要求，且不得危及周边建(构)筑物等既有设施的安全。 ②取土场(坑)底部应平顺并设有排水设施，取土场(坑)边周围应设置警示标志和安全防护设施，宜设置夜间警示和反光标识。 ③地面横向坡度陡于1∶10的区域，取土坑应设在路堤上侧。 ④取土坑与路基间的距离应满足路基边坡稳定的要求，取土坑与路基坡脚间的护坡道应平整密实，表面应设1%~2%向外倾斜的横坡。 (2)路堑开挖 应采取保证边坡稳定的措施，边坡有防护要求的应开挖一级防护，且应自上而下开挖，不得掏底开挖、上下同时开挖、乱挖超挖。 (3)路基高填方路堤施工应符合下列规定： ①应及时施做边坡临时排水设施。 ②作业区边缘应设置明显的警示标志。 ③应进行位移监测。 (4)靠近结构物处挖土应采取安全防护措施。路基范围内暂时不能迁移的结构物应预留土台，并应设警示标志
2	不良地质工程	(1)滑坡、崩塌、泥石流等地质灾害，应对地质灾害危险性进行风险等级的划分，风险等级高的区域必须采取支护措施，风险等级相对较低的或无法采取措施的高风险区域进行安全警戒和安全监测。 (2)崩塌危岩体区域，应尽量在施工前将危岩体清除，或采取主动网、被动网防护，采用锚杆、锚索固定，设置挡土墙，采取灌浆固结或柔性支护等措施进行防治，对规模较大的滑坡，施工阶段应当尽量避免对坡脚进行开挖扰动；对于部分覆盖层厚度较大的地段，采用合理的开挖坡比，并辅以相应的挡土墙等防治措施。针对本工程山势陡峭，部分危岩体施工人员无法达到，因此，施工

序号	项目	内容
2	不良地质工程	时应加强安全监测,每日记录危岩体的变化有无异常,下方应设置安全警示标志,车辆通过前应仔细观察,确保安全后快速通过。危岩体下方施工时,应设专人警戒,设置有效的声音信号(如安全哨、对讲机等)。 (3)泥石流地段,应采取防排水、排导、清方、拦挡等综合处治措施,流通区设置拦挡结构,堆积区进行排导停淤,针对规模较大的泥石流采取支挡或排导的防治措施。 (4)山体上的危岩体、堆积体应予以清除,不能清除时,应进行安全监测,施工时应安排专人警戒,设备应合理布局,建构筑物和设备应采取防砸措施。 (5)滑坡体未处理之前,严禁在滑坡体上增加荷载,严禁在滑坡前缘减载。滑坡体可采用削坡减载方案整治,减载应自上而下进行,严禁超挖或乱挖,严禁爆破减载。 (6)松散岩堆地段施工前,可视岩堆的具体情况,采取岩堆顶部局部削坡减载的措施。路基施工时应尽量不扰动岩堆体、破坏原有的边坡。在岩堆特别松散的地段填筑路基时,不使用振动碾压设备或振动时采用低振幅。 (7)不良地质地段施工时,应设置醒目的安全警示标志,并设置专职人员进行观察、警戒,配备对讲机或应急喇叭,确保发生异常情况时能及时发出预警信号
3	路堑高边坡施工风险控制措施	(1)在施工前进行实地调查,及早发现老滑坡、潜在滑坡等新情况,完善设计方案和工程措施;在施工过程中及时监测、掌握地质信息,避免边坡失稳事故发生。 (2)开挖前做好坡顶截水沟、临时排水沟,坡顶和各级平台不得有积水。开挖中遇到地下水出露时,必须先做好排水后开挖。 (3)在滑坡体上开挖土方应按照从上向下开挖一级加固一级的顺序施工,对滑坡体加固可按照从滑体边缘向滑体中部逐步推进加固、分段跳槽开挖施工,当开挖一级边坡仍不能保证稳定时应分层开挖分层加固。 (4)有加固工程的土质边坡在开挖后应在1周内完成加固,其他类型边坡开挖后应尽快完成加固工程,不能及时完成加固的应暂停开挖。 (5)人员不在机械作业范围内交叉施工,上方机械挖方施工下方不得有人。挖土机的铲斗不能从运土车驾驶室顶上越过。不得用铲斗载人。

序号	项目	内容
3	路堑高边坡施工风险控制措施	(6)施工车辆保证良好状况;合理确定土方装、运顺序和行驶路线;人车不混行;维修加固运土便道;大风、大雨、浓雾、雷电时应暂停施工。 (7)高边坡上作业人员应系安全带,施工人员身体不适、喝酒后不得上高边坡作业。大风、大雨、浓雾和雷电时应暂停作业。 (8)边坡上施工机械,应与边缘保持足够的安全距离。出现不稳定现象(如裂缝、局部塌方)时,及时撤离。下雨、停工休息时机械撤到安全区域停放妥当。 (9)爆破器材运输保管施工操作等应按有关规定严格执行,雷雨季节应采用非电起爆法。 (10)采取浅孔少装药、松动爆破等飞石少的方法,放炮前设专人警戒,定时爆破,不得用石块覆盖炮孔,爆破后15min后才能进入现场,按规定检查和处理盲炮,检查处理危石
4	预应力锚固施工风险控制措施	(1)锚索钻孔注浆后,要立即施工外部框架等结构,及时张拉,对边坡形成有效锚固作用。 (2)钻孔后要清孔,锚索入孔后1h内注浆。采用二次注浆加大锚固力。正式施工前应进行锚固力基本试验,对锚固力较小的地层应加大钻孔孔径和锚固段长度。 (3)钻机机手与配合人员之间要分工明确,协调配合,防止机械旋转部分挤、夹、绞伤手指。 (4)切割机安放稳固,由专人操作,戴安全帽、防护镜,切割时前方不得站人,外露旋转部分要安装防护罩。 (5)锚索张拉时,千斤顶后区域方严禁站人。 (6)钻孔施工平台脚手架采用钢管和扣件搭设,脚手架立杆应置于稳定的岩土体上,立杆底部应水平并支垫木板防滑。 (7)脚手架高度在10~15m时,应设置一组(4~6根)缆风索,每增高10m再增加1组,缆风索的地锚应牢固。 (8)经常检查脚手架完好性,发现扣件松动、钢管损坏、架子整体变形等不安全状况时要立即停止施工,加固完善后再施工。 (9)混凝土模板用钢管加固,与边坡岩体联接牢固,施工时下方不得站人。 (10)风管、送浆泵应架空,顺地摆放时应避免车辆碾压和落实砸破

★高频考点：路面工程施工安全管理措施

序号	项目	内容
1	沥青混凝土路面	（1）封层、透层、粘层施工应符合下列规定： ①喷洒前应做好检查井、闸井、雨水口的安全防护。 ②洒布车行驶中不得使用加热系统。洒布地段不得使用明火。 ③小型机具洒布沥青时，喷头不得朝外，喷头10m范围内不得站人，不得逆风作业。 ④大风天气，不得喷洒沥青。 （2）沥青储存地点应配备灭火器、消防砂等消防设施，并应设置警示标志。 （3）沥青脱桶、导热油加热沥青作业应采取防火、防烫伤措施。 （4）沥青混合料拌合作业应符合下列规定： ①拌合作业开机前应警示，拌合机前不得站人，拌合过程中人员不得跨越皮带或调整皮带运输机。 ②拌合机点火失效时，应关闭喷燃器油门，并应通风清吹后再行点火。 ③拌合过程中人员不得在石料溢流管、升起的料斗下方站立或通行。 ④沥青罐内检查不得使用明火照明。 ⑤沥青拌合站应配备灭火器、消防沙等消防设施。 （5）整平和摊铺作业应临时封闭交通、设明显警示标志，下承层内的各类检查井口应稳固封盖，辅助作业人员应面向压路机方向作业，设备之间应保持安全距离。 （6）碾压作业应符合下列规定： ①多台压路机同时作业时，各机械之间应保持安全距离。 ②作业人员应在行驶机械后方清除轮上黏附物。 ③碾压区内人员不得进入，确需人员进入的应安排专人监护
2	水泥混凝土路面	（1）混凝土拌合前应确认搅拌、供料、控制等系统运行正常。 （2）维修、保养或检查清理搅拌系统、供料系统应封闭下料门、切断电源、锁定安全保护装置、悬挂"严禁合闸"安全警示标志，并派专人看守。 （3）混凝土浇筑过程中应检查模板、支架、钢筋骨架的稳定、变形情况，发现异常，应立即停止作业，并应整修加固。

序号	项目	内容
2	水泥混凝土路面	(4)混凝土养护应符合下列规定： ①覆盖养护时，预留孔洞周围应设置安全护栏或盖板，并应设置安全警示标志，不得随意挪动。 ②洒水养护时，应避开配电箱和周围电气设备。 (5)摊铺作业布料机与振平机应保持安全距离。 (6)切缝、刻槽作业范围应设警戒区

★高频考点：桥梁工程施工安全管理措施

序号	项目	内容
1	基坑施工风险控制措施	(1)基坑临近各类管线、建(构)筑物时，开挖前应按施工组织设计的要求实施拆移、加固或保护措施，经检查符合要求后，方可开挖。 (2)开挖中，出现基坑顶部地面裂缝、坑壁坍塌或涌水、涌沙时，必须立即停止施工，人员撤离危险区，待采取措施确认安全后，方可恢复施工。 (3)施工现场附近有电力架空线时，应设专人监护。 (4)基坑外堆土时，堆土应距基坑边缘 1m 以外，堆土高度不得超过 1.5m。 (5)人工清基应在挖掘机停止运转，且挖掘机指挥人员同意后进行，严禁在机械回转范围内作业。 (6)基坑内应设安全梯或土坡道等攀登设施。基坑周边应设防护栏杆
2	支架现浇法施工风险控制措施	(1)支架法施工前，应根据结构特点、混凝土施工工艺和现行的有关要求对支架进行施工专项安全设计，并制定安装、拆除程序及安全技术措施。 (2)支架立柱应置于平整、坚实的地基上，立柱底部应铺设垫板或混凝土垫块扩散压力；支架地基处应有排水措施，严禁被水浸泡。 (3)支架的立柱应设水平撑和双向斜撑，斜撑的水平夹角以 45°为宜；立柱高于 5m 时，水平撑间距不得大于 2m，并在两水平撑之间加剪刀撑。 (4)支架高度较高时，应设一组缆风绳。 (5)在河水中支搭支架应设防冲撞设施，并应经常检查防冲撞设计和支架状况，发现松动、变形、沉降应及时加固。

序号	项目	内容
2	支架现浇法施工风险控制措施	(6)支架搭设应满足下列要求： ①立杆应竖直,2m高度的垂直偏差不得大于1.5cm；每搭完一步支架后,应进行校正。立杆的纵、横间距应符合施工设计的要求,每搭完一步支架后,应进行校正。 ②可调底座的调节螺杆伸出长度超过30cm时,应采取可靠的固定措施。 ③满堂红支架的四边和中间每隔四排立杆应设置一道纵向剪刀撑,由底至顶连续设置。 ④高于4m的满堂红支架,其两端和中间每隔四排立杆应从顶层开始向下每隔两步设置一道水平剪刀撑。 (7)支架应按照施工设计要求的方法、程序拆除；严禁使用机械牵引、推倒的方法拆除。 (8)拆除作业应自上而下进行,不得上下多层交叉作业。 (9)拆除支架时,必须确保未拆除部分的稳定,必要时应对未拆部分采取临时加固、支撑措施,确认安全后,方可拆除
3	墩柱（塔）施工风险控制措施	(1)翻模法施工风险防控措施 ①高墩翻模施工应编制专项施工方案,并组织专家论证。 ②翻模强度、刚度及稳定性应满足要求,模板安装前应组织相关人员验收和试拼装,模板及其支架应采取有效的防倾覆临时固定措施。混凝土强度达到设计要求后方可拆模及进行模板翻转。 ③翻模施工时使用起重设备,应经检测合格,安全装置齐全、有效,起重设备操作人员应持证上岗,严格按照操作规程作业。 ④翻模施工使用的机械设备、机具应做好日常维护、保养,使用前应进行认真检查,保持良好的状态。 ⑤翻模施工搭设作业平台应具备足够的强度、刚度或稳定性,有足够的立足面,设置安全护栏、通道、安全网等安全防护设施,高处作业时应正确使用安全带。 ⑥作业面工具、材料应规范规范,吊物捆扎牢固,随身携带工具袋,不用的工具放入工具袋。 ⑦高墩施工人员上下必须使用之字形爬梯,安全网、防护栏等防护设施应安全可靠。 (2)起重设备应经有资质的单位检测合格,塔吊、钢丝绳、挂钩等满足安全要求,安全装置齐全、有效,操作人员持证上岗,严格按照操作规程操作。

序号	项目	内容
3	墩柱(塔)施工风险控制措施	(3)作业平台强度、刚度或稳定性应满足要求,作业面设置安全护栏,临边、悬空作业时正确使用安全带,严禁在危险区域嬉戏、打闹或休息。 (4)整体模板吊装前,模板要连接牢固,内撑拉杆、箍筋应上紧;吊点要正确牢固;起吊时,应拴好溜绳,并听从信号指挥;不得超载。 (5)施工单位应按要求对墩柱模板进行检查和验收,模板连接螺栓应施工高强度螺栓,缆风绳应牢固固定。 (6)钢筋笼吊运和安装过程中,应按要求进行固定,并采取防风措施防止钢筋笼摇摆和跌落。 (7)用吊斗浇筑混凝土,吊斗提降,应设专人指挥。升降斗时,下部的作业人员必须躲开,上部人员不得身倚栏杆推吊斗,严禁吊斗碰撞模板及脚手架。 (8)外附脚手架和悬挂脚手架应满铺脚手板或钢板网,脚手架外侧设栏杆、安全网或钢板网。底部满铺脚手板或钢板网,四周设置安全网或钢板网。每步脚手架间应设爬梯,人员应由爬梯上下,进行爬架工作应在爬架内上下,禁止攀爬模板脚手架或爬架外侧上下。 (9)作业人员应背工具袋用于存放工具和零件,防止物件跌落,禁止在高空向下抛物。 (10)模板安装前应组织相关人员验收和试拼装,模板及其支架应采取有效的防倾覆临时固定措施。 (11)拆除模板应按先支的后拆,后支的先拆顺序进行拆除。作业区域下面应设警戒区域,说明显标志,防止人员进入。模板拆除不得采取硬撬。拆除的模板应随拆随清理,避免发生钉子扎脚、阻碍通行发生事故。 (12)桥墩人员上下应设置通道,通道应进行强度、刚度、稳定性计算,基础应平整、坚固,通道应使用连接件固定,防护网、防护栏杆等防护设施应安全可靠,通道上严禁堆载。 (13)墩柱应采取防撞措施
4	悬臂浇筑施工风险控制措施	(1)施工前应对墩顶段浇注托架、梁墩锚固、挂篮、梁段模板、挠度控制和合龙等进行施工设计。挂篮的安装必须符合设计要求,焊接和栓接必须满足现行《公路桥涵施工技术规范》JTG/T 3650—2020有关要求。 (2)挂篮加工完成后应先进行试拼;挂篮正式拼装应在起步长度梁段(墩顶段或0号段)混凝土达到要求的强度后才能进行,拼装时应两边对称进行。

序号	项目	内容
4	悬臂浇筑施工风险控制措施	(3)浇筑墩顶段(0号段)混凝土前,应对托架、模板进行检验和预压,消除杆件连接缝隙、地基沉降和其他非弹性变形。 (4)挂篮的抗倾覆、锚固和限位结构的安全系数均不得小于2。 (5)挂篮组拼后应检查锚固系统和各杆件的连接状况,经验收并进行承重试验确认合格,并形成文件后,方可投入使用。 (6)挂篮行走滑道应平顺、无偏移;挂篮行走应缓慢,速度宜控制在0.1m/min以内,并应由专人指挥。 (7)挂篮安装后,应进行全面的安装质量检查,确认安装质量符合要求后,应按设计荷载进行加载试验,以检验挂篮的承载能力、测量弹性变形量和残余变形量、控制各段梁体的抛高量(预抬量或预拱度);加载和卸载要分级进行。 (8)挂篮应呈全封闭状态,四周应有围护设施,操作平台下应挂安全网、上下应有专用扶梯。 (9)混凝土浇筑前,应再次检查挂篮的承重结构、锚固系统、悬吊系统、模板系统等的安全性、可靠性。 (10)挂篮移动行走,在解除挂篮尾部锚固前,应先在挂篮尾部安装足够的平衡重,以防止挂篮倾覆;挂篮的移动行走应两端对称、缓慢地进行。并应加强观测,防止转角、偏位而造成挂篮受扭
5	架桥机施工风险控制措施	(1)采用架桥机架梁,应制定合理的架设方案和相应的安全技术措施。向全体作业人员(含机械操作工)进行安全技术交底。 (2)现场安装后须经专业的检测检验机构检验合格,发放使用证,挂验收合格牌后方可投入使用。 (3)在架梁过程中,施工现场必须根据环境状况设作业区,并设护栏和安全标志,必要时应设专人值守,严禁非施工人员入内。 (4)架梁时,其电源必须设专人进行控制,并设合格的专职电工;机修工应跟班作业,严防电源突然中断或架桥机电气、机械故障引发各类事故。 (5)架桥机纵向运行轨道两侧规定高度要求对应水平,保持平稳。前、中、后支腿各横向运行轨道要求水平,并严格控制间距,三条轨道必须平行。

序号	项目	内容
5	架桥机施工风险控制措施	(6)斜交桥梁混凝土梁安装时,架桥机前、中、后支腿行走轮位置,左右轮要前后错开,其间距可根据斜交角度计算,以便支腿轮可在同一横向轨道上运行。 (7)架桥机纵向移动要做好一切准备工作,要求一次到位,不允许中途停顿。 (8)架桥机天车携带混凝土梁纵向运行时,前支腿部位要求用手拉葫芦与横移轨道拉紧固定,加强稳定性。 (9)安装桥梁有上下坡时,架桥机纵向移动要有防止滑行措施。 (10)架桥机安装作业时,要经常注意安全检查,每安装一孔必须进行一次全面安全检查,发现问题要停止工作并及时处理后才能继续作业,不允许机械电气带故障作业。 (11)安装作业不准超负荷运行,不得斜吊提升作业。 (12)连接销子加工材质必须按设计图纸要求进行,不得用低钢号加工代替。 (13)大雨、大雪、大雾、沙尘暴和六级(含)风以上等恶劣天气必须停止架梁作业。五级风以上严禁作业,必须用索具稳固架桥机和起吊天车,架桥机停止工作时要切断电源,以防发生意外。 (14)架桥机作业必须明确分工,统一指挥,要设专职操作人员、专职电工和专职安全员。要有严格的施工组织及措施,以确保施工安全。 (15)架桥机应设置避雷装置。 (16)在架桥机纵移或横移轨道两端,必须设置挡铁,以保证架桥机的移位安全。 (17)架桥机工作前,应调整前、中、后支腿高度,使架桥机主梁纵向坡度<1.5%。纵向行走轨道的铺设纵坡<3%,不满足时应调整至此要求。 (18)桥台位置、曲线超高段等不利位置架梁,应制定详细的安全技术措施,防止架桥机坍塌事故发生

★高频考点:高处作业安全管理措施和水上作业安全管理措施

序号	项目	内容
1	高处作业安全管理措施	(1)在进行高处作业时,除了满足前面提到的高空作业相关要求以外,还应该结合工程特点,制定各种相应的安全防护技术措施,其安全技术相关要求如下:

序号	项目	内容
1	高处作业安全管理措施	①高处作业应符合现行《建筑施工高处作业安全技术规范》JGJ 80—2016 的有关规定。 ②高处作业不得同时上下交叉进行。 ③高处作业下方警戒区设置应符合现行《高处作业分级》GB 3608—2008 的有关规定。 ④高处作业人员不得沿立杆或栏杆攀登。高处作业人员应定期进行体检。 ⑤高处作业场所临边应设置安全防护栏杆。 (2)高处作业场所的孔、洞应设置防护设施及警示标志。 (3)安全网质量应符合现行《安全网》GB 5725—2009 的规定,并应符合下列规定: ①安全网安装应系挂安全网的受力主绳验收。安装和使用安全网不得系挂网格绳。安装完毕应进行检查、验收。 ②安全网安装或拆除应根据现场条件采取防坠落安全措施。 ③作业面与坠落高度基准面高差超过 2m 且无临边防护装置时,临边应挂设水平安全网。作业面与水平安全网之间的高差不得超过 3.0m,水平安全网与坠落高度基准面的距离不得小于 0.2m。 ④安全带使用除应符合现行《安全带》GB 6095—2009 的规定外,还应符合下列规定: A. 安全带除应定期检验外,使用前还应进行检查。织带磨损、灼伤、酸碱腐蚀或出现明显变硬、发脆以及金属部件磨损出现明显缺陷或受到冲击后发生明显变形的,应及时报废。 B. 安全带应高挂低用,并应扣牢在牢固的物体上。 C. 安全带的安全绳不得打结使用,安全绳上不得挂钩。 D. 缺少或不易设置安全带吊点的工作场所宜设置安全带母索。 E. 安全带的各部件不得随意更换或拆除。 F. 安全绳有效长度不应大于 2m,有两根安全绳的安全带,单根绳的有效长度不应大于 1.2m。 G. 严禁安全绳用作悬吊绳。严禁安全绳与悬吊绳共用连接器;新更换安全绳的规格及力学性能必须符合规定,并加设绳套。 (4)高处作业上下通道应根据现场情况选用钢斜梯、钢直梯、人行塔梯,各类梯子安装应牢固可靠。

序号	项目	内容
1	高处作业安全管理措施	（5）吊篮作业应符合现行《高处作业吊篮》GB/T 19155—2017 的有关规定，且应使用专业厂家制作的定型产品，不得自行制作吊篮。 ①高处作业吊篮安装拆卸工应按照有关规定经专业机构培训，并应取得相应的从业资格。 ②登高梯上端应固定，吊篮和临时工作台应绑扎牢靠。 ③吊篮和工作台的脚手板必须铺平绑牢，严禁出现探头板。 （6）脚手架的强度、刚度和稳定性应能承受施工期间可能产生的各项荷载。 （7）高处作业现场所有可能坠落的物件均应预先撤除或固定。所存物料应堆放平稳，随身作业工具应装入工具袋，不得向下抛掷拆卸的物料。 （8）雨雪季节应采取防滑措施
2	水上作业安全管理措施	（1）施工准备 ①应及时了解当地气象、水文、地质等情况，掌握施工区域附近的桥梁、隧道、大坝、架空高压线、水下线管、取水泵房、危险品库、水产品养殖区以及避风锚地、水上应急救援资源等情况。 ②开工前，应根据施工需要设置安全作业区，并办理水上水下施工作业许可证，发布航行通告。 ③水上作业人员应正确穿戴救生衣等个人安全防护用品。 （2）工程船舶 ①工程船舶必须持有效的船检证书，船员必须持有与其岗位相适应的适任证书，船员配置必须满足最低安全配员要求。 ②工程船舶应按规定配备有效的消防、救生、堵漏和油污应急设施，制订安全技术措施和应急预案，并应按规定定期演练。施工船舶应安装船舶定位设备，保证有效的船岸联系。 ③工程船舶甲板、通道和作业场所应根据需要设有防滑装置。施工船舶楼梯、走廊等应保持通畅，梯口、应急场所应设有醒目的安全警示标志。 ④工程作业船舶作业、航行或停泊时，应按规定显示号灯或号型。 ⑤在狭窄水道和来往船舶频繁的水域施工时，应设专人值守通信频道。

序号	项目	内容
2	水上作业安全管理措施	⑥遇雨、雾、霾等能见度不良天气时,工程船舶和施工区域应显示规定的信号,必要时应停止航行或作业。 ⑦靠泊船舶上下人或两船间倒运货物,应搭设跳板、扶手及安全网。 ⑧定位船及抛锚作业船,其锚链、锚缆滚滑区域不得站人,锚缆伸出的水域应设置警示标志。 (3)起重船作业应符合下列规定: ①作业前,人员应熟悉吊装方案,明确联系方式和指挥信号。 ②吊装前,吊钩升降、吊臂仰俯、制动性能良好。安全装置应正常有效。 (4)打桩船作业应符合下列规定: ①打桩架上的活动物件应放稳、系牢,打桩架上的工作平台应设有防护栏杆和防滑装置。 ②穿越群桩的前缆应选择合适位置,绞缆应缓慢操作,缆绳两侧10m范围内不得有工程船舶或作业人员进入。 ③桩架底部两侧悬臂跳板的强度和刚度应满足作业要求,跳板的移动和封固装置应灵活、牢固、有效。 ④打桩船电梯笼必须设防坠落安全装置,笼内必须设置升降控制开关。桩锤检修或加油时,严禁启动吊锤卷扬机。 (5)水中围堰(套箱)和水中作业平台应设置船舶靠泊系统和人员上下通道,临边应设置高度不低于1.2m的防护栏杆,挂设安全网和救生圈。四周应设置警示标志和夜间航行警示灯光信号,通航密集水域应配备警戒船和应急拖轮

★高频考点:特种设备安全管理措施

序号	项目	内容
1	总体规定	(1)特种设备生产、使用单位的主要负责人应当对本单位特种设备的安全和节能全面负责。 (2)特种设备使用单位应当在设备投入使用前或者投入使用后30d内到设备所在地市以上的特种设备安全监督管理部门办理特种设备使用登记。登记标志应当置于或者附着于该特种设备的显著位置

序号	项目	内容
2	特种设备定期检验	(1)特种设备报检。特种设备使用单位应在特种设备检验合格有效期届满前1个月向特种设备检验检测机构提出定期检验要求(各特种设备的检验日期可从检验报告、合格标志查看)。 (2)特种设备报检要求。起重机械报检时,必须提供保养合同、有效的作业人员证件。 (3)特种设备换证。特种设备检验合格后,携带使用证、检验合格标志、检验报告、保养合同、保养单位的保养资质到有关主管部门办理年审换证手续
3	特种设备现场安全管理	(1)悬挂使用登记证。特种设备使用登记证(可使用复印件)置于特种设备旁边。 (2)安全标志、标识的张贴 ①警示标志、安全注意事项。 ②禁用标志。特种设备停用后,应将设备的电源断开,在设备显眼的地方张贴"禁止使用"的标志。 (3)重点监控特种设备标志。纳入本单位安全管理重点监控的特种设备,应在设备明显位置,标注"重点监控特种设备"。 (4)特种设备管理制度、责任制、操作规程的张贴。将特种设备管理制度、责任制、操作规程张贴到相应的部门、工作岗位、特种设备使用场所。 (5)设备安全运行情况。 ①特种设备的安全附件在校验有效期内,并灵敏可靠;特种设备在许可条件下使用,无异常情况出现。 ②特种设备作业人员持有效证件上岗(随身携带副证以备检查),对设备运行情况及时进行记录(查验设备运行记录),无违章作业现象。 (6)设备环境情况。设备的工作环境应整洁、明亮通畅,符合安全环保、节能降耗的使用要求

★高频考点:其他安全管理措施

序号	项目	内容
1	触电事故预防管理措施	(1)施工现场临时安装的电气设备必须符合安全用电要求,并配备专职电工管理,其他人员不得擅自接电、拉线。

序号	项目	内容
1	触电事故预防管理措施	(2)施工现场临时用电应符合现行《施工现场临时用电安全技术规范》JGJ 46—2005 的有关规定。施工用电设备数量在 5 台及以上,或用电设备容量在 50kW 及以上时,应编制用电组织设计。施工现场临时用电工程专用的电源中性点直接接地的 220/380V 三相四线制低压电力系统,必须符合下列规定: ①采用三级配电系统。 ②采用 TN-S 接零保护系统。 ③采用二级保护系统。 (3)坚持"一机、一闸、一漏、一箱"。配电箱、开关箱要合理设置,避免不良环境因素损害和引发电气火灾,其装设位置应避开污染介质、外来固体撞击、强烈振动、高温、潮湿、水溅以及易燃易爆物等。 (4)雨天禁止露天电焊作业
2	机械伤害事故预防管理措施	(1)机械设备应按其技术性能的要求正确使用。缺少安全装置或安全装置已失效的机械设备不得使用。 (2)按规范要求对机械进行验收,验收合格后方可使用。 (3)机械操作工持证上岗,工作期间坚守岗位,按操作规程操作,遵守劳动纪律。 (4)处在运行和运转中的机械严禁对其进行维修、保养或调整等作业。 (5)机械设备应按时进行保养,当发现有漏保、失修或超载带病运转等情况时,机料处应停止其使用
3	中毒事故预防管理措施	(1)人工挖孔桩中,要进行毒气试验和配备通风设施。 (2)严禁现场焚烧有害有毒物质。 (3)工人生活设施符合卫生要求,不吃腐烂、变质食品。炊事员持健康证上岗。暑伏天要合理安排作息时间,防止中暑脱水现象发生
4	火灾事故预防管理措施	(1)施工现场必须设置足够的消防设备。 (2)预防监控措施 ①施工现场内严禁使用电炉子,使用碘钨灯时,灯与易燃物间距要大于 30cm,室内不准使用功率超过 60W 的灯泡,最好采用低能耗、冷光源的节能灯。 ②存放易燃气体、易燃物仓库内的照明装置一定要采用防爆型设备,导线敷设、灯具安装、导线与设备连接均应满足有关规范要求

序号	项目	内容
5	暴风雨预防管理措施	（1）项目部应每日了解天气情况，合理组织施工，避免降雨时在不良地质段及其影响区域施工，下雨时停止在不良地质及影响范围内施工，人员应撤至安全位置。降雨后应加强对施工现场的检查巡视。 （2）预防监控措施 ①基础土方施工应根据实际情况设置有效的排(降)水措施。 ②六级以上大风严禁登高作业，塔式起重机、施工电梯等应按规定安装接地保护和避雷装置
6	吊装系统倾覆管理措施	（1）梁板吊装施工进行技术交底，加强施工作业人员的安全意识。 （2）梁板吊装系统严格按设计图纸进行施工，保证架桥机的安全性能。 （3）起吊荷载不超过设计荷载。 （4）加强现场检查工作，发现有安全隐患时立即处理排除

B27　公路工程工程量清单计价的应用

★高频考点：编写工程量清单注意事项

序号	项目	内容
1	将开办项目作为独立的工程子目单列出来	开办项目往往是一些一开工就要发生或开工前就要发生的项目，如工程保险、施工环保费、安全生产费、临时工程与设施、承包人驻地建设、施工标准化等。如果将这些项目包含在其他项目的单价中，到承包人开工时，上述各种款项将得不到及时支付，这不仅影响合同的公平性和承包人的资金周转，而且会增加招标中预付款的数量
2	合理划分工程子目	在工程子目划分时，要注意将不同等级要求的工程区分开。将同一性质但不属于同一部位的工程区分开；将情况不同，可能要进行不同报价的子目区分开。这一做法主要是为了强化工程投标中的竞争性，使投标人报价更加具体，针对不同情况可以采用不同的单价，便于降低造价

序号	项目	内容
3	工程子目的划分要大小合适	工程子目的划分不是绝对的,既要简单明了、高度概括,又不能漏掉项目和应计价的内容,要结合工程实际,具体问题具体对待,灵活掌握
4	工程量的计算整理要细致准确	计算和整理工程量的依据是设计图纸和技术规范,它是一项严谨的技术工作,绝不是简单地罗列设计文件中的工程量。要认真阅读技术规范中的计量和支付方法,仔细核查设计文件中工程量所对应计量方法与技术规范中的计量方法是否一致,如不一致,则需在整理工程量时进行技术处理。此外,在工程量的计算过程中,要做到不重不漏,更不能发生计算错误,否则,会带来一系列问题
5	计日工清单或专项暂定金额不可缺少	计日工清单是用来处理一些附加的或小型的变更工程计价的,清单中计日工的数量完全是由业主虚拟的,用以避免承包人在投标时计日工的单价报得太离谱,有了计日工清单会使合同管理很方便
6	应与工程量清单计量规则一致	工程量清单的编号、子目名称、单位等要求与工程量清单计量规则保持一致,从而保证整个合同的严密性和前后一致性

B28 公路工程计量管理

★高频考点:工程计量程序

序号	项目	内容
1	工程计量的组织类型	(1)监理工程师独立计量。计量工作由监理工程师单独承担,然后将计量的记录送承包人。承包人对计量有异议,可在7d内以书面形式提出,再由监理工程师对承包商提出的质疑进行复核,并将复议后的结果通知承包人。 (2)承包人进行计量。由承包人对已完的工程进行计量,然后将计量的记录及有关资料报送监理工程师核实确认。 (3)监理工程师与承包人共同计量。在进行计量前,由监理工程师通知承包人计量的时间与工程部位,然后由承包人派人同监理工程师共同计量,计量后双方签字认可

序号	项目	内容
2	现场计量的程序	(1)工程计量由承包人向监理工程师提出并附有必要的中间交工验收资料或质量合格证明。 (2)监理工程师对工程的任何部分进行计量时,应事先通知承包人或承包人的代表。承包人或承包人的代表应立即委派合格人员前往协助监理工程师进行计量工作,还应提供必要的人员、设备和交通工具。计量工作可以由监理工程师和承包人双方委派合格人员在现场进行,也可以采用记录和图纸在室内按计量规则进行计算,其结果都必须经监理工程师和承包人双方同意,签字认可。如果承包人在收到监理工程师的计量通知后,不参加或未派人参加计量工作,根据通用合同条款第17.1款第4项第3目规定,由监理工程师派出人员单方面进行的工程计量,经监理工程师批准的应认为是正确的工程计量,可以用作支付的依据,承包人不可以对此种计量提出异议
3	驻地监理工程师对计量结果的审查	驻地监理工程师对计量结果的审查包括两个方面:一是计量的工程质量是否达到合同标准;二是计量的过程是否符合合同条件
4	总监理工程师代表处对工程计量项目的审定	总监理工程师代表处在审定过程中有权对计量的工程项目的质量进行抽检,抽检不合格的项目不予计量,对计量过程有错误的项目进行修正或不予计量。只有经总监理工程师审查批准的工程项目,才予以支付工程款项

★**高频考点:工程量计量总原则**

1. 所有工程项目,除个别注明者外,均采用我国法定的计量单位,即国际单位及国际单位制导出的辅助单位进行计量。

2. 任何工程项目的计量,均应按本规则规定或监理工程师书面指示进行。

3. 按合同提供的材料数量和完成的工程数量所采用的测量与计算方法,应符合规范规定。所有这些方法,应经监理工程师批准或指示。承包人应提供一切计量设备和条件,并保证其设备精度符合要求。

4. 除非监理工程师另有准许，一切计量工作都应在监理工程师在场情况下，由承包人测量、记录。有承包人签名的计量记录原本，应提交给监理工程师审查和保存。

5. 工程量应由承包人计算，由监理工程师审核。工程量计算的副本应提交给监理工程师并由监理工程师保存。

6. 除合同特殊约定单独计量之外，全部必需的模板、脚手架、装备、机具、螺栓、垫圈和钢制件等其他材料，应包括在工程量清单中所列的有关支付项目中，均不单独计量。

7. 除监理工程师另有批准外，凡超过图纸所示的面积或体积，都不予计量与支付。

8. 承包人应严格标准计量基础工作和材料采购检验工作。沥青混凝土、沥青碎石、水泥混凝土、高强度等级水泥砂浆的施工现场必须使用电子计量设备称重。因不符合计量规定引发质量问题，所发生的费用由承包人承担。

B29　项目部驻地建设

★高频考点：项目部驻地建设

序号	项目	内容
1	驻地选址	(1)满足安全、实用、环保的要求，以工作方便为原则，具备便利的交通条件和通电、通水、通信条件。 (2)用地合法，周围无塌方、滑坡、落石、泥石流、洪涝等自然灾害隐患，无高频、高压电源及油、气、化工等其他污染源。 (3)离集中爆破区500m以外，不得占用独立大桥下部空间、河道、互通匝道区及规划的取、弃土场。 (4)进场前组织相关人员按照施工、安全和环保的要求进行现场查勘，编制选址方案
2	场地建设	(1)可自建或租用沿线合适的单位或民用房屋，但应坚固、安全、实用、美观，并满足工作和生活需求，自建房还应安装拆卸方便且满足环保要求。

序号	项目	内容
2	场地建设	（2）自建房屋最低标准为活动板房，建设宜选用阻燃材料，搭建不宜超过两层，每组最多不超过10栋，组与组之间的距离不小于8m，栋与栋之间的距离不小于4m，房间净高不低于2.6m。驻地办公区、生活区应采用集中供暖设施，严禁电力取暖。 （3）宜为独立式庭院，四周设有围墙，有固定出入口。有条件的，可在出入口设置保卫人员。 （4）办公、生活用房建筑面积和场地面积应满足办公和生活需要。 （5）办公区、生活区及车辆、机具停放区等布局应科学合理，分区管理，合理规划人车路线，尽可能减少不同区域间的互相干扰。区内场地及主要道路应做硬化处理，排水设施完善，庭院适当绿化，环境优美整洁，生活、生产污水和垃圾集中收集处理
3	硬件实施	（1）项目部一般设项目经理室（书记办公室）、项目总工程师办公室、项目副经理室办公室、各职能部门办公室、档案室、试验室、会议室等。 （2）项目部驻地办公用房面积应满足办公需要。 （3）驻地办公用房应实用、美观、隔热、通风、防潮，各室功能应满足要求
4	其他要求	（1）驻地内消防设施应满足《建设工程施工现场消防安全技术规范》GB 50720—2011的有关规定，在适当位置设置临时室外消防水池和消防沙池，配置相应的消防安全标识和消防安全器材，并经常检查、维护、保养。 （2）驻地内应设置消防通道，并保证消防车道的畅通，禁止在车道上堆物、堆料或挤占消防通道。 （3）驻地内使用的电气设备和临时用电应符合《施工现场临时用电安全技术规范》JGJ 46—2005的规定。 （4）生活污水排放应进行规划设计，设置多级沉淀池，通过沉淀过滤达到排放标准。厕所污水应通过集中独立管道进入化粪池，封闭处理。 （5）驻地内应设置一个大型垃圾堆积池，容积不小于3m×2m×1.5m，将各种垃圾集中存放，定期按环保要求处置。 （6）驻地内应设有必要的防雷设施，在条件允许情况下驻地应设置报警装置和监控设施

B30 公路工程施工招标投标管理相关规定

★高频考点：招标投标管理相关规定

序号	项目	内容
1	招标	（1）公路工程建设项目履行项目审批或者核准手续后，方可开展勘察设计招标；初步设计文件批准后，方可开展施工监理、设计施工总承包招标；施工图设计文件批准后，方可开展施工招标。施工招标采用资格预审方式的，在初步设计文件批准后，可以进行资格预审。 （2）有下列情形之一的公路工程建设项目，可以不进行招标： ①涉及国家安全、国家秘密、抢险救灾或者属于利用扶贫资金实行以工代赈、需要使用农民工等特殊情况。 ②需要采用不可替代的专利或者专有技术。 ③采购人自身具有工程施工或者提供服务的资格和能力，且符合法定要求。 ④已通过招标方式选定的特许经营项目投资人依法能够自行施工或者提供服务。 ⑤需要向原中标人采购工程或者服务，否则将影响施工或者功能配套要求。 ⑥国家规定的其他特殊情形。 招标人不得为适用前款规定弄虚作假，规避招标。 （3）公路工程建设项目采用资格预审方式公开招标的，应当按照规定程序进行。 （4）资格预审文件和招标文件应当载明详细的评审程序、标准和方法，招标人不得另行制定评审细则。 （5）招标人应当自资格预审文件或者招标文件开始发售之日起，将其关键内容上传至具有招标监督职责的交通运输主管部门政府网站或者其指定的其他网站上进行公开，公开内容包括项目概况、对申请人或者投标人的资格条件要求、资格审查办法、评标办法、招标人联系方式等，公开时间至提交资格预审申请文件截止时间 2 日前或者投标截止时间 10 日前结束。招标人发出的资格预审文件或者招标文件的澄清或者修改涉及前款规定的公开内容的，招标人应当在向交通运输主管部门备案的同时，将澄清或者修改的内容上传至前款规定的网站。

序号	项目	内容
1	招标	(6)招标人可以实行设计施工总承包招标、施工总承包招标或者分专业招标。 (7)招标人结合招标项目的具体特点和实际需要,设定潜在投标人或者投标人的资质、业绩、主要人员、财务能力、履约信誉等资格条件,不得以不合理的条件限制、排斥潜在投标人或者投标人。除《中华人民共和国招标投标法实施条例》第三十二条规定的情形外,招标人有下列行为之一的,属于以不合理的条件限制、排斥潜在投标人或者投标人: ①设定的资质、业绩、主要人员、财务能力、履约信誉等资格、技术、商务条件与招标项目的具体特点和实际需要不相适应或者与合同履行无关。 ②强制要求潜在投标人或者投标人的法定代表人、企业负责人、技术负责人等特定人员亲自购买资格预审文件、招标文件或者参与开标活动。 ③通过设置备案、登记、注册、设立分支机构等无法律、行政法规依据的不合理条件,限制潜在投标人或者投标人进入项目所在地进行投标。 (8)招标人应当根据国家有关规定,结合招标项目的具体特点和实际需要,合理确定对投标人主要人员以及其他管理和技术人员的数量和资格要求。投标人拟投入的主要人员应当在投标文件中进行填报,其他管理和技术人员的具体人选由招标人和中标人在合同谈判阶段确定。对于特别复杂的特大桥梁和特长隧道项目主体工程和其他有特殊要求的工程,招标人可以要求投标人在投标文件中填报其他管理和技术人员。这里所称主要人员是指设计负责人、总监理工程师、项目经理和项目总工程师等项目管理和技术负责人。 (9)招标人可以自行决定是否编制标底或者设置最高投标限价。招标人不得规定最低投标限价。 (10)招标人在招标文件中要求投标人提交投标保证金的,投标保证金不得超过招标标段估算价的2%。投标保证金有效期应当与投标有效期一致。依法必须进行招标的公路工程建设项目的投标人,以现金或者支票形式提交投标保证金的,应当从其基本账户转出。投标人提交的投标保证金不符合招标文件要求的,应当否决其投标。

序号	项目	内容
1	招标	（11）招标人应当按照国家有关法律法规规定，在招标文件中明确允许分包的或者不得分包的工程和服务，分包人应当满足的资格条件以及对分包实施的管理要求。招标人不得在招标文件中设置对分包的歧视性条款。招标人有下列行为之一的，属于歧视性条款： ①以分包的工作量规模作为否决投标的条件。 ②对投标人符合法律法规以及招标文件规定的分包计划设定扣分条款。 ③按照分包的工作量规模对投标人进行区别评分。 ④以其他不合理条件限制投标人进行分包的行为。 （12）以暂估价形式包括在招标项目范围内的工程、货物、服务，属于依法必须进行招标的项目范围且达到国家规定规模标准的，应当依法进行招标。招标项目的合同条款中应当约定负责实施暂估价项目招标的主体以及相应的招标程序
2	投标	（1）投标人应当按照招标文件要求装订、密封投标文件，并按照招标文件规定的时间、地点和方式将投标文件送达招标人。公路工程勘察设计和施工监理招标的投标文件应当以双信封形式密封，第一信封内为商务文件和技术文件，第二信封内为报价文件。对公路工程施工招标，招标人采用资格预审方式进行招标且评标方法为技术评分最低标价法的，或者采用资格后审方式进行招标的，投标文件应当以双信封形式密封，第一信封内为商务文件和技术文件，第二信封内为报价文件。 （2）投标文件按照要求送达后，在招标文件规定的投标截止时间前，投标人修改或者撤回投标文件的，应当以书面函件形式通知招标人。修改投标文件的函件是投标文件的组成部分，其编制形式、密封方式、送达时间等，适用对投标文件的规定。投标人在投标截止时间前撤回投标文件且招标人已收取投标保证金的，招标人应当自收到投标人书面撤回通知之日起5日内退还其投标保证金。投标截止后投标人撤销投标文件的，招标人可以不退还投标保证金。 （3）投标人根据招标文件有关分包的规定，拟在中标后将中标项目的部分工作进行分包的，应当在投标文件中载明。投标人在投标文件中未列入分包计划的工程或者服务，中标后不得分包，法律法规或者招标文件另有规定的除外

序号	项目	内容
3	开标、评标和中标	(1)开标应当在招标文件确定的提交投标文件截止时间的同一时间公开进行；开标地点应当为招标文件中预先确定的地点。投标人少于3个的，不得开标，投标文件应当场退还给投标人；招标人应当重新招标。 (2)开标由招标人主持，邀请所有投标人参加。开标过程应当记录，并存档备查。投标人对开标有异议的，应当在开标现场提出，招标人应当当场作出答复，并制作记录。未参加开标的投标人，视为对开标过程无异议。 (3)投标文件按照招标文件规定采用双信封形式密封的，开标分两个步骤公开进行：第一步骤对第一信封内的商务文件和技术文件进行开标，对第二信封不予拆封并由招标人予以封存；第二步骤宣布通过商务文件和技术文件评审的投标人名单，对其第二信封内的报价文件进行开标，宣读投标报价。未通过商务文件和技术文件评审的，对其第二信封不予拆封，并当场退还给投标人；投标人未参加第二信封开标的，招标人应当在评标结束后及时将第二信封原封退还投标人。 (4)公路工程勘察设计和施工监理招标，应当采用综合评估法进行评标，对投标人的商务文件、技术文件和报价文件进行评分，按照综合得分由高到低排序，推荐中标候选人。评标价的评分权重不宜超过10%，评标价得分应当根据评标价与评标基准价的偏离程度进行计算。 (5)公路工程施工招标，评标采用综合评估法或者经评审的最低投标价法。综合评估法包括合理低价法、技术评分最低标价法和综合评分法。 ①合理低价法，是指对通过初步评审的投标人，不再对其施工组织设计、项目管理机构、技术能力等因素进行评分，仅依据评标基准价对评标价进行评分，按照得分由高到低排序，推荐中标候选人的评标方法。 ②技术评分最低标价法，是指对通过初步评审的投标人的施工组织设计、项目管理机构、技术能力等因素进行评分，按照得分由高到低排序，对排名在招标文件规定数量以内的投标人的报价文件进行评审，按照评标价由低到高的顺序推荐中标候选人的评标方法。招标人在招标文件中规定的参与报价文件评审的投标人数量不得少于3个。

序号	项目	内容
3	开标、评标和中标	③综合评分法,是指对通过初步评审的投标人的评标价、施工组织设计、项目管理机构、技术能力等因素进行评分,按照综合得分由高到低排序,推荐中标候选人的评标方法。其中评标价的评分权重不得低于50%。 ④经评审的最低投标价法,是指对通过初步评审的投标人,按照评标价由低到高排序,推荐中标候选人的评标方法。 注:公路工程施工招标评标,一般采用合理低价法或者技术评分最低标价法。技术特别复杂的特大桥梁和特长隧道项目主体工程,可以采用综合评分法。工程规模较小、技术含量较低的工程,可以采用经评审的最低投标价法。 (6)实行设计施工总承包招标的,招标人应当根据工程地质条件、技术特点和施工难度确定评标办法。设计施工总承包招标的评标采用综合评分法的,评分因素包括评标价、项目管理机构、技术能力、设计文件的优化建议、设计施工总承包管理方案、施工组织设计等因素,评标价的评分权重不得低于50%。 (7)除评标价和履约信誉评分项外,评标委员会成员对投标人商务和技术各项因素的评分一般不得低于招标文件规定该因素满分值的60%;评分低于满分值60%的,评标委员会成员应当在评标报告中作出说明。招标人应当对评标委员会成员在评标活动中的职责履行情况予以记录,并在招标投标情况的书面报告中载明。 (8)评标委员会发现投标人的投标报价明显低于其他投标人报价或者在设有标底时明显低于标底的,应当要求该投标人对相应投标报价作出书面说明,并提供相关证明材料。投标人不能证明可以按照其报价以及招标文件规定的质量标准和履行期限完成招标项目的,评标委员会应当认定该投标人以低于成本价竞标,并否决其投标。 (9)评标委员会对投标文件进行评审后,因有效投标不足3个使得投标明显缺乏竞争的,可以否决全部投标。未否决全部投标的,评标委员会应当在评标报告中阐明理由并推荐中标候选人。 ①投标文件按照招标文件规定采用双信封形式密封的,通过第一信封商务文件和技术文件评审的投标人在3个以上的,招标人应当按照《公路工程建设项目招标

序号	项目	内容
3	开标、评标和中标	投标管理办法》第三十七条规定的程序进行第二信封报价文件开标;在对报价文件进行评审后,有效投标不足3个的,评标委员会应当按照本条第一款规定执行。 ②通过第一信封商务文件和技术文件评审的投标人少于3个的,评标委员会可以否决全部投标;未否决全部投标的,评标委员会应当在评标报告中阐明理由,招标人应当按照《公路工程建设项目招标投标管理办法》第三十七条规定的程序进行第二信封报价文件开标,但评标委员会在进行报价文件评审时仍有权否决全部投标;评标委员会未在报价文件评审时否决全部投标的,应当在评标报告中阐明理由并推荐中标候选人。 (10)依法必须进行招标的公路工程建设项目,招标人应当自收到评标报告之日起3日内,在对该项目具有招标监督职责的交通运输主管部门政府网站或者其指定的其他网站上公示中标候选人,公示期不得少于3日。投标人或者其他利害关系人对依法必须进行招标的公路工程建设项目的评标结果有异议的,应当在中标候选人公示期间提出。招标人应当自收到异议之日起3日内作出答复;作出答复前,应当暂停招标投标活动。 (11)招标人和中标人应当自中标通知书发出之日起30日内,按照招标文件和中标人的投标文件订立书面合同,合同的标的、价格、质量、安全、履行期限、主要人员等主要条款应当与上述文件的内容一致。招标人和中标人不得再行订立背离合同实质性内容的其他协议。招标人最迟应当在中标通知书发出后5日内向中标候选人以外的其他投标人退还投标保证金,与中标人签订书面合同后5日内向中标人和其他中标候选人退还投标保证金。以现金或者支票形式提交的投标保证金,招标人应当同时退还投标保证金的银行同期活期存款利息,且退还至投标人的基本账户。 (12)招标文件要求中标人提交履约保证金的,中标人应当按照招标文件的要求提交。履约保证金不得超过中标合同金额的10%。招标人不得指定或者变相指定履约保证金的支付形式,由中标人自主选择银行保函或者现金、支票等支付形式。 (13)依法必须进行招标的公路工程建设项目,有下列情形之一的,招标人在分析招标失败的原因并采取相应措施后,应当依照《公路工程建设项目招标投标管理办法》重新招标:

序号	项目	内容
3	开标、评标和中标	①通过资格预审的申请人少于3个的。 ②投标人少于3个的。 ③所有投标均被否决的。 ④中标候选人均未与招标人订立书面合同的。 (14)重新招标的处理 ①重新招标的,资格预审文件、招标文件和招标投标情况的书面报告应当按照《公路工程建设项目招标投标管理办法》的规定重新报交通运输主管部门备案。 ②重新招标后投标人仍少于3个的,属于按照国家有关规定需要履行项目审批、核准手续的依法必须进行招标的公路工程建设项目,报经项目审批、核准部门批准后可以不再进行招标;其他项目可由招标人自行决定不再进行招标。 ③依照规定不再进行招标的,招标人可以邀请已提交资格预审申请文件的申请人或者已提交投标文件的投标人进行谈判,确定项目承担单位,并将谈判报告报对该项目具有招标监督职责的交通运输主管部门备案

C 级 知 识 点

(熟悉考点)

C1 路基地面水排水设置与施工要求

★高频考点：边沟

序号	项目	内容
1	设置	(1)挖方地段和填土高度小于边沟深度的填方地段均应设置边沟。路堤靠山一侧的坡脚应设置不渗水的边沟。 (2)为了防止边沟漫溢或冲刷,在平原区和重丘山岭区,边沟应分段设置出水口,多雨地区梯形边沟每段长度不宜超过300m,三角形边沟不宜超过200m
2	施工要求	(1)平曲线处边沟施工时,沟底纵坡应与曲线前后沟底纵坡平顺衔接,不允许曲线内侧有积水或外溢现象发生。曲线外侧边沟应适当加深,其增加值等于超高值。 (2)边沟的加固:土质地段当沟底纵坡大于3%时应采取加固措施;采用干砌片石对边沟进行铺砌时,应选用有平整面的片石,各砌缝要用小石子嵌紧;采用浆砌片石铺砌时,砌缝砂浆应饱满,沟身不漏水;若沟底采用抹面时,抹面应平整压光

★高频考点：截水沟

序号	项目	内容
1	设置	(1)在无弃土堆的情况下,截水沟的边缘离开挖方路基坡顶的距离视土质而定,以不影响边坡稳定为原则。如系一般土质至少应离开5m,对黄土地区不应小于10m并应进行防渗加固。截水沟挖出的土,可在路堑与截水沟之间修成土台并夯实,台顶应筑成2%倾向截水沟的横坡。 (2)路基上方有弃土堆时,截水沟应离开弃土堆脚1~5m,弃土堆坡脚离开路基挖方坡顶不应小于10m,弃土堆顶部应设2%倾向截水沟的横坡。 (3)山坡上路堤的截水沟离开路堤坡脚至少2.0m,并用挖截水沟的土填在路堤与截水沟之间,修筑向沟倾斜坡度为2%的护坡道或土台,使路堤内侧地面水流入截水沟排出

序号	项目	内容
2	施工要求	(1)截水沟长度超过500m时应选择适当的地点设出水口,将水引至山坡侧的自然沟中或桥涵进水口,截水沟必须有牢靠的出水口,必要时须设置排水沟、跌水或急流槽。截水沟的出水口必须与其他排水设施平顺衔接。 (2)截水沟应先行施工,与其他排水设施衔接时应平顺,纵坡宜不小于0.3%。不良地质路段、土质松软路段、透水性大或岩石裂隙多的路段的截水沟沟底、沟壁、出水口应进行防渗及加固处理

★高频考点:排水沟、急流槽、跌水、蒸发池的施工规定

序号	项目	内容
1	排水沟	(1)排水沟线形应平顺,转弯处宜为弧线形。 (2)排水沟的出水口应设置跌水或急流槽,水流应引出路基或引入排水系统
2	急流槽	(1)基础应嵌入稳固的基面内,底面应按设计要求砌筑抗滑平台或凸榫。对超挖、局部坑洞,应采用相同材料与急流槽同时施工。 (2)浆砌片石砌体应砂浆饱满,砌缝应不大于40mm,槽底表面应粗糙。 (3)急流槽应分节砌筑,分节长度宜为5~10m,接头处应采用防水材料填缝。混凝土预制块急流槽,分节长度宜为2.5~5.0m,接头应采用榫接。 (4)急流槽进水口的喇叭形水簸箕应与排水设施衔接平顺,汇集路面水流的水簸箕底口不得高于接口的路肩表面
3	跌水	(1)跌水槽施工应符合急流槽的有关规定。 (2)无消力池的跌水,其台阶高度应小于600mm,每个台阶高度与长度之比应与原地面坡度相协调。 (3)消力池的基底应采取防渗措施
4	蒸发池	(1)蒸发池与路基之间的距离应满足路基稳定要求。 (2)底面与侧面应采取防渗措施。 (3)池底宜设0.5%的横坡,入口处应与排水沟平顺连接。 (4)蒸发池应远离村镇等人口密集区,四周应采用隔离栅进行围护,高度应不低于1.8m,并设置警示牌

C2 沥青路面透层、粘层、封层施工

★高频考点：透层施工技术

序号	项目	内容
1	透层的作用	为使沥青面层与基层结合良好，在基层上浇洒乳化沥青、煤沥青或液体沥青而形成的透入基层表面的薄层
2	适用条件	沥青路面各类基层都必须喷洒透层油，沥青层必须在透层油完全渗透入基层后方可铺筑。基层上设置下封层时，透层油不宜省略
3	一般要求	(1)根据基层类型选择渗透性好的液体沥青、乳化沥青、煤沥青作透层油，喷洒后通过钻孔或挖掘确认透层油渗透入基层的深度宜不小于5(无机结合料稳定集料基层)～10mm(无结合料基层)，并能与基层联结成为一体。 (2)透层油的黏度通过调节稀释剂的用量或乳化沥青的浓度得到适宜的黏度，基质沥青的针入度通常宜不小于100。透层用乳化沥青的蒸发残留物含量允许根据渗透情况适当调整，当使用成品乳化沥青时可通过稀释得到要求的黏度。透层用液体沥青的黏度通过调节煤油或轻柴油等稀释剂的品种和掺量经试验确定。 (3)透层油的用量通过试洒确定，不宜超出要求的范围。 (4)用于半刚性基层的透层油宜紧接在基层碾压成型后表面稍变干燥、但尚未硬化的情况下喷洒。 (5)在无结合料粒料基层上洒布透层油时，宜在铺筑沥青层前1～2d洒布。 (6)透层油宜采用沥青洒布车一次喷洒均匀，使用的喷嘴宜根据透层油的种类和黏度选择并保证均匀喷洒，沥青洒布车喷洒不均匀时宜改用手工沥青洒布机喷洒。 (7)喷洒透层油前应清扫路面，遮挡防护路缘石及人工构造物避免污染，透层油必须洒布均匀，有花白遗漏应人工补洒，喷洒过量的立即撒布石屑或砂吸油，必要时作适当碾压。透层油洒布后不得在表面形成能被运料车和摊铺机粘起的油皮，透层油达不到渗透深度要求时，应更换透层油稠度或品种。

序号	项目	内容
3	一般要求	(8)透层油洒布后的养护时间随透层油的品种和气候条件由试验确定,确保液体沥青中的稀释剂全部挥发,乳化沥青渗透且水分蒸发,然后尽早铺筑沥青面层,防止工程车辆损坏透层
4	注意事项	(1)透层油洒布后应不致流淌,应渗入基层一定深度,不得在表面形成油膜。 (2)气温低于10℃或大风、即将降雨时不得喷洒透层油。 (3)应按设计喷油量一次均匀洒布,当有漏洒时,应人工补洒。 (4)喷洒透层油后一定要严格禁止人和车辆通行。 (5)在摊铺沥青前,应将局部尚有多余的未渗入基层的沥青清除。 (6)透层油洒布后应待充分渗透,一般不少于24h后才能摊铺上层,但也不能在透层油喷洒后很久不做上层施工,应尽早施工。 (7)对无机结合料稳定的半刚性基层喷洒透层油后,如果不能及时铺筑面层时,并还需开放交通,应铺撒适量的石屑或粗砂,此时宜将透层油增加10%的用量。用6~8t钢筒式压路机稳压一遍,并控制车速。在摊铺上层时发现局部沥青剥落,应修补,还需清扫浮动石屑或砂

★高频考点:粘层施工技术

序号	项目	内容
1	粘层的作用	使上下层沥青结构层或沥青结构层与结构物(或水泥混凝土路面)完全粘结成一个整体
2	适用条件	符合下列情况,必须喷洒粘层沥青: (1)双层式或三层式热拌热铺沥青混合料路面的沥青层之间。 (2)水泥混凝土路面、沥青稳定碎石基层或旧沥青路面层上加铺沥青层。 (3)路缘石、雨水进水口、检查井等构造物与新铺沥青混合料接触的侧面

序号	项目	内容
3	一般要求	(1)粘层沥青的技术要求 粘层油宜采用快裂或中裂乳化沥青、改性乳化沥青，也可采用快、中凝液体石油沥青，其规格和质量应符合规范的要求，所使用的基质沥青标号宜与主层沥青混合料相同。 (2)粘层沥青的用量、品种选择 粘层油品种和用量，应根据下卧层的类型通过试洒确定，并符合要求。当粘层油上铺筑薄层大空隙排水路面时，粘层油的用量宜增加到 $0.6\sim1.0L/m^2$。在沥青层之间兼作封层而喷洒的粘层油宜采用改性沥青或改性乳化沥青，其用量宜不少于 $1.0L/m^2$
4	注意事项	(1)喷洒表面一定清扫干净，并表面干燥。用水洗刷后需待表面干燥后喷洒。 (2)气温低于10℃时不得喷洒粘层油，寒冷季节施工不得不喷洒时可以分成两次喷洒。路面潮湿时不得喷洒粘层油。 (3)粘层油宜采用沥青洒布车喷洒，并选择适宜的喷嘴，洒布速度和喷洒量保持稳定。当采用机动或手摇的手工沥青洒布机喷洒时，必须由熟练的技术工人操作，均匀洒布。 (4)喷洒的粘层油必须呈均匀雾状，在路面全宽度内均匀分布成一薄层，不得有洒花漏空或呈条状，也不得有堆积。喷洒不足的要补洒，喷洒过量处应予刮除。 (5)粘层油宜在当天洒布，待乳化沥青破乳、水分蒸发完成，或稀释沥青中的稀释剂基本挥发完成后，紧跟着铺筑沥青层，确保粘层不受污染。 (6)喷洒粘层油后，严禁运料车外的其他车辆和行人通过

★高频考点：封层的施工技术

序号	项目	内容
1	封层的作用	(1)封闭某一层起着保水防水作用。 (2)起基层与沥青表面层之间的过渡和有效联结作用。 (3)路的某一层表面破坏离析松散处的加固补强。 (4)基层在沥青面层铺筑前，要临时开放交通，防止基层因天气或车辆作用出现水毁。

序号	项目	内容
1	封层的作用	（5）封层可分为上封层和下封层；就施工类型来分，可采用拌合法或层铺法的单层式表面处治，也可以采用乳化沥青稀浆封层
2	适用条件	（1）各种封层适用于加铺薄层罩面、磨耗层、水泥混凝土路面上的应力缓冲层、各种防水和密水层、预防性养护罩面层。 （2）上封层根据情况可选择乳化沥青稀浆封层、微表处、改性沥青集料封层、薄层磨耗层或其他适宜的材料。上封层的类型根据使用目的、路面的破损程度选用： ①裂缝较细、较密的可采用涂洒类密封剂、软化再生剂等涂刷罩面。 ②对二级及二级以下公路的旧沥青路面可以采用普通的乳化沥青稀浆封层，也可在喷洒道路石油沥青后撒布石屑（砂）后碾压作封层。 ③对高速公路、一级公路有轻微损坏的宜铺筑微表处。 ④对用于改善抗滑性能的上封层可采用稀浆封层、微表处或改性沥青集料封层。 （3）下封层宜采用层铺法表面处治或稀浆封层法施工。稀浆封层可采用乳化沥青或改性乳化沥青作结合料。下封层的厚度不宜小于 6mm，且做到完全密水。多雨潮湿地区的高速公路、一级公路的沥青面层空隙率较大，有严重渗水可能，或铺筑基层不能及时铺筑沥青面层而需通行车辆时，宜在喷洒透层油后铺筑下封层
3	一般要求	（1）使用层铺法沥青表面处治铺筑封层时，施工方法按层铺法表面处治工艺施工。其材料用量要求应符合有关规定。 （2）封层宜选择在干燥和较热的季节施工，并在最高温度低于 15℃ 到来以前半个月及雨季前结束。 （3）使用乳化沥青稀浆封层施工上、下封层： ①稀浆封层必须使用专用的摊铺机进行摊铺。 ②稀浆封层的矿料类型应根据封层的目的、道路等级进行选择；矿料级配应根据铺筑厚度、集料尺寸及摊铺用量等因素选用。 ③稀浆封层可采用普通乳化沥青或改性乳化沥青，其品种和质量应符合规范的要求。 ④稀浆封层和微表处的混合料中乳化沥青及改性乳化沥青的用量应通过配合比设计确定。

序号	项目	内容
3	一般要求	⑤混合料的湿轮磨耗试验的磨耗损失不宜大于 800g/m²；轮荷压砂试验的砂吸收量不宜大于 600g/m²。 ⑥稀浆封层混合料的加水量应根据施工摊铺和易性由稠度试验确定，要求的稠度应为 2～3cm。 ⑦稀浆封层两幅纵缝搭接的宽度不宜超过 80mm，横向接缝宜做成对接缝。分两层摊铺时，第一层摊铺后至少应开放交通 24h 后方可进行第二层摊铺
4	注意事项	(1)稀浆封层施工前，应彻底清除原路面的泥土、杂物，修补坑槽、凹陷，较宽的裂缝宜清理灌缝。 (2)稀浆封层施工时应在干燥情况下进行。 (3)稀浆封层铺筑后，必须待乳液破乳、水分蒸发、干燥成型后方可开放交通。 (4)稀浆封层施工气温不得低于 10℃，严禁在雨期施工，摊铺后尚未成型混合料遇雨时应予铲除

C3 桥梁基础分类和受力特点

★高频考点：桥梁基础分类

序号	项目	内容
1	扩大基础	(1)所谓扩大基础，是将墩(台)及上部结构传来的荷载由其直接传递至较浅的支承地基的一种基础形式，一般采用明挖基坑的方法进行施工，故又称为明挖扩大基础或浅基础。 (2)扩大基础按其施工方法分为机械开挖基坑浇筑法、人工开挖基坑浇筑法、土石围堰开挖基坑浇筑法、板桩围堰开挖基坑浇筑法。 (3)扩大基础按其材料性能特点可分为配筋与不配筋的条形基础和单独基础。无筋扩大基础常用的有混凝土基础、片石混凝土基础等，不配筋基础的材料都具有较好的抗压性，但抗拉、抗剪强度不高，设计时必须保证发生在基础内的拉应力和剪应力不超过相应的材料强度设计值。钢筋混凝土扩大基础的抗弯和抗剪性能良好，可在竖向荷载较大、地基承载力不高以及承受水平力和力矩荷载下使用。

序号	项目	内容
1	扩大基础	(4)扩大基础是由地基反力承担全部上部荷载,将上部荷载通过基础分散至基础底面,使之满足地基承载力和变形的要求。扩大基础主要承受压应力,一般用抗压性能好,抗弯、抗剪性能较差的材料(如混凝土、毛石、三合土等)建造,适用于地基承载力较好的各类土层,根据土质情况分别采用铁镐、十字镐、挖掘机、爆破等设备与方法开挖。 (5)扩大基础在埋置深度和构造尺寸确定以后,应先根据最不利而且有可能情况下的荷载组合,计算出基底的应力,然后进行基础的合力偏心距、稳定性以及地基的强度(包括持力层、弱下卧层的强度)的验算,需要时还应进行地基变形的验算
2	桩基础	(1)桩基础是深入土层的柱形结构,其作用是将作用于桩顶以上的结构物传来的荷载传到地基持力层中去。当荷载较大或桩数量较多时需在桩顶设承台将所有基桩连接成一个整体共同承担上部结构的荷载。 (2)桩是垂直或微斜埋置于土中的受力杆件,它的横截面尺寸比长度小得多,其所承受的荷载由桩侧土的摩阻力及桩端地层的反力共同承担 (3)桩基础的受力计算 ①承台底面以上的竖直荷载假定全部由基桩承受。 ②桥台土压力可按填土前的原地面起算。当基桩上部位于内摩擦角小于20°的软土中时,应验算桩因该层土施加于基桩的水平力所产生的挠曲。 ③在一般情况下,桩基不需进行抗倾覆和抗滑动的验算;但在特殊情况下,应验算桩基向前移动或被剪断的可能性。 ④在软土层较厚,持力层较好的地基中,桩基计算应考虑路基填土荷载或地下水位下降所引起的负摩阻力的影响
3	沉井	(1)沉井基础是一种断面和刚度均比桩要大得多的井筒状结构,是依靠在井内挖土,借助井体自重及其他辅助措施而逐步下沉至预定设计标高,最终形成的一种结构深基础形式。沉井基础施工时占地面积小,坑壁不需设临时支撑和防水围堰或板桩围护,与大开挖相比较,挖土量少,对邻近建筑物的影响比较小,操作简便,无需特殊的专业设备。

序号	项目	内容
3	沉井	(2)当桥梁结构上部荷载较大,而表层地基土的容许承载力不足,但在一定深度下有好的持力层,扩大基础开挖工作量大,施工围堰支撑有困难,或采用桩基础受水文地质条件限制时,此时采用沉井基础与其他深基础相比,经济上较为合理。 (3)沉井是桥梁墩台常用的一种深基础形式,有较大的承载面积,可以穿过不同深度覆盖层,将基底放置在承载力较大的土层或岩面上,能承受较大的上部荷载。 (4)沉井基础刚度大,有较大的横向抗力,抗振性能可靠,尤其适用于竖向和横向承载力大的深基础。 (5)沉井基础按其制作条件和制作方式可分为就地浇筑下沉沉井、浮运就位沉井;按其横截面形状分为圆形、矩形、椭圆形、圆端形、多边形及多孔井字形沉井等;按其竖向剖面形状可分为柱形、锥形、阶梯形沉井等;按材料可分为混凝土、钢筋混凝土、钢、砖、石、木沉井等
4	地下连续墙	(1)地下连续墙是采用膨润土泥浆护壁,用专用设备开挖出一条具有一定宽度与深度的沟槽,在槽内设置钢筋笼,采用导管法在泥浆中浇筑混凝土,筑成一单元墙段,依次顺序施工,以某种接头方法连接成的一道连续的地下钢筋混凝土墙。 (2)地下连续墙具有多功能性,可适用于各种用途,通常可作为基坑开挖时防渗、挡土,或挡水围堰,或邻近建筑物基础的支护,或直接作为承受上部荷载的基础结构。地下连续墙可用于除岩溶和地下承压水很高处的其他各类土层中施工。 (3)地下挡土墙墙体刚度大,主要承受竖向和侧向荷载,通常既要作为永久性结构的一部分,又要作为地下工程施工过程中的防护结构,因此,设计时应计算在施工期间及使用各个阶段,各种支承条件下的墙体内力。作用在墙体上的荷载,除自重外,主要有水压力、土压力、地震力以及上部荷载,施工荷载等

★高频考点:桩基础中桩的分类

序号	项目	内容
1	按桩的使用功能分类	(1)竖向抗压桩:主要承受竖向下压荷载(简称竖向荷载)的桩,应进行竖向承载力计算,必要时还需计算桩基沉降,验算软弱下卧层的承载力以及负摩阻力产生的下拉荷载。

序号	项目	内容
1	按桩的使用功能分类	(2)竖向抗拔桩:主要承受竖向上拔荷载的桩,应进行桩身强度和抗裂计算以及抗拔承载力验算。 (3)水平受荷桩:主要承受水平荷载的桩,应进行桩身强度和抗裂验算以及水平承载力和位移验算。 (4)复合受荷桩:承受竖向、水平荷载均较大的桩,应按竖向抗压(或抗拔)桩及水平受荷桩的要求进行验算
2	按桩承载性能分类	(1)摩擦桩:当软土层很厚,桩端达不到坚硬土层或岩层上时,则桩顶的极限荷载主要靠桩身与周围土层之间的摩擦力来支承,桩尖处土层反力很小,可忽略不计。 (2)端承桩:桩穿过软弱土层,桩端支承在坚硬土层或岩层上时,则桩顶极限荷载主要靠桩尖处坚硬岩土层提供的反力来支承,桩侧摩擦力很小,可以忽略不计。 (3)摩擦端承桩:桩顶的极限荷载由桩侧阻力和桩端阻力共同承担,但主要由桩端阻力承受。 (4)端承摩擦桩:桩顶的极限荷载由桩侧阻力和桩端阻力共同承担,但主要由桩侧阻力承受
3	按桩身材料分类	分为木桩、混凝土桩、钢桩、组合桩等
4	按桩径大小分类	(1)小桩:桩径 $d \leqslant 250mm$。 (2)中等直径桩:$250mm < d < 800mm$。 (3)大直径桩:桩径 $d \geqslant 800mm$。因为桩径大且桩端还可以扩大,因此,单桩承载力较高。此类桩除大直径钢管桩外,多数为钻、冲、挖孔灌注桩,近年来的发展较快,应用范围逐渐增大,并可实现柱下单桩的结构形式
5	按施工方法分类	可分为沉桩、钻孔灌注桩、挖孔桩,其中沉桩又分为锤击沉桩法、振动沉桩法、射水沉桩法、静力压桩法。 (1)沉桩:锤击沉桩法一般适用于松散、中密砂土、黏性土,桩锤有坠锤、单动汽锤、双动汽锤、柴油机锤、液压锤等,可根据土质情况选用适用的桩锤;振动沉桩法一般适用于砂土、硬塑及软塑的黏性土和中密及较松的碎石土;射水沉桩法适用在密实砂土、碎石土的土层中,用锤击法或振动法沉桩有困难时,可用射水法配合进行;静力压桩法在标准贯入度 $N < 20$ 的软黏土中,可用特制的液压机、机械千斤顶或卷扬机等设备沉入各种类型的桩;钻孔埋置桩为钻孔后,将预制的钢筋混凝土圆形有底空心桩埋入,并在桩周压注水泥砂浆固结而成,适用于在黏性土、砂土、碎石土中埋置大量的大直径圆桩。

序号	项目	内容
5	按施工方法分类	(2)钻孔灌注桩适用于黏性土、砂土、砾卵石、碎石、岩石等各类土层。 (3)挖孔灌注桩适用于无地下水或少量地下水,且较密实的土层或风化岩层

C4 隧道通风防尘及水电作业

★高频考点：隧道通风要求

序号	项目	内容
1	风管式通风	(1)风流经由管道输送,分为压入式、抽出式、混合式三种方式。 (2)风管式通风的优点是设备简单、布置灵活、易于拆装,故为一般隧道施工采用。但由于管路的增长及管道的接头或多或少有漏风,若不保证接头的质量就会造成因风管过长而达不到要求的风量
2	巷道式通风	适用于有平行坑道的长隧道,其特点是:通过最前面的横洞和平行导坑组成一个风流循环系统,在平行导坑洞口附近安装通风机,将污浊空气由导坑抽出,新鲜空气由正洞流入,形成循环风流。另外对平行导坑和正洞前面的独头巷道,再辅以局部的内管式通风,这种通风方式断面大、阻力小,可提供较大的风量,是目前解决长隧道施工通风比较有效的方法
3	风墙式通风	适用于较长隧道。当管道式通风难以解决,又无平行导坑可以利用的话,可利用隧道成洞部分较大的断面,用砖砌或木板隔出一条 2~3m² 的风道,以减小风管长度,增大风量满足通风要求

★高频考点：隧道防尘要求

序号	项目	内容
1	湿式凿岩标准化	(1)湿式凿岩即打"水风钻",根据风钻内的供水方式不同,又分为旁侧供水和中心供水两种。中心供水式是用高压水从机尾进入,经过水针(安在机体的中心)流向钻钎,最后达钻头;钻眼时,破碎的岩粉被湿润成浆,从炮眼流出。

序号	项目	内容
1	湿式凿岩标准化	(2)施工注意要点 ①水压标准(高压水到达工作面处的压力不小于300Pa),水量充足(每台风钻不少于 3t/min)。 ②钎尾标准,其长度一般为107mm,钎孔正中。钎尾淬火硬度与凿岩机内活塞应一致。 ③水针安装端正,拧紧螺丝,垫圈密贴,不漏水。 ④操作正规,应先开水后开风,先关风后关水,凿岩时机体与钻钎方向应一致,不得摆动,以免卡断水针。 ⑤在特别缺水地区,可用"干式捕尘"装置来代替湿式凿岩,但效果欠佳
2	机械通风正常化	机械通风可稀释空气中的粉尘含量,是降低洞内粉尘含量的重要手段。因此在一般主要作业(钻眼、装碴等)进行期间应始终保持风机的运转
3	喷雾洒水正规化	喷雾洒水不仅能降低因爆破、出渣等所产生的粉尘,还能溶解少量的有害气体(如二氧化碳、硫化氢等),并能降低温度,使空气清新
4	个人防护普遍化	要求作业人员戴防尘口罩

★高频考点:隧道供水、供电要求

序号	项目	内容
1	供水	供水方案的选择及设备的配置应符合以下要求: (1)水源的水量应满足工程和生活用水的需要。有高山自然水源时应蓄水利用,水池高度应能保证洞内最高用水点的水压。 (2)水池的容量应有一定的储备量,保证洞内外集中用水的需要。 (3)采用机械站供水时,应有备用的抽水机。 (4)工程和生活用水使用前必须经过水质鉴定,合格者才可使用
2	供电	(1)隧道供电电压应符合以下要求: ①供电线路应采用 220/380V 三相五线系统。 ②动力设备应采用三相 380V。 ③隧道照明,成洞段和不作业地段可用 220V,瓦斯地段不得超过 110V,一般作业地段不宜大于 36V,手提作业灯为 12～24V。

序号	项目	内容
2	供电	④选用的导线截面应使线路末端的电压降不得大于10%；36V及24V线不得大于5%。 (2)洞外变电站宜设在洞口附近，并应靠近负荷集中地点和设在电源来线一侧。 (3)供电线路布置和安装应符合下列要求： ①成洞地段固定的电线路，应使用绝缘良好胶皮线架设；施工地段的临时电线路宜采用橡套电缆；竖井、斜井宜使用铠装电缆；瓦斯地段的输电线必须使用煤矿专用密封阻燃铜芯电缆，不得使用皮线。 ②瓦斯地段的电缆应沿侧壁铺设，不得悬空架设。涌水隧道的电动排水设备、瓦斯隧道的通风设备和斜井、竖井内的电气装置应采用双回路输电，并有可靠的切换装置。 (4)短隧道应采用高压至洞口，再低压进洞；长、特长隧道成洞地段应用6~10kV高压电缆送电；洞内设置6~10/0.4kV变电站供电时，应有保证安全的措施，且移动变电站应采用监视型屏蔽橡胶套电缆。 (5)隧道作业地段必须有足够的照明；洞外照明按一般建筑工地要求。瓦斯地段的照明器材应采用防爆型，开关应设在送风道或洞口

C5 交通安全设施的主要构成与功能

★高频考点：交通安全设施的功能与构成

序号	项目	内容
1	交通标志	(1)交通标志是用图形符号、颜色、形状和文字向交通参与者传递特定信息，用于管理交通的设施，主要起到提示、诱导、指示等作用，使道路使用者安全、快捷到达目的地，促进交通畅通。 (2)它主要包括警告标志、禁令标志、指示标志、指路标志、旅游区标志、作业区标志等主标志以及附设在主标志下的辅助标志
2	交通标线	(1)交通标线的主要作用是传递有关道路交通的规则、警告和指引交通。 (2)它是由施划或安装于道路上的各种线条、箭头、文字、图案、立面标记、实体标记、突起路标等构成的

序号	项目	内容
3	护栏和栏杆	(1)护栏和护栏设置应体现宽容和适度防护的理念。护栏任何部分不得侵入公路建筑限界,路侧护栏宜设置在公路土路肩内,中央分隔带护栏应与中央分隔带内的构造物、地下管线相协调。 (2)路侧、中央分隔带内土基压实度不能满足护栏设置条件时(一般不宜小于90%),或路侧护栏立柱外侧土路肩保护层宽度小于规定宽度时,应采取加强措施
4	视线诱导设施	(1)视线诱导设施应能对驾驶人进行有效视线诱导,其结构形式和材料应尽可能降低误驶撞上的车辆和人员的伤害。 (2)视线诱导设施包括轮廓标、合流诱导标、线形诱导标、隧道轮廓带、警示桩、警示墩等
5	隔离栅	(1)隔离栅是将公路用地隔离出来,防止非法侵占公路用地的设施,应能有效阻止行人、动物误入需要控制出入的公路。其材料和结构形式应适应当地的气候和环境特点。 (2)它主要包括编织网、钢板网、焊接网、刺钢丝网、隔离墙以及常青绿篱等形式
6	防落网	(1)防落网应包括防落物网和防落石网。 (2)防落网应能阻止公路上的落物进入饮用水保护区、铁路、高速公路、需要控制出入的一级公路等建筑限界内,或阻止挖方路段落石进入公路建筑限界以内
7	防眩设施	(1)防眩设施的主要作用是避免对向车辆前照灯造成的眩目影响,保证夜间行车安全。 (2)防眩设施分为人造防眩设施和绿化防眩设施,人造防眩设施主要包括防眩板、防眩网等结构形式
8	避险车道	(1)货运车辆失控风险较高的路段需要设置避险车道,避险车道由引道、制动床、救援车道等构成。 (2)避险车道应设置相关的交通标志、标线、护栏、视线诱导等交通安全设施,宜设置照明、监控等管理设施
9	其他交通安全设施	其他交通安全设施包括防风栅、防雪栅、积雪标杆、限高架、减速丘、凸面镜等

C6　交通安全设施的施工技术要求

★高频考点：交通安全设施的施工技术要求

序号	项目	内容
1	交通标志的施工技术要求	（1）交通标志应按施工准备、基础施工、立柱和横梁等构件和标志板加工制作、交通标志安装等工序进行施工。 （2）标志支撑结构应在基础混凝土强度达到设计强度的80%以上后，经监理工程师批准后安装。 （3）标志板安装前应依据设计文件对交通标志基础、立柱和标志板一一进行核对。 （4）小型交通标志可在立柱安装固定后安装标志板，门架、悬臂等交通标志宜将交通标志板安装后整体吊装。紧固件的紧固方法应符合设计要求，加劲法兰盘与底座法兰盘应水平、密合，拧紧螺栓后支柱不得倾斜。 （5）大型标志板现场拼接时，拼缝应平顺、紧密，不大于3mm，不得影响标志中图形、文字和重要符号的视认性，板面应保持平整，不得有错台，整体强度应不低于单板。 （6）标志架安装时应利用水平尺校正立柱竖直度，最后用扳手把螺栓均匀拧紧，用水泥砂浆对加劲法兰盘与基础之间的缝隙进行封闭。 （7）标志板安装到位后，应调整标志板面平整度，根据设置地点公路的平、竖曲线线形调整标志板安装角度，标志板安装角度应满足设计文件要求，设计文件无要求时，应符合下列规定： （8）路侧标志宜与公路中线垂直或成一定角度，其中，禁令和指示标志为0°～45°；指路和警告标志为0°～10°。 （9）悬臂、门架或附着式支撑结构标志板面应垂直于公路行车方向，标志板面宜前倾0°～15°
2	交通标线的施工技术要求	（1）新铺沥青路面的交通标线施工，可在路面施工完成7日后开始；新建水泥混凝土路面的交通标线施工，应在混凝土养护膜老化起皮并清除后开始。交通标线宜在白天施工，在雨、雪、沙尘暴、强风、气温低于材料规定施工温度的天气，应暂停施工。正式施划前应在试验路段进行试划，试验路段应有代表性，长度不宜短于200m，高速公路、一级公路可按单向计算。

序号	项目	内容
2	交通标线的施工技术要求	(2)突起路标宜在交通标线施工完成后安装,且不得影响标线质量。应根据设计文件的要求确定突起路标的设置位置,突起路标反射体应面向行车方向。路面和突起路标底部应清洁干燥,并涂加胶粘剂。胶粘剂应通过检测单位的抗拉拔能力及抗衰老能力检测。突起路标就位后,应在其顶部施加压力,排除空气,并调整就位
3	护栏和栏杆的施工技术要求	(1)施工安装前,应现场实地踏勘、检查前道工序。 (2)缆索护栏、波形梁护栏的路基压实度和混凝土护栏的地基承载力应符合设计文件的规定。立柱打入的护栏宜在水泥混凝土路面、沥青路面下面层施工完毕后施工,不得早于路面基层施工,并控制好护栏立柱高程。 (3)混凝土护栏可在路面基层施工完毕后路面摊铺前施工。长度较长、现场条件允许时,可采用滑模施工。 (4)桥梁护栏和栏杆应在桥梁车行道板、人行道板、混凝土铺装层施工完毕,跨中支架及脚手架拆除后桥跨处于独立支撑的状态时方能施工。混凝土桥梁护栏应在桥面的两侧对称进行施工。 (5)中央分隔带开口护栏的端头基础和预埋基础应在路面面层施工前完成,其余部分应在路面施工后安装。缓冲设施应在路面施工后安装。 (6)所有护栏和栏杆产品到场后,应按施工路段或产品到场批次进行抽样检查,产品质量应符合相关标准的要求。所有钢构件均应进行防腐处理。螺栓、螺母等紧固件和连接件在防腐处理后,应清理螺纹或进行离心分离处理
4	视线诱导设施的施工技术要求	(1)视线诱导设施的外形尺寸、安装高度、线形、材质、反光性能等应符合设计文件的规定。自发光视线诱导设施的闪烁频率、使用寿命及工作条件应满足设计要求。 (2)轮廓标安装完成后应与公路线形保持一致,安装高度宜保持一致。夜间应具有良好的反光性能,逆反射性能应符合现行《轮廓标》GB/T 24970—2020 的规定。柱式轮廓标应安装牢固,柱体表面不应有明显的划痕、气泡、裂纹及颜色不均等缺陷。附着式轮廓标应安装牢固、角度准确、高度一致。

序号	项目	内容
4	视线诱导设施的施工技术要求	(3)隧道轮廓带安装完成后,其表面法线应与公路中心线垂直。隧道轮廓带应安装牢固,整体线形流畅,表面无划痕等缺陷。 (4)示警桩、示警墩的位置应与公路线形相协调
5	隔离栅的施工技术要求	(1)隔离栅的封闭应严密、牢固,不应出现缺口。 (2)应与公路线形走向一致,边坡较陡的路段应进行修坡处理。 (3)隔离栅的网面应平整、无断丝,网孔无明显倾斜。 (4)混凝土基础尺寸和埋深、立柱的竖直度和柱间距、网面高度应符合设计文件的规定。 (5)镀锌构件表面应均匀完整、颜色一致,表面不得有气泡、裂纹、疤痕、折叠和断面分层等缺陷。 (6)混凝土立柱应密实、平整,无裂缝、翘曲、蜂窝、麻面等缺陷
6	防落网的施工技术要求	(1)防落物网的封闭应严密、牢固,不应出现缺口。混凝土基础尺寸和埋深、立柱的竖直度和柱间距、网面高度以及混凝土立柱和基础的强度等级应符合设计文件的规定。防落物网的防腐处理和防雷接地处理应符合设计文件的规定。 (2)防落石网的地脚螺栓埋置深度、混凝土基础尺寸和埋深、立柱的竖直度和柱间距、拉锚绳、支撑绳、减压环、钢丝绳网(或环形网)及立柱和基础的强度等级应符合设计文件的规定。防落石网的防腐处理和防雷接地处理应符合设计文件的规定
7	防眩设施的施工安装要求	(1)防眩板及支架的材质、防腐处理、几何尺寸应符合设计要求。预埋件的设置位置、强度和腐蚀程度应符合设计要求并经过上道工序的验收。 (2)防眩板或防眩网安装完成后,其设置路段、防眩高度、遮光角应满足设计要求。 (3)防眩板或防眩网的整体应与公路线形协调一致,不得出现高低不平或者扭曲的外形。防眩板或防眩网应牢固安装,外观不应有划痕、颜色不均、变色等外观缺陷。防眩设施施工完成后,宜在晚间进行实地目测检查
8	避险车道的施工技术要求	(1)避险车道的结构尺寸、排水设施应符合设计文件要求。 (2)避险车道相关的交通标志、交通标线、护栏、视线诱导等设施的设置应符合设计文件的规定。

序号	项目	内容
8	避险车道的施工技术要求	(3)末端消能材料的设置位置及数量应符合设计文件的要求。 (4)制动床的铺装集料的规格与级配、卵(砾)石等制动集料的压碎值应符合设计文件的要求
9	其他交通安全设施的施工技术要求	防风栅、防雪栅、积雪标杆、限高架、减速丘、凸面镜等其他交通安全设施的施工,应符合设计文件的要求

C7 公路工程进度控制管理

★高频考点:进度计划的审批

序号	项目	内容
1	进度计划的提交	(1)总体性进度计划 在中标通知书发出后合同规定的时间内,承包人应向监理工程师书面提交以下文件:一份详细和格式符合要求的工程总体进度计划及必要的各项关键工程的进度计划;一份有关全部支付的现金流动估算;一份有关施工方案和施工方法的总说明(即通过施工组织设计提出)。 (2)阶段性进度计划 在将要开工以前或在开工以后合理的时间内,承包人应向监理工程师提交以下文件:年、月(季)度进度计划及现金流动估算和分项(或分部)工程的进度计划
2	进度计划的审查要点	(1)工期和时间安排的合理性 ①施工总工期的安排应符合合同工期。 ②各施工阶段或单位工程(包括分部、分项工程)的施工顺序和时间安排与材料和设备的进场计划相协调。 ③易受冰冻、低温、炎热、雨季等气候影响的工程应安排在适宜的时间,并应采取有效的预防和保护措施。 ④对动员、清场、假日及天气影响的时间,应充分考虑并留有余地。

序号	项目	内容
2	进度计划的审查要点	(2)施工准备的可靠性 ①所需主要材料和设备的运送日期已有保证。 ②主要骨干人员及施工队伍的进场日期已经落实。 ③施工测量、材料检查及标准试验的工作已经安排。 ④驻地建设、进场道路及供电、供水等已经解决或已有可靠的解决方案。 (3)计划目标与施工能力的适应性 ①各阶段或单位工程计划完成的工程量及投资额应与设备和人力实际状况相适应。 ②各项施工方案和施工方法应与施工经验和技术水平相适应。 ③关键线路上的施工力量安排应与非关键线路上的施工力量安排相适应

★高频考点：进度计划的检查

序号	项目	内容
1	公路工程项目进度检查的内容	(1)工作量的完成情况。 (2)工作时间的执行情况。 (3)资源使用及进度的互配情况。 (4)上次检查提出问题的处理情况
2	进度计划检查的方式	(1)项目部定期地收集由承包单位提交的有关进度报表资料。 (2)由驻地监理人员现场跟踪检查公路工程的实际进展情况。 (3)由监理工程师定期组织现场施工负责人召开现场会议。 (4)上次检查提出问题的处理情况
3	进度计划检查的方法	(1)横道图比较法。 (2)"S"形曲线比较法。 (3)"香蕉"形曲线比较法。 (4)公路工程进度表(横道图法与"S"形曲线法的结合)。 (5)前锋线比较法。 (6)一般网络图(无时标)进度检查的割线法——完工时点计算法

★高频考点：进度计划的调整

序号	项目	内容
1	改变某些工作间的逻辑关系	当工程项目实施中产生的进度偏差影响到总工期，且有关工作的逻辑关系允许改变时，可以改变关键工作或超过计划工期的原非关键工作（即新关键工作）之间的逻辑关系，达到缩短工期的目的
2	缩短某些工作的持续时间	这种方法是不改变工程项目中各项工作之间的逻辑关系，而通过采取增加资源投入、提高劳动效率等措施来缩短某些工作的持续时间，使工程进度加快，以保证按计划工期完成该工程项目

C8 公路工程项目应急管理体系

★高频考点：应急管理体系基础知识

序号	项目	内容
1	职责	（1）施工单位应建立应急救援组织领导机构、专（兼）职应急救援队伍，并定期组织训练。 （2）施工单位应开展应急知识教育培训，提高应急工作能力。 （3）施工单位主要负责人接到事故报告后，应当立即启动相应应急预案，迅速采取有效措施，组织抢救，防止事故扩大，减少人员伤亡和财产损失
2	应急救援组织	（1）施工单位建立的专（兼）职应急救援队伍应定期组织训练，确保救援人员具备相应的应急救援能力。 （2）特大型、结构复杂、采用新技术、新工艺等高风险桥梁，以及特长隧道、不良地质隧道、瓦斯隧道等高风险隧道、大型设备、设施、人员密集等场所应当建立专门的应急救援队伍
3	应急预案体系	应急预案体系由综合应急预案、专项应急预案和现场处置方案组成。 （1）综合应急预案，是指生产经营单位为应对各种生产安全事故而制定的综合性工作方案，是本单位应对生产安全事故的总体工作程序、措施和应急预案体系的总纲。

序号	项目	内容
3	应急预案体系	(2)专项应急预案,是指生产经营单位为应对某一种或者多种类型生产安全事故,或者针对重要生产设施、重大危险源、重大活动防止生产安全事故而制定的专项性工作方案。 (3)现场处置方案,是指生产经营单位根据不同生产安全事故类型,针对具体场所、装置或者设施所制定的应急处置措施
4	应急预案的评审	施工单位应当对编制的应急预案组织评审,并形成书面评审纪要。参加应急预案评审的人员应当包括有关安全生产及应急管理方面的专家。且评审人员与施工单位有利害关系的,应当回避
5	应急预案公布	施工单位应急预案经评审或者论证后,由施工单位主要负责人签署公布,并及时发放到本单位有关部门、岗位和相关应急救援队伍
6	应急预案备案	施工单位应当在应急预案公布之日起20个工作日内,按照分级属地原则,向属地安全生产监督管理部门和有关部门进行告知性备案

★**高频考点:应急预案的编制**

序号	项目	内容
1	总体要求	施工单位主要负责人负责组织编制和实施本单位的应急预案,并对应急预案的真实性和实用性负责;各分管负责人应当按照职责分工落实应急预案规定的职责
2	应急救援预案编制的目的	应急救援预案是为了及时、有效地应对重大生产安全事故,保证职工生命安全与健康和公众生命,最大限度地减少财产损失、环境损害和社会影响而采取的重要措施
3	应急救援预案编制的依据	(1)有关法律、法规、规章和标准的规定。 (2)本单位的安全生产实际情况。 (3)本单位的危险性分析情况。 (4)应急组织和人员的职责分工明确,并有具体的落实措施。

序号	项目	内容
3	应急救援预案编制的依据	(5)有明确、具体的应急程序和处置措施,并与其应急能力相适应。 (6)有明确的应急保障措施,满足本单位的应急工作需要。 (7)应急预案基本要素齐全、完整,应急预案附件提供的信息准确。 (8)应急预案内容与相关应急预案相互衔接
4	应急预案内容	(1)总则。 (2)生产经营单位危险性分析。 (3)应急组织机构及职责。 (4)预防与预警措施。 (5)应急响应 ①响应分级。针对事故危害程度、影响范围和单位控制事态的能力,将事故分为不同的等级。按照分级负责的原则,明确应急响应级别。 ②响应程序。根据事故的大小和发展态势,明确应急指挥、应急行动、资源调配、应急避险、扩大应急等响应程序。 ③应急结束。明确应急终止的条件,事故现场得以控制,环境符合有关标准,导致次生、衍生事故隐患消除后,经事故现场应急指挥机构批准后,现场应急结束。 (6)信息发布。 (7)后期处置。 (8)保障措施 ①通信与信息保障。明确与应急工作相关联的单位或人员通信联系方式和方法,并提供备用方案。建立信息通信系统及维护方案,确保应急期间信息通畅。 ②应急队伍保障。明确各类应急响应的人力资源,包括专业应急队伍、兼职应急队伍的组织与保障方案。 ③应急物资装备保障。明确应急救援需要使用的应急物资和装备的类型、数量、性能、存放位置、管理责任人及其联系方式等内容。 ④经费保障。明确应急专项经费来源、使用范围、数量和监督管理措施,保障应急状态时生产经营单位应急经费的及时到位。 ⑤其他保障。根据本单位应急工作需求而确定的其他相关保障措施(如交通运输保障、治安保障、技术保障、医疗保障、后勤保障等)

★高频考点：应急预案实施

序号	项目	内容
1	培训	施工单位应当组织开展应急预案、应急知识、自救互救和避险逃生技能的培训活动，使有关人员了解应急预案内容，熟悉应急职责、应急处置程序和措施
2	演练	(1)施工单位应当制定应急预案演练计划，根据事故风险特点，每年至少组织一次综合应急预案演练或者专项应急预案演练，每半年至少组织一次现场处置方案演练。 (2)应急预案演练结束后，施工单位应当对应急预案演练效果进行评估，撰写应急预案演练评估报告，分析存在的问题，并对应急预案提出修订意见
3	评估	(1)施工单位应当建立应急预案定期评估制度，对预案内容的针对性和实用性进行分析，并对应急预案是否需要修订作出结论。施工单位应当每三年进行一次应急预案评估。 (2)应急预案评估可以邀请相关专业机构或者有关专家、有实际应急救援工作经验的人员参加，必要时可以委托安全生产技术服务机构实施
4	修订	(1)施工单位遇下列情形之一的，应急预案应当及时修订并归档： ①依据的法律、法规、规章、标准及上位预案中的有关规定发生重大变化的。 ②应急指挥机构及其职责发生调整的。 ③面临的事故风险发生重大变化的。 ④重要应急资源发生重大变化的。 ⑤预案中的其他重要信息发生变化的。 ⑥在应急演练和事故应急救援中发现问题需要修订的。 ⑦编制单位认为应当修订的其他情况。 (2)应急预案修订涉及组织指挥体系与职责、应急处置程序、主要处置措施、应急响应分级等内容变更的，修订工作应当参照规定的应急预案编制程序进行，并按照有关应急预案报备程序重新备案

C9 公路工程分包合同管理

★高频考点：分包合同管理

序号	项目	内容
1	分包合同的管理关系	（1）分包合同是承包人将施工合同内对发包人承担义务的部分工作交给分包人实施，双方约定相互之间的权利、义务的合同。分包工程既是施工合同的一部分，又是分包合同的标的，涉及两个合同，所以分包合同的管理比施工合同管理复杂。 （2）发包人与分包人没有合同关系，但发包人作为工程项目的投资方和施工合同的当事人，对分包合同的管理主要表现为对分包工程的批准。 （3）监理工程师只与承包人有监理与被监理的关系，对分包人在现场施工不承担协调管理义务。只是依据施工合同对分包工作内容及分包人的资质进行审查，行使确认权或否定权；对分包人使用的材料、施工工艺、工程质量和进度进行监督。监理工程师就分包工程施工发布的任何指示均应发给承包人。 （4）承包人作为两个合同的当事人，不仅对发包人承担确保整个合同工程按预期目标实现的义务，而且对分包工程的实施具有全面管理责任。承包人应委派代表对分包人的施工进行监督、管理和协调。在接到监理工程师就分包工程发布的指示后，应将其要求列入自己的管理工作内容，并及时以书面确认的形式转发给分包人令其遵照执行
2	分包工程的支付管理	（1）分包工程的支付，应由分包人在合同约定的时间，向承包人报送该阶段施工的付款申请单，承包人经过审核后，将其列入施工合同的进度付款申请单内一并提交监理工程师审批。由监理工程师向承包人出具经发包人签认的进度付款证书。发包人应在监理工程师收到进度付款申请单后的 28d 内，将进度应付款支付给承包人。 （2）分包人不能直接向监理工程师提出支付要求，必须通过承包人。发包人也不能直接向分包人付款，也必须通过承包人

序号	项目	内容
3	分包工程的变更管理	(1)承包人接到监理工程师依据合同发布的涉及发包工程的变更指令后,以书面确认方式通知分包人执行。承包人也有权根据工程的实际进展情况通过监理工程师向发包人提出有关变更建议。 (2)监理工程师一般不能直接向分包人下达变更指令,必须通过承包人。分包人不能直接向监理工程师提出分包工程的变更要求,也必须由承包人提出
4	分包工程的索赔管理	(1)分包合同履行过程中,当分包人认为自己的合法权益受到损害,无论事件起因于发包人或监理工程师,还是承包人的责任,他都只能向承包人提出索赔要求。如果是因发包人或监理工程师的原因或责任造成了分包人的合法利益的损害,承包人应及时按施工合同规定的索赔程序,以承包人的名义就该事件向监理工程师提交索赔报告。 (2)对于由承包人的原因或责任引起分包人提出索赔,这类索赔产生于承包人与分包人之间,双方通过协商解决。监理工程师不参与该索赔的处理

C10　公路项目施工成本管理的内容

★高频考点:项目施工成本管理内容

序号	项目	内容
1	施工成本预测	有企业和项目经理部有关人员根据一定的规则和程序确定的项目施工责任成本
2	施工成本计划编制	包括由项目经理部根据项目施工责任成本确定的施工工期内的总施工成本计划(目标成本)和月度施工成本计划的编制
3	施工成本控制	主要指工程项目施工成本的过程控制。这是工程项目施工成本管理活动中不确定因素最多、最复杂、最基础也是最重要的管理内容
4	施工成本核算	是对工程项目施工过程中所直接发生的各种费用,而进行的项目施工成本的核算。通过成本核算确定成本盈亏情况,为及时改善成本管理提供基础依据

序号	项目	内容
5	施工成本分析	成本分析是一个动态的活动,它贯穿于施工项目成本管理的全过程。成本分析的主要目的是利用施工项目的成本核算资料,将目标成本(计划成本)于施工项目的实际成本进行比较,了解成本变动情况,确定成本管理业绩,并找出成本盈亏的主要原因,寻找降低施工成本的途径,减少浪费,达到加强施工成本管理的目的
6	施工成本考核	在施工成本管理的过程或结束后,要定期或按时根据项目施工成本管理的盈亏情况,给予责任者相应的奖励或惩罚

★高频考点:公路项目施工成本计划的编制

序号	项目	内容
1	确定责任目标成本	(1)编制施工成本计划的关键是确定责任目标成本,这是成本计划的核心,是成本管理所要达到的目标,成本目标通常以项目成本总降低额和降低率来定量地表示。 (2)确定责任目标成本的过程,应按照以下程序进行: ①企业组织项目经理及有关部门负责人分析研究工程承包合同。商讨投标阶段已考虑的各项技术经济措施的落实和进一步降低工程成本途径的挖掘。 ②企业提出项目责任目标成本及其实施的指导意见,并与项目经理协商。 ③在企业与项目经理双方认同的基础上,正式书面下达项目经理责任目标成本,签订《项目管理目标责任书》
2	施工成本计划的编制	(1)工程项目施工成本计划应在项目经理的组织和主持下,根据合同文件、企业下达的责任目标成本、企业施工定额、经优化选择的施工方案以及生产要素成本预测信息等进行编制。 (2)具体的工作程序是: ①按照施工方案,计算各分部分项工程的计划工程量。 ②按照企业施工定额,计算各分部分项工程的计划人工、材料、机械使用量。 ③按照企业内部或市场生产要素价格信息,计算各分部分项工程的施工预算成本。 ④将各项施工预算成本与相应项的责任目标成本进行比较,计算其计划成本偏差。现场计划成本偏差是指现场施工预算成本与责任目标成本之差,即:

序号	项目	内容
2	施工成本计划的编制	计划成本偏差=施工预算成本-责任目标成本 计划成本偏差反映现场施工成本在计划阶段的预控情况,也称施工成本计划预控偏差。正值表示计划预控不到位,不满足该项责任目标成本的要求。 ⑤当计划预控偏差总和为正值时,应进一步改善施工方案,寻找有潜力的分部分项工程,挖掘降低施工预算成本的途径和措施,保证现场计划总成本控制在责任目标总成本的范围内。 (3)通过以上施工预算成本的计算与平衡之后,形成的现场施工计划成本,作为现场施工成本控制的目标

C11 公路项目标后预算编制

★高频考点:标后预算编制方法

序号	项目	子项目	内容
1	直接费	(1)含义	(1)直接费是指施工过程中耗费的构成工程实体的和有助于工程形成的各项费用。 (2)影响直接费高低的因素有三个方面:一是工程量;二是单位实体工、料、机资源的消耗数量;三是各种资源的单价。 (3)业主在工程量清单中已列明工程量,因此,标后预算清单细目的工程量与报价单中同一细目的工程量相同;单位实体人工和机械的消耗数量一般采用企业定额或根据实施性施工组织设计中计划配置的人力资源、机械设备配套计算;材料消耗量可以根据设计数量和混合料目标配合比计算,并参考同地区同类项目的历史消耗量等分析测算得出;对于从未施工过、没有历史资料的细目,单位实体消耗量也可以部颁定额作为补充;对于新工艺、新技术、新结构的工程项目,既无定额可查,也无历史数据可供参考,可以暂估一个总额价。 (4)人工和机械台班的单价可以按照企业实际测算确定,材料的预算单价应按实际采购单价并考虑一定场外运输损耗和采购及保管费等计算

序号	项目	子项目	内容
1	直接费	（2）人工费的计算	人工费是指直接从事建筑安装的生产工人开支的各项费用。生产工人主要指钢筋工、混凝土工、辅助工、普工等。人工费的测算方法根据项目经理部的管理模式确定： ①如果采取内部班组承包形式或者劳务分包形式的，可以根据市场行情和合同谈判情况，测算分包单价。 人工费＝承包（分包）单价×承包（分包）工程量 ②如果项目经理部自己组织施工的，可按施工组织设计配备的生产工人数量、辅助生产工人数量和计划工期，结合其月平均工资和工资附加费进行测算。 人工费＝(月平均工资＋工资附加费)×用工数量×计划工期（月）
		（3）材料费计算	材料费是指施工过程中耗用的构成工程实体的各种原材料、辅助材料、构（配）件零件、半成品、成品的用量以及周转材料摊销量，根据工程所在地的材料市场价格确定，材料预算价格由材料原价、运杂费、场外运输损耗、采购及保管费组成，其中材料原价、运杂费按不含增值税（可抵扣进项税额）的价格确定。 工程实体材料费用＝∑（工程实体各种材料消耗×相应材料单价） 钢筋、钢绞线、型钢、管钢等材料消耗量＝设计图纸的设计工程量×（1＋经验损耗率） 混合料中各种原材料消耗量＝设计图纸的设计工程量×工地实验室的生产配合比中该材料所占的比率×（1＋经验损耗率） 经验损耗率可以根据施工过的同类项目的历史经验数据确定。 材料单价＝(材料采购单价＋运杂费)×（1＋场外运输损耗率）×（1＋采购及保管费率）－包装品回收价值 周转材料摊销费＝周转材料设计数量×单价×摊销率×计划使用时间 周转材料设计数量按照实施性施工组织设计中某单项工程设计用量（如模板设计、平台设计、脚手架设计等）计算。

序号	项目	子项目	内容
1	直接费	（3）材料费计算	周转材料单价=（材料的采购原价+运杂费）×（1+采购及保管费率） 周转材料摊销率按企业财务部门规定计算。 如周转材料为租赁的，则周转材料费按租赁合同的租金计算，一般计算式为：租金=数量×租赁单价×租赁时间
		（4）机械费的计算	①自有机械 自有机械总费用=Σ某种机械型号的（不变费用+可变费用） 机械设备种类、数量和计划使用时间按实施性施工组织设计进行计算。 不变费用包括折旧费、检修费、维护费和安拆辅助费。 折旧费=设备原值×年折旧率×使用时间（年） 其中年折旧率按企业财务部门规定进行测算。检修费、维护费和安拆辅助费根据经验数据计算。 可变费用包括：燃、油料费，电费，机驾人员工资及其他费用等。可按以下方法计算： 燃油费包括汽油、柴油、重油和煤，根据各机械设备的吨·公里耗油量或小时耗油量测算总耗油量，或以经验数据测算总耗油量，再乘以各燃油料的市场单价计算。 电费根据机械设备铭牌标注的额定功率和预计使用时间计量用电量，再乘以电的单价得到。 机驾人员工资总额=（月平均工资+工资附加费）×人数×时间 养路费机车船使用税按实际缴纳计算。 ②租赁机械 根据租赁合同确定计算方法。如果租赁合同约定机驾人员工资、油料、维修等使用费由项目经理部承担，则：机械租赁费=Σ[（机械租赁单价+使用费）×租赁数量×租赁时间]。 如果租赁合同约定机驾人员工资油料维修等使用费由出租方承担，则：机械租赁费=Σ（机械租赁单价×租赁数量×租赁时间）

序号	项目	子项目	内容
2	设备购置费		设备购置费是为满足公路初期运营、管理需要购置的构成固定资产标准的设备和虽低于固定资产标准但属于设计明确列入设备清单的设备费用,包括渡口设备,隧道照明、消防、通风的动力设备,公路监控、收费、通信、路网运行监测、供配电及照明设备等
3	措施费		措施费是指直接费以外施工过程中发生的直接用于工程的费用。其内容包括冬期施工增加费、雨期施工增加费、夜间施工增加费、特殊地区施工增加费、行车干扰工程施工增加费、施工辅助费、工地转移费等内容。编制标后预算时,应根据项目可能遇到的实际情况,并结合实施性施工组织设计中的相关内容进行估算,也可以参考企业的相关费用定额进行计算
4	专项费用		(1)专项费用包括施工场地建设费和安全生产费。 (2)施工场地建设费。按照工地建设标准化要求进行承包人驻地、工地试验室建设、办公、生活居住房屋和生产用房屋等费用;场区平整、场地硬化、排水、绿化、标志、污水处理设施、围墙隔离设施等费用,以及以上范围内各种临时工作便道、人行便道,工地临时用水、用电的水管支管和电线支线,临时构筑物,其他小型临时设施等的搭设或租赁、维修、拆除及清理的费用;工地试验室所发生的属于固定资产的试验设备和仪器等折旧、维修或租赁费用以及施工扬尘污染防治措施费和文明施工、职工健康生活的费用。但不包括红线范围内贯通便道、进出场的临时便道、保通便道
5	现场管理费		(1)保险费。承包商为了防范风险自行为施工生产用财产、机械设备以及职工人身安全等购买的保险所支出的费用,按实际发生计算。 (2)管理人员工资。根据企业有关定岗、定员及工资总额控制的规定及项目计划工期、项目规模进行测算。 (3)工资附加费。以管理人员工资总额为基数,按一定比率进行测算。

序号	项目	子项目	内容
5	现场管理费		（4）指挥车辆使用费。根据企业规定的项目应配备的指挥车辆数量和固定资产折旧率标准及其购买的原值、项目计划工期测算应计提的折旧费；保险费、审验费和购置税等根据实际发生的计列；维修费、养路费、燃油费和过路（桥）费，则根据车辆使用中的经验数据和计划工期预测或按实际发生的计列；机驾人员工资总额根据企业核定的月平均工资和计划工期计算。如果为租赁的车辆，根据合同约定的租赁单价和租赁时间计算租赁费用总额。 （5）通信费、办公费、水电费、主副食运费、差旅交通费、取暖降温费等根据项目的规模、计划工期和经验数据计算。 （6）不可预见费。根据工程规模、技术含量、施工难易度、市场风险环境等因素进行预测。 （7）其他费用 ①业务招待费按企业和财政部有关规定进行测算。 ②投标费按实际发生计列。 ③缺陷责任期费用根据工程规模、缺陷责任期时间和留守人员等情况，按经验数据测算

C12　公路工程施工进度款的结算

★高频考点：工程价款的主要结算方式

序号	项目	内容
1	按月结算	实行旬末或月中预支或不预支，月终结算，竣工后清算的办法。跨年度竣工的工程，在年终进行工程盘点，办理年度结算
2	竣工后一次结算	建设项目或单项工程全部建筑安装工程建设期在12个月以内，或者工程承包价值在100万元以下的，可以实行工程价款每月月中预支，竣工后一次结算
3	分段结算	即当年开工，当年不能竣工的单项工程或单位工程按照工程进度，划分不同阶段进行结算，分段结算可以按月预支工程款

序号	项目	内容
4	目标结算方式	即在工程合同中,将承包工程的内容分解成不同的控制界面,以业主验收界面作为支付工程价款的前提条件。也就是说,将合同中的工程内容分解成不同的验收单元,当承包商完成单元工程内容并经业主(或其委托人)验收后,业主支付构成单元工程内容的工程价款
5	双方约定的其他结算方式	—

★高频考点:工程进度款的支付

序号	项目	内容
1	进度付款周期	工程进度款付款周期同计量周期,即单价子目按月支付,总价子目按批准的支付分解报告确定的周期支付
2	进度付款申请单	(1)承包人应在每个付款周期末,按监理工程师批准的格式和专用合同条款约定的份数,向监理工程师提交进度付款申请单,并附相应的支持性证明文件。 (2)除专用合同条款另有约定外,进度付款申请单应包括下列内容: ①截至本次付款周期末已实施工程的价款。 ②应增加和扣减的变更金额。 ③应增加和扣减的索赔金额。 ④应支付的预付款和扣减的返还预付款。 ⑤应扣减的质量保证金。 ⑥根据合同应增加和扣减的其他金额
3	进度付款证书和支付时间	(1)监理工程师在收到承包人进度付款申请单以及相应的支持性证明文件后的14d内完成核查,提出发包人到期应支付给承包人的金额以及相应的支持性材料,经发包人审查同意后,由监理工程师向承包人出具经发包人签认的进度付款证书。监理工程师有权扣发承包人未能按照合同要求履行任何工作或义务的相应金额。如果该付款周期应结算的价款经扣留和扣回后的款额少于项目专用合同条款数据表中列明的进度付款证书的最低金额,则该付款周期监理工程师可不核证支付,上述款额将按付款周期结转,直至累计应支付的款额达到项目专用合同条款数据表中列明的进度付款证书的最低金额为止。

序号	项目	内容
3	进度付款证书和支付时间	（2）发包人应在监理工程师收到进度付款申请单且承包人提交了合格的增值税专用发票后的 28d 内,将进度应付款支付给承包人。发包人不按期支付的,按项目专用合同条款数据表中约定的利率向承包人支付逾期付款违约金。违约金计算基数为发包人的全部未付款额,时间从应付而未付款额之日算起(不计复利)。 （3）监理工程师出具进度付款证书,不应视为监理工程师已同意、批准或接受了承包人完成的该部分工作。 （4）进度付款涉及政府投资资金的,按照国库集中支付等国家相关规定和专用合同条款的约定办理
4	工程进度付款的修正	在对以往历次已签发的进度付款证书进行汇总和复核中发现错、漏或重复的,监理工程师有权予以修正,承包人也有权提出修正申请。经双方复核同意的修正,应在本次进度付款中支付或扣除

★高频考点：合同价款的调整

序号	项目	内容
1	原工程量清单工程数量	原工程量清单工程数量为合同数量,根据监理工程师确认计量的数量,即实际完成数量对合同价款进行调整
2	工程价款价差调整的主要方法	（1）工程造价指数调整法。甲乙双方采用当时的预算(或概算)定额单价计算承包合同价,待竣工时,根据合理的工期及当地工程造价管理部门所公布的该月度(或季度)的工程造价指数,对原承包合同价予以调整。 （2）实际价格调整法。有些合同规定对钢材、水泥、木材等三大材料的价格采取按实际价格结算的方法,对这种办法,地方主管部门要定期发布最高限价。同时,合同文件中应规定建设单位或工程师有权要求承包商选择更廉价的供应来源。 （3）调价文件计算法。甲乙双方按当时的预算价格承包,在合同期内,按造价管理部门调价文件的规定,进行抽料补差(按所完成的材料用量乘以价差)。

序号	项目	内容
2	工程价款价差调整的主要方法	(4)调值公式法。此种调值公式一般包括固定部分、材料部分和人工部分,调值公式一般为: $P=P_0(a_0+a_1 A/A_0+a_2 B/B_0+a_3 C/C_0+\cdots\cdots)$ 式中 P——调值后合同价款或工程实际结算款; P_0——合同价款中工程预算进度款; a_0——固定要素,代表合同支付中不能调整部分占合同总价的比重; $a_1、a_2、a_3$——代表各有关费用(如人工费、钢材费用、水泥费用等)在合同总价中所占的比重 $a_0+a_1+a_2+a_3+\cdots\cdots=1$; $A_0、B_0、C_0$——与 $a_1、a_2、a_3$ 对应的各项费用的基期价格指数; $A、B、C$——与 $a_1、a_2、a_3$ 对应的各项费用的现行价格指数,指合同条款约定的付款证书相关周期最后 1d 的前 42d 的各可调项费用的价格指数

★高频考点:其他的价款调整规则

序号	项目	内容
1	法律、法规变化引起的合同价款调整	在送交投标文件截止期前 28d 之后,国家或省(自治区、直辖市)颁布的法律、法规出现修改或变更,因采用新的法律、法规使承包人在履行合同中的费用发生价差调整以外的增加或减少,则此项增加或减少的费用应由监理工程师在与承包人协商并报经业主批准后确定,增加到合同价或从合同价中扣除
2	工程拖期的价款调整	如果承包人未能在投标书附录中写明的工期内完成本合同工程,则在该交工日期以后施工的工程,其价格调整计算应采用该交工日期所在年份的价格指数作为当期价格指数。如果延期符合合同规定的情况,则在该延长的交工日期到期以后施工的工程,其价格调整计算应采用该延长的交工日期所在年份的价格指数作为当期价格指数

C13　预制场布设

★高频考点：预制梁场布设

序号	项目	内容
1	场地选址	（1）以方便、合理、安全、经济、环保及满足工期为原则，结合施工合同段所属预制梁板的尺寸、数量、架设要求以及运输条件等情况进行综合选址。 （2）应满足用地合法，周围无塌方、滑坡、落石、泥石流、洪涝等地质灾害。无高频、高压电源及其他污染源；离集中爆破区 500m 以外；不得占用规划的取、弃土场。 （3）原则上不宜设在主线征地范围内。若确实存在用地困难等特殊情况需要将预制场设于主线征地范围内时，应报项目建设单位审批
2	场地布置形式	预制场的布置取决于现场的面积、地形、工程规模、安装方法、工期及机械设备情况等，条件不同，布置方法差异较大。以下是预制场的几种布置形式： （1）路基外预制场。该类型预制场比较普遍，制梁区使用大型龙门吊，在路基外设置预制场。 （2）路基上预制场。在其他地方设置预制场困难时，可将预制场设在路基上。要求桥头引道上有较长的平坡，并且路基比较宽（一般应大于 24m），布置时首先要留足桥头架桥机的拼装场地，并偏向一侧设置梁区，以便留出道路。 （3）桥上预制场。桥梁施工在城市市区内时，现场没有预制场地，若在城外预制梁片，运梁十分困难，可考虑在桥墩之间拼装支架，制作安装 2~3 孔主梁，然后把施工完成的跨径部作为预制场，并依次使预制场扩展出去。要求预制台座可活动，大梁安装采用跨墩龙门吊较方便
3	场地建设	（1）场地建设前施工单位应将梁场布置方案报监理工程师审批，方案内容应包含各类型梁板的台座数量、模板数量、生产能力、存梁区布置及最大存梁能力等。 （2）宜采用封闭式管理，场地内应按办公区、生活区、构件加工区、制梁区和存梁区、废料处理区等科学合理设置，功能明确，标识清晰。生活区应与其他区隔开，生活用房按照驻地建设相关标准建设。

序号	项目	内容
3	场地建设	(3)各项目预制场应统筹设置,建设规模和设备配备应结合预制梁板的数量和预制工期相适应。 (4)场内路面宜做硬化处理,主要运输道路应采用不小于20cm厚的C20混凝土硬化,基础不好的道路应增设碎石掺石屑垫层。场内不允许积水,四周设置砖砌排水沟,并采用M7.5砂浆抹面。 (5)预制梁场应尽量按照"工厂化、集约化、专业化"的要求规划、建设,每个预制梁场预制的梁板数量不宜少于300片。若个别受地形、运输条件限制的桥梁梁板需单独预制,规模可适当减小,但钢筋骨架定位胎膜、自动喷淋养护等设施仍应满足施工生产要求。 (6)预制梁场钢筋加工、混凝土拌合应尽量使用合同段既有的钢筋加工场、拌合站。 (7)预制梁板钢筋骨架应统一采用定位胎膜进行加工,并设置高强度砂浆垫块确保钢筋保护层。 (8)设置自动喷淋养护设备,预制梁板采用土工布包裹喷淋养护(北方地区应根据气候情况采用蒸汽保湿养护),养护水应循环使用。
4	预制梁板台座布设	(1)预制梁板的台座强度应满足张拉要求,台座尽量设置于地质较好的地基上,在不良地基路段,应先进行地基处理。为防止发生张拉台座不均匀沉降、开裂事故,影响预制梁板的质量,先张法施工的张拉台座不得采用重力式台座,应采用钢筋混凝土框架式台座。 (2)底模宜采用通长钢板,不得采用混凝土底模。推荐使用不锈钢底模板,钢板厚度不小于6mm。并确保钢板平整、光滑,防止粘结造成底模"蜂窝""麻面",底模钢板应采取防止变形措施。 (3)存梁区台座混凝土强度等级不低于C20,台座尺寸应满足使用要求。用于存梁的枕梁应设在离梁两端面各50~80cm处,且不影响梁片吊装,支垫材质应采用承载力足够的非刚性材料,且不污染梁底。 (4)梁板预制完成后,移梁前应对梁板喷涂统一标识和编号,标识内容包括预制时间、张拉时间、施工单位、梁体编号、部位名称等。 (5)空心板、箱梁最多存放层数应符合设计文件和相关技术规范要求。设计文件无规定时,空心板叠层不得超过3层,小箱梁和T形梁堆叠存放不得超过2层。预制梁存放时(特别是叠层存放)应采取支撑等措施确保安全稳定

序号	项目	内容
5	其他要求	(1)场站临时用电应符合《施工现场临时用电安全技术规范》JGJ 46—2005 的有关规定。 (2)场站消防设施应满足《建设工程施工现场消防安全技术规范》GB 50720—2011 的有关规定,配置相应的消防安全标识和消防安全器材,并经常检查、维护、保养。 (3)施工机械设备产生的废水、废油及污水应经过处理后排放,不得直接排入河流、湖泊或其他水域中,不得排入饮用水源附近的土地中。 (4)预制梁场内标识、标牌设置明确,标识清晰

★高频考点:小型构件预制场布设

序号	项目	内容
1	场地选址	(1)小型构建预制场选址应以方便、合理、安全、经济及满足工期为原则,结合合同段工程量及运输条件综合选址。 (2)应满足用地合法,周围无塌方、滑坡、落石、泥石流、洪涝等地质灾害。无高频、高压电源及其他污染源;离集中爆破区 500m 以外;不得占用规划的取、弃土场
2	场地建设	(1)宜采用封闭式管理,场地内应按构件生产区、存放区、养护区、废料处理区等科学合理设置,功能明确,标识清晰。 (2)预制场的建设规模应结合小型构件预制数量和预制工期等参数来规划,场地面积一般不小于 2000m²。 (3)场内路面宜做硬化处理,主要运输道路应采用不小于 20cm 厚的 C20 混凝土硬化,基础不好的道路应增设碎石掺石屑垫层,场内不允许积水,四周宜设置砖砌排水沟,并采用 M7.5 砂浆抹面。 (4)生产区根据合同段设计图纸确定的预制构件的种类设置生产线,同时配备小型拌合站 1 座(尽可能利用既有拌合站)。 (5)养护区采用自动喷淋养护系统结合土工布覆盖对构件进行养护,确保构件处于湿润状态。 (6)成品按不同规格分层堆码,堆码高度应保证安全,预制件养护期不得堆码存放,以防损伤。运输过程中应采取措施防止缺边掉角

序号	项目	内容
3	其他要求	（1）小型构件预制应选用振动台振捣，振动台电机功率应经过现场试验，对振动台的性能进行分析与比选，确定振动台的电动机功率，一般为1.2～1.5kW，振动台数量根据预制构件生产数量确定。 （2）模板应使用钢模或高强度塑料模具，入模前应进行拼缝检查，对拼缝达不到要求的，辅以双面胶或泡沫剂，应选用优质隔离剂，保证混凝土外观。在周转间隙应有覆盖措施，防止雨淋、生锈、被污染

C14　公路工程主要机械设备的配置与组合

★高频考点：根据作业内容选择机械参考

作业内容		使用机械	说明
清理草木	铲除杂草	平地机、小型推土机	铲除矮草、杂草及表土
	除掉灌木丛、树木、漂石	推土机、空气压缩机、凿岩机	根据树木的种类和直径，除了推土机之外，还可使用耙齿推土机、伐木机、剪切机，以便提高效率
挖方	软土开挖	平地机	修补道路、平整场地
		推土机	短距离铲土、运土
		拖式铲运机	中等距离铲土、运土
		自行式铲运机	中长距离铲土、运土
	硬土开挖	中、大型推土机（带液压松土器）	适用于风化岩、软岩、漂石混合土质的挖方
		凿岩机、空气压缩机	松土器不能挖掘时，利用炸药来爆破

作业内容	使用机械	说明
挖土装载	推土机	推土机适用于100m以内的运路距,在堆土场等地方,作为挖掘机装载的辅助机械来进行挖掘作业时以中大型推土机为宜
	履带式装载机、轮式装载机、挖掘机	对于挖掘能力要求不大而较松的土质,以使用轮式装载机为适宜,挖掘能力要求较大时,挖掘机或履带式装载机较能发挥效益
一般性挖土、装载	拖式铲运机、自行式铲运机	拉铲机根据运距、地形、土质来选用。松软土质或坡度较大,一般使用拖式铲运机;远距较长,而现场条件好的时候,则使用自行式铲运机
	挖掘机	挖掘机工作半径大,并能旋转360°,可在比地面高或低的地方进行工作,其工作范围很广
	拉铲挖掘机	拉铲挖掘机适用于河川等低而广的地方进行挖掘
构筑物基地的挖掘	推土机、拉铲挖掘机	基础较大时,用推土机铲土、运土,也可用装载机进行挖掘、装载
	挖掘机、拉铲挖掘机	基础较小时,在地面上对其基础进行挖掘、装载
沟的开挖	平地机	适用于侧沟的开挖
	推土机	适用于简易排水沟的开挖
	挖掘机	适用于埋设水管等沟的开挖,挖掘精度要求较高

作业内容		使用机械	说明
运输	道路上运输	推土机	适用于100m以内的短距离运土
		拖式铲运机	适用于500m以内的中距离运土
		自行式铲运机	适用于500m以上的中长距离运土
		装载机、翻斗车	适用于500m以上的中长距离运土。搬运岩石时,不能使用铲运机的情况下,运距在50~150m处,可使用轮式装载机来装运
铺土	一般性铺平作业	推土机、铲运机、平地机	一般的铺平作业可用推土机、铲运机,平地机可用于铺平已经推土机、铲运机初平的场所
	大面积或精度高的铺平作业	平地机	用于道路填土的平整。一般可在推土机之后。地形条件好时也可单独作业
	铺砌材料等铺平作业	碎石撒布机、石屑撒布机	铺砌材料的铺平厚度受到严格限制时,可使用碎石或石屑撒布机
压实	道路的填土、填筑堤坝等的压实	静力式压路机	适用于黏土、粉土的压实
		轮胎压路机	适用于砂砾石、砂质土及黏土和粉土的压实
		振动压路机	适用于砂砾石、砂质土的压实
		羊足碾	适用于黏土、粉土的压实
	填土坡面的压实	振动板	沿着坡面进行压实时使用
		牵引式振动压路机	规模小时使用振动板,规模大时使用牵引式振动压路机
	沥青混凝土表面的压实	静力式压路机、轮胎压路机、振动压路机	根据不同的沥青路面结构形式可以采用不同的组合

★高频考点：路基路面工程机械设备配置

序号	项目	内容
1	路基工程主要机械设备的配置	(1)设备种类 主要包括推土机、装载机、挖掘机、铲运机、平地机、压路机、凿岩机以及石料破碎和筛分设备，根据工程的作业要求，选择不同的机械设备。 (2)根据作业内容选择施工机械 ①对于清基和料场准备等路基施工前的准备工作，选择的机械与设备主要有：推土机、挖掘机、装载机和平地机等；遇有沼泽地段的土方挖运任务，应选用湿地推土机。 ②对于土方开挖工程，选择的机械与设备主要有：推土机、铲运机、挖掘机、装载机和自卸汽车等。 ③对于石方开挖工程，选择的机械与设备主要有：挖掘机、推土机、移动式空气压缩机、凿岩机、爆破设备等。 ④对于土石填筑工程，选择的机械与设备主要有：推土机、铲运机、羊足碾、压路机、洒水车、平地机和自卸汽车等。 ⑤对于路基整形工程，选择的机械与设备主要有：平地机、推土机和挖掘机等
2	路面基层施工主要机械设备的配置	(1)基层材料的拌合设备：集中拌合(厂拌)采用成套的稳定土拌合设备，现场拌合(路拌)采用稳定土拌合机。 (2)摊铺平整机械：包括拌合料摊铺机、平地机、石屑或场料撒布车。 (3)装运机械：装载机和运输车辆。 (4)压实设备：压路机。 (5)清除设备和养护设备：清除车、洒水车
3	沥青路面施工的机械配置和组合	(1)沥青混凝土搅拌设备的配置 根据工作量和工期选择生产能力和移动方式，一般生产能力要相当于摊铺能力的70%左右，沥青混合料拌合厂一般包括原材料存放场地，沥青储存及加热设备，搅拌设备，试验室及办公用房。高等级公路一般选用生产量高的强制间歇式沥青混凝土搅拌设备。高等级公路路面的施工机械应优先选择自动化程度较高和生产能力较强的机械，以摊铺、拌合为主导机械并与自卸汽车、碾压设备配套作业，进行优化组合，使沥青路面施工全部实现机械化。

序号	项目	内容
3	沥青路面施工的机械配置和组合	(2)沥青混凝土摊铺机的配置 通常每台摊铺机的摊铺宽度不宜超过 7.5m,可以按照摊铺宽度选用、确定摊铺机的台数。 (3)沥青路面压实机械配置 沥青路面的压实机械配置有光轮压路机、轮胎压路机和双轮双振动压路机
4	水泥混凝土路面施工主要机械设备的配置	(1)水泥混凝土路面施工设备主要有混凝土搅拌楼、装载机、运输车、布料机、挖掘机、吊车、滑模摊铺机、整平梁、拉毛养护机、切缝机、洒水车等。 (2)按施工方法配置 ①滑模式摊铺施工 A. 水泥混凝土搅拌楼容量应满足滑模摊铺机施工速度 1m/min 的要求; B. 高等级公路施工宜选配宽度为 7.5~12.5m 的大型滑模摊铺机; C. 远距离运输宜选混凝土罐送车; D. 可配备一台轮式挖掘机辅助布料。 ②轨道式摊铺施工:除水泥混凝土生产和运输设备外,还要配备卸料机、摊铺机、振捣机、整平机、拉毛养护机等

★高频考点:桥梁工程施工主要机械设备的配置

序号	项目	内容
1	通用施工机械	(1)常用的有各类吊车,各类运输车辆和自卸车等。 (2)桥梁混凝土生产与运输机械,主要有混凝土搅拌站、混凝土运输车、混凝土泵和混凝土泵车
2	下部施工机械	(1)预制桩施工机械:常用的有蒸汽打桩机,液压打桩机,振动沉拔桩机,静压沉桩机等。 (2)灌注桩施工机械:根据施工方法的不同配置不同的施工机械: ①全套管施工法:相应配置全套管钻机。 ②旋转钻施工法:相应配置有钻杆旋转机和无钻杆旋转机(潜水钻机)。 ③旋挖钻孔法:相应配置旋挖钻桩机。 ④冲击钻孔法:相应配置冲击钻机。 ⑤螺旋钻孔法:相应配置螺旋钻孔机

序号	项目	内容
3	上部施工机械	(1)顶推法：主要施工设备有油泵车、大吨位千斤顶、穿心式千斤顶、导向装置等。 (2)滑模施工方法：主要施工设备有滑移模架、卷扬机油泵、油缸、钢模板等。 (3)悬臂施工方法：主要施工设备有吊车、悬挂用专门设计的挂篮设备。 (4)预制吊装施工方法：主要施工设备有各类吊车或卷扬机、万能杆件、贝雷架等。 (5)满堂支架现浇法：主要施工设备有各类万能杆件、贝雷架和各类轻型钢管支架等。 (6)对海口大桥的施工需配置相应的专业施工设备，如打桩船、浮吊、搅拌船等

★高频考点：隧道工程施工主要机械的配置

序号	项目	内容
1	不同施工方法的机械配置不同	(1)由于隧道的类型不同，使用的施工机械也不相同，有的隧道用一般的土石方机械即可施工，有的隧道需专用施工机械，如：使用全断面掘进机(TBM)、臂式掘进机(EPB)、液压冲击锤等。 (2)盾构法施工盾构的形式多样，按开挖方式的不同，可分为手工挖掘式、半机械挖掘式、机械化挖掘三种；机械化盾构有多种形式，主要有刀盘式、行星轮式、铲斗式、钳爪式、铣削臂式和网格切割式盾构，所以根据施工方法的不同需配置不同的设备
2	暗挖施工法机械配置	(1)钻孔机械：风动凿岩机、液压凿岩机、凿岩台车。 (2)装药台车。 (3)找顶及清底机械。 (4)初次支护机械：锚杆台车、混凝土喷射机。 (5)注浆机械(包括钻孔机、注浆泵)。 (6)装碴机械(包括轮胎式、履带式装载机、扒爪装岩机、耙斗式装岩机、铲斗式装岩机)。 (7)运输机械(包括自卸汽车、矿车)。 (8)二次支护衬砌机械：模板衬砌台车(混凝土搅拌站、搅拌运输车、混凝土输送泵)

C15　公路工程施工安全生产条件

★高频考点：对公路工程施工安全生产条件规定

1. 从业单位从事公路水运工程建设活动，应当具备法律、法规、规章和工程建设强制性标准规定的安全生产条件。任何单位和个人不得降低安全生产条件。

2. 施工单位从事公路水运工程建设活动，应当取得安全生产许可证及相应等级的资质证书。施工单位的主要负责人和安全生产管理人员应当经交通运输主管部门对其安全生产知识和管理能力考核合格。施工单位应当设置安全生产管理机构或者配备专职安全生产管理人员。施工单位应当根据工程施工作业特点、安全风险以及施工组织难度，按照年度施工产值配备专职安全生产管理人员，不足5000万元的至少配备1名；5000万元以上不足2亿元的按每5000万元不少于1名的比例配备；2亿元以上的不少于5名，且按专业配备。

3. 从业单位应当依法对从业人员进行安全生产教育和培训。未经安全生产教育和培训合格的从业人员，不得上岗作业。

4. 公路水运工程从业人员中的特种作业人员应当按照国家有关规定取得相应资格，方可上岗作业。

5. 翻模、滑（爬）模等自升式架设设施，以及自行设计、组装或者改装的施工挂（吊）篮、移动模架等设施在投入使用前，施工单位应当组织有关单位进行验收，或者委托具有相应资质的检验检测机构进行验收。验收合格后方可使用。

6. 施工单位与从业人员订立的劳动合同，应当载明有关保障从业人员劳动安全、防止职业危害等事项。施工单位还应当向从业人员书面告知危险岗位的操作规程。

C16　公路工程承包人安全责任

★高频考点：公路工程承包人安全责任规定

1. 从业单位应当建立健全安全生产责任制，明确各岗位的责任人员、责任范围和考核标准等内容。从业单位应当建立相应的机制，加强对安全生产责任制落实情况的监督考核。

2. 施工单位应当按照法律、法规、规章、工程建设强制性标准和合同文件组织施工，保障项目施工安全生产条件，对施工现场的安全生产负主体责任。施工单位主要负责人依法对项目安全生产工作全面负责。建设工程实行施工总承包的，由总承包单位对施工现场的安全生产负总责。分包单位应当服从总承包单位的安全生产管理，分包单位不服从管理导致生产安全事故的，由分包单位承担主要责任。

3. 施工单位应当书面明确本单位的项目负责人，代表本单位组织实施项目施工生产。项目负责人对项目安全生产工作负有下列职责：

（1）建立项目安全生产责任制，实施相应的考核与奖惩；

（2）按规定配足项目专职安全生产管理人员；

（3）结合项目特点，组织制定项目安全生产规章制度和操作规程；

（4）组织制定项目安全生产教育和培训计划；

（5）督促项目安全生产费用的规范使用；

（6）依据风险评估结论，完善施工组织设计和专项施工方案；

（7）建立安全预防控制体系和隐患排查治理体系，督促、检查项目安全生产工作，确认重大事故隐患整改情况；

（8）组织制定本合同段施工专项应急预案和现场处置方案，并定期组织演练；

（9）及时、如实报告生产安全事故并组织自救。

4. 施工单位的专职安全生产管理人员履行下列职责：

（1）组织或者参与拟订本单位安全生产规章制度、操作规程，以及合同段施工专项应急预案和现场处置方案；

（2）组织或者参与本单位安全生产教育和培训，如实记录安全生产教育和培训情况；

（3）督促落实本单位施工安全风险管控措施；

（4）组织或者参与本合同段施工应急救援演练；

(5) 检查施工现场安全生产状况，做好检查记录，提出改进安全生产标准化建设的建议；

(6) 及时排查、报告安全事故隐患，并督促落实事故隐患治理措施；

(7) 制止和纠正违章指挥、违章操作和违反劳动纪律的行为。

5. 施工单位应当根据施工规模和现场消防重点建立施工现场消防安全责任制度，确定消防安全责任人，制定消防管理制度和操作规程，设置消防通道，配备相应的消防设施、物资和器材。施工单位对施工现场临时用火、用电的重点部位及爆破作业各环节应当加强消防安全检查。

6. 施工单位应当将专业分包单位、劳务合作单位的作业人员及实习人员纳入本单位统一管理。

7. 新进人员和作业人员进入新的施工现场或者转入新的岗位前，施工单位应当对其进行安全生产培训考核。施工单位采用新技术、新工艺、新设备、新材料的，应当对作业人员进行相应的安全生产教育培训，生产作业前还应当开展岗位风险提示。